O cão do sertão

FUNDAÇÃO EDITORA DA UNESP

Presidente do Conselho Curador
Marcos Macari

Diretor-Presidente
José Castilho Marques Neto

Editor Executivo
Jézio Hernani Bomfim Gutierre

Conselho Editorial Acadêmico
Antonio Celso Ferreira
Cláudio Antonio Rabello Coelho
Elizabeth Berwerth Stucchi
Kester Carrara
Maria do Rosário Longo Mortatti
Maria Encarnação Beltrão Sposito
Maria Heloísa Martins Dias
Mario Fernando Bolognesi
Paulo José Brando Santilli
Roberto André Kraenkel

Editores Assistentes
Anderson Nobara
Denise Katchuian Dognini
Dida Bessana

Luiz Roncari

O cão do sertão
Literatura e engajamento

Ensaios sobre João Guimarães Rosa,
Machado de Assis e Carlos Drummond de Andrade

© 2007 Editora UNESP

Direitos de publicação reservados à:

Fundação Editora da UNESP (FEU)
Praça da Sé, 108
01001-900 – São Paulo – SP
Tel.: (0xx11) 3242-7171
Fax: (0xx11) 3242-7172
www.editoraunesp.com.br
feu@editora.unesp.br

CIP-Brasil. Catalogação na Fonte
Sindicato Nacional dos Editores de Livros, RJ

R676c

Roncari, Luiz, 1945-
    O cão do sertão: literatura e engajamento: ensaios sobre João Guimarães Rosa, Machado de Assis e Carlos Drummond de Andrade / Luiz Roncari. – São Paulo: Editora UNESP, 2007.

    Inclui bibliografia
    ISBN 978-85-7139-747-7

    1. Rosa, João Guimarães, 1908-1967 – Crítica e interpretação. 2. Assis, Machado de, 1839-1908 – Crítica e interpretação. 3. Andrade, Carlos Drummond de, 1902-1987 – Crítica e interpretação. 4. Literatura brasileira – História e crítica. 5. Literatura brasileira – Aspectos políticos. 6. Escritores brasileiros – Visão política e social. I. Título. II. Título: Literatura e engajamento. III. Título: Ensaios sobre João Guimarães Rosa, Machado de Assis e Carlos Drummond de Andrade.

07-0748.

CDD: 869.909
CDU: 821.134.3(81).09

Editora afiliada:

Asociación de Editoriales Universitarias
de América Latina y el Caribe

Associação Brasileira de
Editoras Universitárias

Agradecimentos

Devo este livro à bolsa de Produtividade em Pesquisa do CNPq (Conselho Nacional de Desenvolvimento Científico e Tecnológico), apoio decisivo para o desenvolvimento dos trabalhos, e à franca convivência e cooperação que tenho experimentado com os colegas da área de literatura brasileira da Universidade de São Paulo: professores, orientandos e alunos. Quero deixar registrada também a colaboração que recebi do colega Benjamin Abdala Júnior, quando chefe do Departamento de Letras Clássicas e Vernáculas, e de toda sua secretaria, comandada pela cara amiga Carmen Sanches Eingenheer.

Sumário

Introdução 9

Parte I
Guimarães Rosa

O cão do sertão no Arraial do Ão
   (A novela que começou de um jeito, reafirmando o mito,
   DÃO-LALALÃO, e terminou de outro, revertendo o mito,
   LÃO-DALALÃO) 15

Antônio Conselheiro e Getúlio Vargas no *Grande sertão: veredas*?
   As fontes do autor e os caprichos da representação 85

Machado de Assis, Oswald de Andrade, Guimarães Rosa
e Marques Rebelo
   Variações em torno do mesmo tema 115

A tríade do amor perfeito no *Grande sertão...*   125

O lugar da história na obra de Guimarães Rosa   133

Parte II
Machado de Assis

O bom diabo e a *marinha* de Fidélia   153

Machado de Assis
   O aprendizado do escritor e o esclarecimento de Mariana   199

Ficção e história
   O espelho transparente de Machado de Assis   225

Dom Casmurro e os retratos dos pais   245

Parte III
Literatura e Capitalismo

O terror na poesia de Drummond   265

Esboço para o estudo do ponto de vista da mercadoria na literatura brasileira   285

Introdução

Os ensaios que compõem este livro foram escritos ao longo dos últimos quinze anos. Apesar das distintas motivações e épocas de produção, eles guardam alguns fortes elementos comuns, temáticos e metodológicos, os quais lhes conferem certa unidade e organicidade. Como não quero me demorar na introdução, irei apenas mencioná-los, e fica para o leitor a comprovação.

O nome do volume, extraído do título do primeiro ensaio sobre Guimarães Rosa, "O cão do sertão no Arraial do Ão", de fato identifica seu conjunto, pois é referência ao poder desmesurado do homem na sociedade patriarcal brasileira, ou seja, à forma descompensada de vivência do amor pelos homens e pelas mulheres, motivo que atravessa a maior parte dos estudos. Esse traço comum da tradição patriarcal não despertaria nossa atenção se a sociedade brasileira dos períodos em foco não tivesse também as vistas voltadas para as nações européias e americanas modernas, em que tal realidade vinha sendo superada pela vida republicana e pelo reconhecimento da nova condição da mulher, também como *cidadã*. As camadas cultas do país procuravam imitar as inovadoras formas de expressão literária desses centros avançados, cujos temas se sustentavam nos conflitos advindos das lutas por essa superação, o que tornava ainda mais problemática aqui a sua efetividade.

Entre todos os novos desafios que se impunham aos grandes autores de nossa literatura, a reformulação da imagem da mulher na sociedade obrigava-os a defrontar uma particularidade quase exasperante. Até quando a intenção era ultrapassar a crítica do local e chegar a um tratamento universal dos temas, a particularidade competia com ela e mostrava-se, mesmo, como um motivo estético-literário muito mais rico e fecundo de ser explorado. Os que souberam compreender essa problemática foram capazes das melhores realizações.

Devo a fatos dessa natureza o caminho de mão dupla que adotei para os ensaios: a ida da literatura à história e a da história à literatura. Tanto a história me ajudava a entender as elaborações literárias, como estas me esclareciam sobre pontos essenciais daquela. Por serem todos estudos de caráter acadêmico-científico, interessados na produção de um conhecimento novo da nossa formação e da literatura que a expressa, aprofundei-me nesse método na medida em que ele abria possibilidades de outras leituras das obras literárias e de um conhecimento mais preciso de determinados fatos sociais – por exemplo, das formas de vivência do amor nas antigas regiões escravistas coloniais, particularmente no Brasil, e como elas se estampavam nos textos literários.

A distribuição dos ensaios nas três partes do livro segue o caminho inverso do de suas produções, indo do mais recente ao mais antigo. O propósito era justamente partir da chegada, dos resultados mais penetrantes e mais bem-acabados da pesquisa, para, com eles, revelar os passos iniciais, onde e como tudo começou. Com exceção dos ensaios "O cão do sertão no Arraial do Ão" e "Antônio Conselheiro e Getúlio Vargas no *Grande sertão: veredas?*", sobre Guimarães Rosa, e "O bom diabo e a *marinha* de Fidélia", sobre Machado de Assis, ainda inéditos, os demais já foram apresentados em seminários, cursos e congressos, e publicados em revistas especializadas. Assim, cada ensaio descreveu percurso próprio: originalmente idealizados para apresentação em eventos científicos, como resultados parciais de pesquisas, foram reelaborados, na perspectiva das questões levantadas durante essas discussões, para a publicação em revistas, e, agora, com resultados mais conclusivos, para a publicação em livro. Apesar das muitas alterações, eles ainda guardam traços da primeira versão, quando minha visão era um tanto nebulosa e eu só nutria algumas intuições a respeito dos assuntos. É possível enxergar neles algumas das questões que inspiraram minha busca e os primeiros indícios que persegui, o que lhes acrescenta algum interesse arqueológico e metodológico, em particular ao estudante e ao pesquisador especializado. Embora cada ensaio desfrute de autonomia em relação ao conjunto e se satisfaça no desenvolvimento do próprio tema, são detectáveis algumas linhas de conexão e relação entre as unidades, o que delineia uma estrutura final de rosácea, com as nervuras atravessando as pétalas e enraizando-as em uma mesma figura, sem que se percam o perfil e a identidade de cada pétala.

Um dos recursos de que mais me utilizei, presente em quase todos os ensaios, foi o da leitura das *ekphráseis* – descrições de cenas, paisagens, retratos, pinturas e gravuras –, fecundas e reveladoras na medida em que permitiam apreender, nos detalhes das aparências exteriores das realidades, os elementos significativos que conduziriam a uma reinterpretação de suas verdades mais profundas. O *modus operandi* dessa prática aprendi com a leitura de grandes historiadores da arte, como Erwin Panofsky e Giulio Carlo Argan, que me ajudaram a aguçar o olhar para ler as imagens plásticas, ainda quando transportadas por palavras.

Os ensaios da última parte, abrigados sob o título "Literatura e Capitalismo", significaram para mim um desvio de interesse do conhecimento, do passado em direção ao presente. Se os escritos da primeira e da segunda parte, sobre Guimarães Rosa e Machado de Assis respectivamente, estavam mais voltados para o passado, no qual dominava o olhar do historiador, ainda que inquieto com os acontecimentos da atualidade, nos dois últimos ensaios o presente ganhava mais peso e força. O novo século trazia novos desafios. A força dos meios financeiros, a brutalidade do poder militar, a violência e as asperezas de todo tipo de dominação social, os modos de banalização e manipulação dos meios de comunicação, e outros fenômenos de caráter regressivo que levavam ao processo que já é chamado de "descivilização", pareciam pedir um outro tipo de atenção para a produção e os estudos literários. Desse modo, com a atualidade chegavam problemas e inquietações mais prementes ao pesquisador, invertendo a relação entre passado e presente, de modo que os fatos pretéritos não mais se mostrassem como objeto primordial de interesse e como referência para a compreensão das ameaças à condição do humano.

Por fim, e ainda sobre a orientação metodológica. Procurei neste trabalho sempre uma leitura muito aderente aos textos e, ao mesmo tempo, uma avaliação constante da instabilidade de suas relações com os respectivos contextos, o que implicava mutabilidade das figurações. Somente depois de passar por um trabalho longo de coleta de dados nessas duas esferas, dispensando atenção especial a detalhes e materiais muitas vezes secundários, aventurei-me às sínteses conceituais, resultantes das idéias já esboçadas ao longo do processo preparatório. Na elaboração conceitual, contudo, tentei manter o campo aberto às particularidades que cumprissem a dupla função de confirmar e de alterar hipóteses, de modo que a especificidade histórica pudesse ser vislumbrada com a generalidade do conceito. Em decorrência de tal escolha, as compreensões mais gerais formuladas nestes estudos podem sofrer de muitos defeitos e limitações, porém evitei ao máximo um deles: os "pés de barro". A construção de uma base de sustentação foi uma das partes dos estudos com a qual mais me preocupei. De modo que, se ela algumas vezes me impedia de avançar e tornava as formulações um tanto tímidas, foi somente a partir da sua consistência que pude delinear os caminhos novos que porventura percorri e que aqui pude descortinar. Se isso aconteceu e pude acrescentar algo ao conhecimento das obras desses autores e de nossa vida social, foi tudo o que pretendi.

Parte I
Guimarães Rosa

O cão do sertão no Arraial do Ão[1]

(A novela que começou de um jeito, reafirmando o mito, DÃO-LALALÃO, e terminou de outro, revertendo o mito, LÃO-DALALÃO)

> *Doralda era dele,*
> *porque ele podia e queria,*
> *a cães, tinha desejado.*
> Rosa, 1960, p.327[2]

Dão-Lalalão, senhor Capitão

Soropita era um homem dos sentidos, de todos os sentidos. Ele os tinha sempre atentos a tudo o que lhe chegava de fora e lhe possibilitava tanto fruir os seus encantos como decifrar as suas ameaças:

---

[1] Trabalho apresentado em 15 de maio de 2006, no Seminário Internacional João Guimarães Rosa: *Grande sertão: veredas e Corpo de baile – 50 anos*, promovido pelo IEB/USP, São Paulo; e no 52° Congreso Internacional de Americanistas, entre 17 e 21 de julho de 2006, na Universidad de Sevilla, Espanha. Ele deverá fazer parte do segundo volume de meu livro *O Brasil de Rosa (mito e história no universo rosiano)*: violência, luta e morte.

[2] Procurei manter as citações da novela *Dão-Lalalão (O devente)* e de outras obras de Guimarães Rosa tal qual estão nas edições consultadas, e só modernizei a acentuação quando não interferia nas idiossincrasias do autor.

> Seus olhos eram mais que bons. E melhor seu olfato: de meio quilômetro, vindo o vento, capturava o começo do florir do bate-caixa, em seu adejo de perfume tranqüilo, separando-o do da flor do pequi, que cheirava a um nojo gordacento; e, mesmo com esta última ainda encaracolada em botão, Soropita o podia. Também poderia vendar-se e, à cega, acertar de dizer em que lugar se achava, até pelo rumor de pisadas do cavalo, pelo tinir, em que pedras, dos rompões das ferraduras. (Rosa, 1960, p.290)

Sobrepujava nele o olfato, o sentido mais aguçado dos seres da natureza, que se deixam guiar mais por ele que pela visão; era esse o sentido que lhe dava maior prazer, e era dele que tirava o prazer, por isso o alimentava, principalmente para o gozo de sua mulher, Doralda. No retorno do Andrequicé, onde tinha ido ouvir um capítulo da novela, ao Arraial do Ão, o herói trazia para ela no alforje "o presente que *a ele* mais prazia: um sabonete cheiroso, sabonete fino, cor-de-rosa":

> Do cheiro, mesmo, de Doralda, ele gostava por demais, um cheiro que ao breve lembrava sassafrás, a rosa mogorim e palha de milho viçoso; e que se pegava, só assim, no lençol, no cabeção, no vestido, nos travesseiros. Seu pescoço cheirava a menino novo. Ela punha casca boa e manjericão-miúdo na roupa lavada, para exalar, e gastava vidro de perfume. Soropita achava que tanto perfume não devia de se pôr, desfazia o próprio daquela frescura. Mas ele gostava de se lembrar, devagarinho, que estava trazendo o sabonete. Doralda, ainda mal enxugada do banho, deitada no meio da cama. Tinha ouvido contar da casca de cabriúva: um almíscar tão forte, bebente, encantável, que os bichos, galheiro, porco-do-mato, onça, vinham todos se esfregar na árvore, no pé... Doralda nunca o contrariava, queria que ele gostasse mesmo do seu cheiro: – "Sou sua mulher, Bem, sua mulherzinha sozinha..." A cada palavra dela, seu coração se saía. (ibidem, p.292, grifo meu)

Cheiros bons, cheiros ruins; estes lhe causavam repulsa e faziam que fugisse, mesmo que lhe custasse longas voltas no caminho:

> Soropita na baixada preferia esperdiçar tempo, tirando ancha volta em arco, para evitar o brejo de barro preto, de onde o ansiava o cheiro estragado de folhas se esfiapando, de água podre, choca, com bichos gosmentos, filhotes de sapos, frias coisas vivas mas sem sangue nenhum, agarradas umas nas outras, que deve de haver, nas locas, entre lama, por

esconsos. Nessas viagens, no chapadão, ou quando os riachos cortam, muita vez se tinha de matar a sede com águas quase assim, deitadas em feio como um veneno – por não sermos senhores de nossas ações. Mal mas o pior, que podia ser, de fim de um, era se morrer atolado naquele ascoso. (ibidem, p.291)

Soropita era um valentão que tinha também os seus medos. Ele temia aquelas regiões negras pantanosas, onde tudo parecia ainda indistinto e confuso, um caldo de terra e água, carregado de plantas em putrefação e bichos viscosos em estado nascente; elas eram lugares aquosos onde ele tinha às vezes de beber para "matar a sede", igual a um veneno que lhe dava a vida. Esses baixios de ambigüidades do espaço externo, que ele repelia e dos quais fugia, metaforizavam o que ele evitava e recalcava também internamente, *o passado*, o qual lhe aparecia como um atoleiro cheio de armadilhas que poderia perdê-lo; por isso, não seria descabido também assim se referir a ele: "Mal mas o pior, que podia ser, de fim de um, era se morrer atolado naquele ascoso". Pântanos e fatos do passado eram as regiões negras a serem evitadas, mas que, no fim, deveriam comandar sua vida; é o que ele parece concluir, quando diz "por não sermos senhores de nossas ações". Em substituição ao pretérito que deveria ser esquecido e evitado, ele preferia imaginar e inventar para si um outro passado, que coubesse inteiro nas suas fantasias e satisfizesse a sua vontade imperiosa:

> Nem precisava de ter mais incerteza. Como que cerrando os olhos quase em camoeca, Soropita se entregava: repassava na cabeça, quadros morosos, o vivo que viera inventando e afeiçoando, aos poucos, naquelas viagens entre o Ão e o Andrequicé e o Ão, e que tomava, sobre vez, o confecho, o enredo, o encerro, o encorpo, mais verdade que o de uma estória muito relida e decorada. Seu segredo. Nem Doralda nunca o saberia; mesmo quando ele invocava aqueles pensamentos perto. Dela, dele, da vida que separados tinham levado, nisso não tocavam, nem a solto fio – o sapo, na muda, come a pele velha. Era como se não houvesse havido um princípio, ou se em comum para sempre tivessem combinado de o esquecer. Também ele, por sim, não tinha apetites de voltar a ser boiadeiro andejo, nanja de retornar àquelas mulheres, à escortação naquelas casas, nas cidades, por esse bom Norte. Em sério, só sentia falta de Doralda, que o esperava, simples, muito sua, fora de toda desordem, repousada. Mas

imaginar o que imaginava era um chupo forte, ardendo de então, como o que nunca se deve fazer. (ibidem, p.302)

O mesmo controle e certeza que tinha sobre Doralda, ele procurava ter sobre esse outro "passado", que construía com a imaginação, a seu gosto e segundo uma outra auto-imagem. Porém, a fantasia não era totalmente imaginária, ela continha a sua verdade, "mais verdade que o de uma estória muito relida e decorada", pois ele usava como matéria de sustentação dos devaneios arquitetados muitos retalhos do passado verdadeiro, mas só aquilo que lhe dava gozo seguro e o confirmava nas suas regras. Essas ficções eram agora moldadas à sua vontade e para confirmar a nova imagem que fazia de si, como ele dizia "o sapo, na muda, come a pele velha". Acontece que, nesse processo de construir mentiras com verdades e "mais verdades" com mentiras, ocorria passar algumas coisas incômodas que lhe escapavam ao controle, como o boiadeiro negro Sabarás, que surgia como só a margem visível de um pântano recalcado muito maior. O negro chamava a sua Doralda de Garanhã, a que, internamente, Soropita respondia "– um cão!", e, depois de refletir, complementava "'Garanhã' são suas filhas, suas mães!" (ibidem, p.326), e procurava repelir aquela presença incômoda. Entretanto, do seu passado repulsivo, algumas coisas dolorosas ele não conseguia esconder nem esquecer, pois tinham deixado marcas patentes e visíveis, como as sete cicatrizes das mortes de outros tantos homens que carregava no corpo:

> A palma-da-mão tocou na cicatriz do queixo; rápido, retirou-a. Detestava tatear aquilo, com seu desenho, a desforma: não podia acompanhar com os dedos o relevo duro, o encrôo da pele, parecia parte de um bicho, se encoscorando, conha de olandim, corcha de árvore de mata. A bala o maltratara muito, rachara lasca do osso, Soropita esteve no hospital, em Januária. Até hoje o calo áspero doía, quando o tempo mudava. Repuxava. Mas doíam mais as da coxa: uma bala que passara por entre a carne e o couro, a outra que varara pela reigada. Quando um estreito frio, ou que ameaçava chuva, elas davam anúncio, uma dor surda, mas bem penosa, e umas pontadas. As outras, mais idosas, não atormentavam – uma, de garrucha, na beirada da barriga e no quadril esquerdo; duas no braço: abaixo do ombro, e atravessada de quina, no meio. Soropita levava a mão,

sem querer, à orelha direita: tinha um buraco, na concha, bala a perfurara; ele deixava o cabelo crescer por cima, para tapar dum jeito. Que não lhe perguntassem de onde e como tinha aquelas profundas marcas; era um martírio, o que as pessoas acham de especular. Não respondia. Só pensar no passado daquilo, já judiava. "Acho que eu sinto dor mais do que os outros, mais fundo..." (ibidem, p.293)

Por mais que quisesse esconder e negar o passado, Soropita não conseguia, já que ele se inscrevia no seu rosto, como as cicatrizes, "a desforma", "o encrôo da pele", "parecia parte de um bicho", que contavam a sua história de selvageria. Quando teve de tratar dos estragos da bala no queixo, pensou até em se matar, para não sofrer todas as dores do corpo, "na carne da gente", o que tornava a vida "uma coisa desesperada". Ao contrário de Doralda, "corajosa", que podia ver sangue sem perder a cor, ele não comia galinha se visse matar; porco comia, mas tinha de tapar os ouvidos quando o bicho gritava guinchante ao ser sangrado. O que o repelia era o cheiro do sangue: "E o sangue fedia, todo sangue, fedor triste. Cheiros bons eram o de limão, de café torrado, o de couro, o de cedro, boa madeira lavrada; angelim-umburana – que dá essência de óleo para os cabelos das mulheres claras" (ibidem, p.294). Nas ocasiões em que dormia fora de casa e da sua cama, tinha sonhos que o reviravam e o faziam voltar ao que tinha sido, como se fosse a sua verdade, da qual se esforçava para fugir:

> Mesmo com os sonhos: pois, em cama que a sua não fosse, costumeira, amiúde ele sonhava arrastado, quando não um pesadelo de que pusera a própria cabeça escondida a um canto – depressa carecia de a procurar; e amanhecia de reverso, virado para os pés; de havia algum tempo, era assim. (ibidem, p.290)

Quem tinha sido ele, o que havia de tão escuro no seu passado? E o que era agora ou procurava ser? Quando Soropita se encontra com o velho amigo Dalberto e o seu grupo de boiadeiros, iguais ao que havia sido, "boiadeiro andejo", ele é obrigado a recordar os fatos mais marcantes do passado, o que fora para si e para o outro. Agora não adiantava fantasiar, pois, quisesse ou não, seu nome já dizia tudo: *Surrupita*. Ele também se alterava e passava a ser para aqueles *Surrupita*, e não mais Soropita, soando como se a pronúncia *do outro*, seus antigos iguais, fosse mais verdadeira que a letra respeitável: ela recordava para eles as ocorrências das quais o herói não podia mais fugir, e inscrevia no nome as mesmas cicatrizes que trazia no rosto. E eram fatos de lutas sangrentas, carregadas de mortes, algumas compreensíveis, outras nem tanto, seguidas de processos, prisões, típicas daqueles famigerados valentões dos sertões brasileiros. Porém, os fatos vividos por Soropita se deram num determinado momento histórico, que precisa ser particularizado, para que tais fatos sejam bem entendidos (e o autor, sutilmente, fornece todas as informações necessárias para isso).[3]

Os eventos que deixaram essas cicatrizes profundas no herói se desenrolaram em uma época em que já se sentiam no sertão, de modo mais efetivo, a presença das autoridades do Estado e as tentativas de controlar a violência pela lei. É o que deixa ver este trecho do diálogo entre os homens que acompanham Dalberto:

(– "Surrupita, êta, ele empina! Quem vê e vê, assim não diz o relance desse homem." "– Teve também um jagunço, que ele arrebentou com uma bala no meio dos dois olhos, na Extrema. Aí, Surrupita pegou condenação – ano e meio. Mas nem chegou a cumprir. Foi indultado." "– Não, defesa apelou: saiu livre, no segundo. *Falavam até que ele era mandado do Governo, p'ra acabar com os valentões daí do Norte.* Que um sabe: por regra, Surrupita só liquidou cabras de fama, só faleceu valentões arrespeitados..." ... "– Amigo do Dalberto... Se viu, se vê. Não sei como se pode ser amigo ou parceiro de sonso-tigre. Como meu pai me dizia, de uns, menos assim:

---

[3] Um dos riscos que corremos ao não fazer essa especificação é o da recorrência às formulações genéricas para identificar o processo histórico objetivo inscrito na representação literária, as quais podem, na verdade, perder a história que tanto nos esforçamos por apreender, e, com isso, derivarmos para a metafísica. Uma imagem freqüente é a introduzida pela metáfora do rio, cujas águas se renovam sem cessar, porém comprimidas pelas mesmas margens, de modo que o rio é sempre outro e sempre o mesmo. Uma formulação desse tipo, que procura descrever com justeza as determinações estruturais que sobrevivem às conjunturas, se não capta também as mudanças sociais, políticas e institucionais que ocorrem, imprime à sucessão dos fatos a rigidez do mito, que acaba por perder a especificidade histórica, quer dizer, *a particularidade e mutação dos agentes de conservação do domínio de classe e a formação das novas forças que poderiam promover sua superação.*

– Meu filho, não deixa a sombra dele se encostar na tua!...") (ibidem, p.307-8, grifo meu)

Esse tempo, sugerido um pouco antes na narrativa como o período entre 1932 e 1937, agora, no reencontro com Dalberto, quando Soropita procurava mudar de vida, estava em torno de 1940, 1942. Corresponde, portanto, aos anos imediatamente posteriores ao da Revolução de 1930, quando uma política de afirmação do poder central procurava substituir o federalismo oligárquico da Primeira República. Nessa época, o sertão e as regiões interiores do país começaram a atrair a atenção das políticas do Estado e a sentir com mais constância a presença de seus agentes.[4] Essa preocupação é expressa com excelência em um parecer de Oliveira Vianna apresentado como sua "colaboração ao anteprojeto da Constituição Federal de 1934 (Anteprojeto Itamarati)". Nele, o estudioso-ideólogo – cujas fortes tendências autoritárias e centralizadoras fizeram-se presentes de forma notável nos governos de Getúlio Vargas e na ideologia de amplos setores de nossas elites – defendia que muitos problemas aparentemente locais eram pertinentes à esfera dos interesses nacionais e, por isso, deveriam ser enfrentados pelo poder da União, e não relegados às mãos dos governos estaduais. Entre esses problemas (a profilaxia rural, a seca nordestina, a malária, a moléstia de chagas

---

4 Sobre o assunto, ver, por exemplo, a crônica de Marques Rebelo "Januária" (1939), de *Cenas da vida brasileira*, in: Renato Cordeiro Gomes (org.). *Marques Rebelo: melhores crônicas*, 2004, p.127-37. Em 1º de abril de 1938, a revista *Diretrizes* publicou o artigo "O desenvolvimento do *hinterland* e a eletrificação", no qual declarações de Getúlio Vargas eram acompanhadas dos seguintes comentários: "... o presidente Getúlio Vargas focalizou recentemente várias questões de vivo interesse atual, entre as quais figuram alguns problemas de inexcedível relevância nacional. Nesta categoria ocupa posição de destaque, tanto pelas possibilidades econômicas concretas que encerra, como pelos aspectos dramáticos que o tornam fascinante, um plano de desenvolvimento da civilização pelo vasto *hinterland* brasileiro. ... Com a visão clara de estadista, o Presidente da República delineia como um dos primeiros objetivos do Estado Novo promover a avançada civilizadora para o *hinterland*, a marcha para o Oeste, a renovação enfim, em pleno século XX, da epopéia bandeirante, adaptada às condições da época atual" (Fermino, 2005, p.114). Ver também estudo específico sobre o assunto no livro de Frederico Pernambucano de Mello (2004, p.310 e 337).

etc.), Vianna menciona o banditismo dos sertões: "O mesmo está acontecendo ainda com o problema do banditismo sertanejo, que só espíritos superficiais poderão imaginar interessar exclusivamente aos Estados por ele atingidos e do qual já se começa a compreender o enorme alcance nacional". E, para combatê-los, Vianna fazia a seguinte sugestão:

> Proponho também uma modificação na redação do art. 9°, visando armar a União com a faculdade de intervir, *por sua iniciativa, independentemente de solicitação*, para reprimir a anarquia generalizada, criada pelo banditismo sertanejo, que deixou de ser um problema local para ser um problema essencialmente nacional. O art. 6°, § 3°, ficaria assim redigido:
>
> Art. 6° – *O Governo Federal não poderá intervir em negócios peculiares aos Estados, salvo:*
>
> *§ 3° Para garantir o livre exercício de qualquer dos poderes públicos estaduais, por solicitação dos seus legítimos representantes, ou, independentemente de solicitação, respeitada a existência das autoridades estaduais, para estabelecer a ordem pública e o regímen da lei nas regiões conflagradas ou anarquizadas.* (Vianna, 1991, p.205-7)[5]

Desse modo, o processo de mudança de Soropita, como tentativa de ordenação da vida, não acontecia como uma casualidade ou por razões meramente pessoais; ele coincidia com o movimento de grandes transformações na política nacional. Com a imposição da autoridade e da lei, o Estado de então procurava conter não apenas a violência jagunça, mas, igualmente, os poderes locais que dela se aproveitavam. Para isso, o governo federal não tinha pejo de usar a mesma violência que combatia e até de tomar a seu serviço valentões como Soropita, "Falavam até que ele era mandado do Governo, p'ra acabar com os valentões daí do Norte":

> Qualquer modo, mais de cinco anos fazia, que não se encontravam. Se alembravam, tinham de saltar para trás tanto esse espaço, precisão de reconferir. Derradeiras vezes, vinham trazendo aquela zebuzama, só de touros do Triângulo – que iam sendo entregues devendidos, burrada, bur-

---

[5] Ver também a sugestão de Oliveira Vianna para a criação de um território do sertão que abrangesse o vale do São Francisco, com vistas a enfrentar o mesmo problema do banditismo (Vianna, 1991, p.371).

ros de boa cria, de Lagoa Dourada, Itabira de Mato Dentro; chegavam embarcados, em Cordisburgo... – "Foi em 32?"

– 32 e 33, 34, 35... Mesmo depois... Vai tempo. Adeus zebuada! (Rosa, 1960, p.308)

O depoimento do general Góes Monteiro ao jornalista Lourival Coutinho é um testemunho precioso desse processo, de como, depois de Canudos, a Coluna Prestes colocou o problema e tornou claro para os "homens de estado", militares, políticos e burocratas, a necessidade de combater o banditismo e os poderes locais no interior do país. No relato, o militar fala do "mercenarismo" dos jagunços, o que permitiu ao Exército aproveitá-los. Quando começaram a ser disputados, os jagunços se bandeavam para um lado e outro, ou defendendo os coronéis ou alistando-se na forças militares que os combatiam, sem terem consciência de que o fim do controle dos poderosos locais implicaria também seu próprio fim. Vale reproduzir aqui o relato de Góes Monteiro, pois, embora um pouco longo, esboça todo o pano de fundo das histórias dos valentões na obra de Guimarães Rosa, inclusive no *Grande sertão...*:

> Naquela época [1926-27], o rio São Francisco estava em pleno regime de cheia, espetáculo que é qualquer coisa de grandioso. O rio se derrama do seu leito nas duas margens, em enormes extensões, que ficam alagadas durante meses, submergindo as localidades ribeirinhas, a ponto de poder-se navegar dentro das povoações. Depois das enchentes, isto é, na vazante, antes do saneamento do rio, o impaludismo grassava de uma forma verdadeiramente aterradora. Numerosas vítimas causou entre as tropas, tal o caráter virulento dessa enfermidade. Assim que chegamos a Salvador, tivemos notícias de que a Coluna Prestes havia transposto o rio São Francisco na zona de Santo Antônio da Glória e depois marchara em direção a Uauá e Canudos, triste ninho de recordações na vida do Exército. Sem perda de tempo, o general Mariante transportou-se a Joazeiro da Bahia, impulsionando, sem tardança, as forças que aí iam chegando, a fim de barrar Prestes e sua Coluna. As devastações ocasionadas pela enchente e pelas depredações que praticavam os rebeldes causavam os maiores sofrimentos às populações locais, vítimas do saque, do arrebanhamento de animais e de outras violências próprias desse gênero de luta num país ainda desprovido dos recursos que a civilização faculta. Estávamos na zona das caatingas e dos jagunços, de vegetação tão endurecida como a própria

fisionomia dos nativos. Atrás dos rebeldes chegaram outras forças perseguidoras, comandadas pelo general Tourinho, e o próprio general João Gomes, que por antigüidade era o chefe superior, transportou-se a Salvador. O general Mariante não pôde interceptar nem dispersar o avanço da Coluna Prestes através dos sertões baianos; mas, por sugestão minha, organizou grupos aligeirados que se denominavam "Grupos de Caça", denominação esta que lhe valeu sérias críticas no Estado Maior do Exército e mesmo *das polícias militares estaduais que faziam invencível resistência passiva*. O Governo apelou para o expediente de organizar esses grupos volantes aproveitando-se *do mercenarismo dos jagunços ou cangaceiros*, e, deste modo, a muito custo fomos levando a efeito a perseguição com essas tropas irregulares, alistadas pelos chefetes políticos dos sertões, a troco de boa paga, do que se aproveitavam ainda mais os empreiteiros dos grossos negócios para enriquecer com facilidade, à custa da orfandade, da viuvez, da perda dos pequenos bens e do sangue derramado pelos soldados brasileiros. Esses grupos volantes recebiam armamento e fardamento do Exército para executarem essa tarefa macabra. Ainda hoje, há espalhada por todo o Brasil, do Sul ao Norte, numerosa quantidade de armamento pertencente ao Exército e distribuído às forças policiais e irregulares a serviço do mandonismo provinciano, sob legenda democrática. Assim, há propriedades rurais que possuem verdadeiros arsenais. A Coluna Prestes subtraiu-se à perseguição naquelas vastidões ora calcinadas, ora alagadas, e atravessou a Bahia de norte a sul, penetrando no território de Minas Gerais. O general Mariante resolveu lançar-se no seu encalço, subindo o rio São Francisco num dos navios que trafegavam naquele curso d'água. Toda vez que tinha notícia da presença dos rebeldes em algum ponto, ele fazia sair das margens do rio, tanto quanto possível, alguns grupos de caça, com o propósito de atalhá-los. ... Estávamos em 1926. Os navios em que viajávamos – quartel-general de tropas – iam subindo vagarosamente o grande curso d'água que corre pelo interior do País e íamos tocando nos vários portos fluviais entre a Bahia e Minas Gerais (Joazeiro, Casa Nova, Pilão Arcado, Remanso, Barra, Torrinha, Bom Jesus da Lapa, Carinhanha, Manga, Januária, Pirapora etc.). Era o trecho navegável do rio fora das zonas corredeiras e cachoeiras. Era também a zona da fina flor da jagunçada, com os respectivos "coronéis", os verdadeiros senhores absolutos da política nos sertões do Brasil colonial, com revestimento ancestral de feudalismo. Travamos conhecimento com muitos desses *verdadeiros donos da terra, uns de fisionomias patibulares, agressivos, outros de semblantes angelicais, cheios de mansuetude, mas, no fundo, todos iguais, todos eles vivendo uma existência facinorosa, à margem da Lei e dos ensinamentos de Deus.* Eram, entretanto, os grandes eleitores dos governantes e os representantes do pobre povo, explorado pela cupidez dessa gente desalmada. No fim da excursão fluvial, depois de apreciarmos aquele panorama agreste e primitivo, desembarcamos em Pirapora, onde o general Mariante estabeleceu o seu quartel-general. A Coluna Prestes havia atingido a zona norte de Minas, em vários pontos, e se aproximava de Grão Mogol, Montes Claros e Diamantina, regiões essas, por sua vez, submetidas também ao cangaceirismo mineiro. (Coutinho, 1955, p.34-7, grifos meus)

O depoimento do general Góes Monteiro esclarece, matiza e compõe o quadro dos conflitos trabalhados nessas histórias de valentões de Guimarães Rosa. Primeiro, ele revela o lado mercenário do jagunço: homem que se empregava por boa paga, ainda que por vezes sua imagem fosse a de "homem de honra", algo distante da figura dos guerreiros da nobreza européia.[6] Saído da camada humilde ou proprietária,

---

6 Embora seja o relato de um militar que participou da organização e comando da repressão ao jaguncismo do sertão, ele deve relativizar a caracterização que faz Renato Janine Ribeiro a propósito do valentão do conto "Famigerado", sobre o qual ainda falaremos: "Voltando a nossas palavras, a relação entre o *homem de honra,* porque de armas, e o homem de letras, que se revela menos honrado, pior que um padre, porque engambela o outro, passa pelas armas que um e outro brandem: um arma-se de faca, espingarda e honra; outro, de palavras e ardis" (Ribeiro, 2002, p.317, grifo meu). Esse tipo de valentão estaria, na verdade, mais próximo dos *bravi* (*pravus* + *barbarus*), homens de armas da pior espécie empregados a serviço dos poderosos no século XVII, na Itália, tais como são descritos por Alessandro Manzoni, logo no primeiro capítulo do romance *I promessi sposi*. Para o desenvolvimento do nosso trabalho, é interessante apreciar como, na visão romântico-liberal do romancista, a ação desses homens ganhava força em face da ausência de um poder de Estado que fizesse valer a ordem legal: "A força legal não protegia em nenhuma medida o homem sereno, inofensivo, e que não tivesse nenhum meio de fazer medo ao outro. Não que ainda faltassem leis e penas contra a violência privada. ... A impunidade era organizada e era do costume que os decretos não tivessem vigência ou não pudessem se efetivar. Tais eram os asilos, tais os privilégios de algumas classes, em parte reconhecidos pela força legal, em parte tolerados com fastidioso silêncio, ou impugnados com um vão protesto, mas sustentados de fato e defendidos por aquela classe, com ações interessadas e com ciúmes obstinados. Ora, essa impunidade ameaçada e afrontada, mas não destruída pelos decretos, devia naturalmente, a cada ameaça e a cada afronta, adotar novos esforços e novos

como Soropita, o valentão buscava ganhos com as razias que praticava, e quem sofria sempre as conseqüências de seus atos eram os mais pobres. Portanto, mesmo quando de origem humilde, o jagunço não podia ser identificado com os maiores vitimados, como observa o general. Ele era mais que um simples instrumento a serviço do mando dos senhores locais, era um homem que procurava, através do poder de sua violência, escapar ao destino da plebe deserdada, sendo disso o melhor exemplo o herói do *Grande sertão...*, Riobaldo. Foi na condição de jagunço e procurando fugir ao destino comum, procurando, em outros termos, mudar de classe social, que Riobaldo conquistou o casamento com a herdeira Otacília e recebeu a herança do padrinho; o que talvez não tivesse acontecido se permanecesse acomodado no trabalho rotineiro e isento de aventura. O próprio Soropita pôde tornar-se um proprietário, não só pela herança que recebeu, mas também por "seus aforros", conseguidos como boiadeiro, tropeiro ou jagunço a serviço dos mandões locais ou do Governo. Por outro lado, a ação do Estado central e do Exército era uma tentativa de romper o compromisso tradicionalmente firmado entre governos estaduais e senhores locais, a verdadeira base do sistema coronelista: os primeiros cedendo aos grandes proprietários o domínio nas respectivas regiões em troca dos votos que estes conseguiam arrebanhar para a manutenção da elite no poder.[7]

---

artifícios para conservar-se. Assim acontecia com efeito; e, ao aparecerem decretos diretos constrangendo os violentos, estes procuravam na própria força real os novos meios mais oportunos para continuarem a fazer aquilo que os decretos vinham proibir" (Manzoni, 1997, v.1, p.94, tradução minha). Confrontar também todo o arrazoado que faz Euclides da Cunha sobre o jagunço em *Os sertões* (Cunha, 1985, p.237 e 260).

7 Essa visão do jagunço é confirmada pelo estudo mais recente de Frederico Pernambuco de Mello. Tendo em vista diferenciar o cangaceiro do jagunço e do pistoleiro, Mello argumenta: "Ele [o jagunço] é um profissional que escolheu o ofício das armas como meio de vida e não deseja fazer outra coisa. Encerrada questão em que esteve envolvido, despede-se do patrão – normalmente um fazendeiro ou chefe político – e vai oferecer as armas a quem estiver em litígio. ... o jagunço chegou mesmo a ser empregado em movimentos que convulsionaram o plano estadual, depondo governo constituído – como ocorreu no Ceará, em 1914 – ou provocando intervenção federal no Estado, pela ameaça de deposição do governo – fato ocorri-

Portanto, a história de Soropita – a de um sujeito que tenta se transformar e apagar o passado nebuloso, renitente em seus negrumes e em suas cicatrizes – acompanha o processo vivido pela nação na busca de uma ordem institucionalizada, na qual a lei substituísse a força ou, caso se prefira, na qual a civilização substituísse a natureza.[8] Entretanto, isso se dava no mesmo momento em que a força do Estado e o poder pessoal de Getúlio Vargas substituíam a lei e a Constituição, em especial durante o Estado Novo. E também a história da nação tinha por norma, como práticas de recalque e esquecimento, fantasiar e encobrir seu passado de violências, como o extermínio das populações indíge-

---

do na Bahia em 1920. Foram ainda esses jagunços que, agindo em sintonia mediata com o Governo Federal através de chefes políticos do interior, compuseram a linha de frente da duríssima resistência oposta aos avanços da Coluna Prestes em nosso sertão, ao longo do ano de 1926. Como vimos, o chefe podia ser qualquer um, e eventualmente esse chefe de jagunços foi o próprio Governo Federal. Num sertão em que o poder privado exerceu um mando incontrastável até décadas atrás, o jagunço agrupado em exército particular era importante fator de prestígio para a grande maioria dos chefes municipais, cientes de que o 'homem vale mais pelo mal do que pelo bem que pode fazer', conforme se diz ali. Esse prestígio – confirma Ulysses Lins de Albuquerque – 'alicerçava-se na manutenção de um pequeno exército de jagunços, sob as ordens dos chefes políticos'" (Mello, 2004, p.73-6). Confrontar também Albuquerque, 1957.

8 Na leitura da novela de Guimarães Rosa, exploraremos a idéia de que ela constitui uma espécie de negativo do poema de Hesíodo *O trabalho e os dias*, especialmente de dois mitos nele contidos: o mito de Pandora e o mito das cinco raças. Isso porque seus temas coincidem: a imagem da mulher como um presente enganoso e castigo criado por Zeus aos homens, e a perda do humano à medida que, pela violência, o homem se afasta da justiça. São esses dois fatos que servem de base ao bestiário abundante usado na novela. Como esses temas do poema de Hesíodo, perpassam quase toda a narrativa de Guimarães Rosa. Vale a pena citar o que uma comentadora considera a moral dessa história: "Pode-se portanto formular assim a asserção subjacente a essa história: o homem que vive de maneira justa parece-se com os deuses; aquele que nega ou lesa o direito coloca-se no plano das bestas. A presença do verso 108 [*'que os deuses e os homens mortais provêm da mesma origem'*] adquire agora toda a sua significação: a lembrança da origem comum dos homens e dos deuses serve para definir o estatuto do homem entre os seres vivos: renunciando à violência e ao crime, ele pode se tornar semelhante aos deuses" (Neschke, 1996, p.474, tradução minha).

nas e a escravidão negra.[9] A luta de Soropita era para recompor-se com aquele seu passado familiar, de homem de posses, e apagar da memória os momentos negros e pantanosos que vivera. Estes, porém, resistiam, na medida em que formavam a própria base do ser atual. Na tentativa de construir uma nova vida e uma nova aparência, Soropita procurava efetivar todos os trâmites necessários à passagem para a esfera restrita da ordem da camada dominante, como um filho pródigo:

> Havia mais de três anos Soropita deixara a lida de boiadeiro; e se casara com Doralda – no religioso e no civil, tinha as alianças, as certidões. Se prezava de ser de família boa, homem que herdou. Com regular dinheiro, junto com seus aforros: descarecia de saber mais de vida de viagens tangendo gado, capataz de comitiva. Adivinhara aquele lugar, ali, viera, comprara uma terra, uma fazenda em quase farto remedeio; dono de seus alqueires. E botara também uma vendinha resumida, no Ão – a única venda no arruado existente, com bebidas, mantimentos, trens grosseiros, coisas para o diário do pobre. (Rosa, 1960, p.296)

Só que, nesse trânsito, o herói procurou contrabandear para a nova esfera uma prostituta; e não por acaso, não pelo fato de, por infelicidade, ter gostado de uma mulher assim. Não; Soropita o fez por opção, pois eram as mulheres de bordel que ele apreciava. E se casou com Doralda por considerá-la uma espécie de rainha delas, a prostituta por excelência. "Sonho e bordel", foi o que escreveu Guimarães Rosa no

---

9 A crítica mais contundente contra essa prática oficial de apagamento da memória histórica foi feita, por incrível que pareça, por Machado de Assis/Comendador Aires, no *Memorial...* Nela, o conselheiro faz questão de precisar os nomes dos bois e corrige o poeta de modo que se facilite a identificação do mercador de escravos. Isso acontece na reflexão que faz no Dia da Abolição, 13 de maio: "Embora queimemos todas as leis, decretos e avisos [referentes à escravidão], não poderemos acabar com os actos particulares, escrituras e inventários, nem apagar a instituição da história, ou até da poesia. A poesia falará dela, particularmente naqueles versos de Heine, em que o nosso nome está perpétuo. Neles conta o capitão do navio negreiro haver deixado trezentos negros no Rio de Janeiro, onde 'a casa Gonçalves Pereira' lhe pagou cem ducados por peça. Não importa que o poeta corrompa o nome do comprador e lhe chame Gonzales Perreiro; foi a rima ou a sua má pronúncia que o levou a isso. Também não temos ducados, mas aí foi o vendedor que trocou na sua língua o dinheiro do comprador" (Assis, 1977, p.96-7).

resumo da novela que fez para a orelha da segunda edição do livro. Na cabeça de Soropita, era assim que passavam as coisas:

> Umas mulheres eram melhores, contentamento dobrado. Que encontrasse de todas a melhor, e tirava-a dali, se ela gostasse, levar, casar, mesmo isso, se para a poder guardar tanto preciso fosse – garupa e laço, certo a certo. (ibidem, p.299-300)

Os famigerados centauros

A essa altura, talvez seja importante tentar compreender quem eram, para Guimarães Rosa, os valentões como Soropita, que podiam servir tanto a Deus quanto ao diabo. Como o cabeça dos bate-paus de Augusto Matraga, que, quando o troca por seu inimigo, o Major Consilva, manda o Quim Recadeiro dizer a ele: "– Fala com Nhô Augusto que sol de cima é dinheiro!..." (Rosa, 1971, p.333). O conto "Corpo fechado", também de *Sagarana*, trata justamente desse tipo. Ele é quase uma inquirição sobre as causas do aparecimento do valentão nos vilarejos do sertão, sobre sua natureza constituinte e sua ética. Esse parece ser o verdadeiro tema do conto; o falso tema é o indicado pelo título: a possibilidade mágica de fechamento do corpo do herói. Fechar o corpo ou fazer o pacto com o diabo pertencem ao campo do "pode ser, pode não ser", das possibilidades extraordinárias; mas as ações e reações, mesmo as fantásticas, fazem parte da ética humana, que escapa à esfera da crença e permite nossa apreciação e julgamento.[10] Na narrativa, é o próprio autor, ou alguém muito próximo de sua experiência, que se faz presente como interlocutor e provoca o relato de Manuel Fulô. É ele que versa sobre os valentões que infestaram e ficaram na memória do

---

10 Um exemplo muito ilustrativo dessa escolha – para mim equivocada, pela importância que atribuo à vida institucional do país na compreensão do "sertão" de Guimarães Rosa – é o livro *grandesertão.br*, de Willi Bolle. Ele coloca no centro de seu trabalho, como "alegoria de uma ação legal fundadora", o episódio "mágico" do pacto com o diabo, que só revela a fraqueza de Riobaldo, e desconsidera inteiramente o ato "heróico", porque corajoso e grande, de Joca Ramiro e Zé Bebelo, que foi a montagem do tribunal, que poderia mudar a face do "sertão" (Bolle, 2004, p.335).

lugar, o arraial da Laginha: "José Boi, Desidério, Miligido, Dejo... Só podia haver um valentão de cada vez. Mas o último, o Targino, tardava em ceder lugar. O *challenger* não aparecia: rareavam os nascidos sob o signo de Marte, e Laginha estava, na ocasião, mal provida de bate-paus" (ibidem, p.259).

Manuel Fulô, como a alcunha revela, é um homem mestiço; em tudo ele é misturado, e suas feições mais parecem a caricatura de alguém deformado pela doença, no físico e no caráter, que propriamente as de um sujeito:

> gostava de fechar a cara e roncar voz, todo enfarruscado, para mostrar brabeza, e só por descuido sorria, um sorriso manhoso de dono de hotel. E, em suas feições de caburé insalubre, amigavam-se as marcas do sangue aimoré e do gálico herdado: cabelo preto, corrido, que boi lambeu; dentes de fio em meia-lua; malares pontudos; lobo da orelha aderente; testa curta, fugidia; olhinhos de viés e nariz peba, mongol. (ibidem, p.263)

A mestiçagem de Manuel Fulô não se limitava aos aspectos raciais; ela se dava no cerne mesmo de sua constituição, tanto de sua origem quanto de sua natureza, e são elas as determinantes de suas ações. Quanto à origem, ele pertencia à família dos Véiga, que por si já beirava ao informe:

> Era de uma apócrifa e abundante família Véiga, de uma vèiguíssima vèigaria molambo-mazelenta, tribo de trapeiros fracassados, que se mexiam daqui p'r'ali, se queixando da lida e da vida: – "Um maltírio"... –; uns homens que trotavam léguas a bordo de uma égua magra, empilhados – um na garupa, um na sela, mais um meninote no arção – para virem vender no arraial um cacho de banana-ouro, meio saco de polvilho pubo, ou uma pele de raposão. (ibidem, p.263)

Não bastasse, para confundir ainda mais, Manuel Fulô se dizia filho de um outro pai, de outra família: "Gostava, principal e fatalmente, de afirmar que era filho natural do Nhô Peixoto, o maior negociante do arraial; e, isso, depois da posse da Beija-Flor, constituía a razão da sua importância" (ibidem, p.264). Além da dupla origem familiar, da condição de filho de dois pais de posições sociais opostas – o que já devia provocar um bom tumulto interno –, havia sua simbiose com a égua Beija-Flor, a qual tinha precedência sobre todas as suas outras estimas. Era a junção dos dois mestiços, dele e da mula, que constituía sua verdadeira natureza: a dos centauros, que, na *Divina comédia*, residem no sétimo círculo do inferno, guardados por outro tipo híbrido, o Minotauro, e, junto aos violentos contra o próximo (tiranos, assassinos e salteadores), ficam submersos num rio de sangue fervente, que representa o sangue humano que derramaram sobre a terra.[11]

Nessa história de valentões, Manuel Fulô é um híbrido que fala de sua raça, a dos valentões. Seu casamento e fusão com a mula, híbrida como ele, era o elemento que melhor o definia, pois ele não tinha limites nem critérios para as escolhas e ações. A fusão entre os dois era tão consistente, que um se transformava no outro: ele se animalizava e a mula se humanizava, o que vai encontrar expressão na mistura de seus nomes ao longo da história. A mula Beija-Flor passa a ser chamada de Beija-Fulô, e ele, de Manuel Flor, como se os complementos dos dois fossem intercambiáveis: "Mas, com Manuel Véiga – vulgo Manuel Flor, melhormente Mané Fulô, às vezes Mané das Moças, ou ainda, quando xingado, Mané-minha-égua ..." (ibidem, p.263). E, quando entrava no arraial montado na sua formosa mulinha, ele dizia que as pessoas assim comentavam: "– Lá vem Mané Fulô, na sua Beija-Fulô, aferrada dos quatro pés e das mãos também!..." (ibidem, p.265).

---

11 Esse canto XII, do "Inferno", da *Divina comédia*, onde aparecem os seres mistos de homem e animal, o Minotauro e os centauros, dominados pela natureza violenta e selvagem dos últimos, perpassa todo o conto de Guimarães Rosa, inclusive na concepção do valentão mais notório, Targino, cujo nome lembra o de Sesto Tarquínio, um dos tiranos mencionados no final do canto: "A justiça divina assim castiga / Átila, que o flagelo foi da terra, / e Pirro e Sesto; e às lágrimas instiga" (Alighieri, 1976, p.158). Foi ele o tirano que, ao violentar Lucrécia, mulher de Colatino, induzindo-a ao suicídio, desencadeou a insurreição que pôs fim à monarquia em Roma. Euclides da Cunha foi quem primeiro associou os jagunços (de Canudos) aos centauros: "Colado ao dorso deste [do cavalo], confundindo-se com ele, graças à pressão dos jarretes firmes, realiza a criação bizarra de um centauro bronco" (Cunha, 1985, p.180-1). A associação foi posteriormente retomada por Robert B. Cunninghame Graham, por três vezes, ao referir-se aos mesmos jagunços como "uma raça de centauros"; "centauros diante do Senhor"; e "Esses homens, centauros diante de Deus" (Graham, 2002, p.37, 50 e 195).

Para ele, a precedência que a mula desfrutava sobre seu apregoado pai Peixoto estendia-se também sobre a noiva. Numa conversa com o doutor, bebendo cerveja, quando este lhe pergunta se amava a noiva, ele diz meio desenxabido: "– Gosto sim. Já estamos criando amor. Ela é boazinha...". E, logo a seguir, quando o doutor lhe pergunta se a mula era boa, ele responde com todo entusiasmo: "– Boa?! Uma santa de beleza de besta é que ela é!... Aquilo nem dorme... Nunca vi a Beija-Fulô deitada, por Deus do céu!... Montaria assim supimpa, assim desse jeito, nunca me disseram que houve... E olha que isso de animal é minha comida: entendo disso direito, sei puxar uma matéria!" (ibidem, p.267 e 268). Só bem depois, em conversa de situação muito mais complicada, quando o doutor volta a perguntar de quem de fato ele gostava mais, Manuel Fulô diz ser da noiva, mas parecendo dar a ela só uma pequena margem de vantagem: "– Me desculpe, seu doutor, mas isto é pergunta que se faça? Gosto das duas por igual, mas primeiro da das Dor!..." (ibidem, p.282). A proximidade e confusão entre homem e natureza (ou a pequena distância, física e moral, entre as duas naturezas, a animal e a humana) era o que permitia ao doutor explicitar sua conclusão ao comentar o preço elevado que Manuel Fulô pagara pela mula: "Mas tinha custado mais de conto de réis, num tempo em que os animais não valiam quase nada, e era o orgulho do Manuel Fulô. Mais do que isso, era o seu complemento: juntos, *centaurizavam* gloriosamente" (ibidem, p.264, grifo meu).

Antes de se tornar propriamente valentão, Manuel Fulô se forma na malandragem e esperteza: faz tudo para fugir ao trabalho, "gostaria de saber quem foi que inventou o trabalho, para poder tirar vingança"; e se integra a um grupo cigano, para aprender a trapacear com cavalos. Aprende tudo tão bem que acaba enganando os próprios professores, os ciganos. Sua história de valentão só começa de fato quando é desafiado por Targino. Manuel está na venda, bebendo cerveja com o doutor, quando chega o bandido, "Sua Excelência o Valentão dos Valentões", para lhe dizer, na frente de todos, que no dia seguinte iria visitar a das Dor, sua noiva, mas ficaria com ela só por um dia, depois do que poderiam se casar:

– Escuta, Mané Fulô: a coisa é que eu gostei da das Dor, e venho visitar sua noiva, amanhã... Já mandei recado, avisando a ela... É só um dia, depois vocês podem se casar... Se você ficar quieto, não te faço nada... Se não... – E Targino, com o indicador da mão direita, deu um tiro mímico no meu pobre amigo, rindo, rindo, com a gelidez de um carrasco mandchu. Então, sem mais cortesias, virou-se e foi-se. (ibidem, p.280)

A primeira reação de Manuel Fulô é negar a origem do propalado pai quando o doutor lhe recomenda recorrer a Nhô Peixoto: "– Ele é pirrônico... Não amarro cavalo com ele" (ibidem, p.281). E procura aceitar o fato e acatar as recomendações da família Véiga: "E aqueles parentes não viam que o Manuel estava mesmo o mais Véiga de todos" (ibidem, p.283). Quem não se conforma com o acovardamento de Fulô é o doutor, que passa a procurar as autoridades possíveis do lugar para pedir ajuda: o amigo sapateiro, que o aconselha a não fazer isso e a mandar o Manuel embora, pois o "Targino pode pensar que o senhor esteja se metendo"; o Coronel Melguério, a quem chamavam berda-Merguério (talvez por ser contaminado pela fraqueza no nome e sobrenome), e que diz quase a mesma coisa, só que "umas quinze vezes"; o Vigário, que "olhou para cima, com um jeito de virgem nua rojada à arena, e prometeu rezar"; o subdelegado, que "saíra do arraial, de madrugadinha, para assunto urgente de capturar, a duas léguas do comércio, um ladrão de cavalos..." (ibidem, p.282-3). Diante da debilidade de todas as autoridades, das costumeiras, como o coronel local, às constituídas, como o vigário e o subdelegado, um valentão como o Targino encontrava espaço para crescer e reinar. Desgarrado, sem o controle de um superior para conter sua violência e seu arbítrio, o valentão era a própria *hýbris*, a força e a desmedida, que dava vitória à metade animal do centauro. Era a natureza que se impunha sobre a convivência e o ordenamento humanos, como poderia ser o casamento de Manuel Fulô com a das Dores. Se o conto for lido nessa perspectiva, o ato mais heróico e de maior grandeza do protagonista não foi enfrentar o Targino com armas desiguais e vencê-lo, pois, nesse momento, não era mais senhor de si, parecia estar possuído e não ter consciência de suas ações. Antes, ele só se engrandeceu quando aceitou se desfazer da mula Beija-Flor em paga do serviço do feiticeiro para salvar a noiva: "Maria das Dores, na cafua, adoecera de pavor, e estava sozinha com a mãe, chamando pelo noivo..." (ibidem, p.283). Feliz ou infelizmente, a ameaça só não se realizou por milagre, graças ao feiticeiro "Antonico das Pedras ou Antonico das Águas", que fechou o corpo de Manuel Fulô, e este, na luta desigual, derrotou o valentão. Perguntar se foi mesmo o feitiço de fechamento de corpo que deu a vitória a Manuel Fulô sobre Targino não equivaleria à pergunta que se faz em relação ao *Grande sertão...*, se houve de fato o pacto de Riobaldo com o diabo? Não seria mais razoável fazer uma pergunta predecessora: o que faz o sujeito depender de milagres para conter a violência e realizar-se em um plano mais humano? Parece-nos que, também para Guimarães Rosa, a história dos valentões e sua própria existência não se dissociam da história do Estado e da vida institucional, capazes de superar o estado natural e de evitar a regressão.

O cão domado

A mesma história ressurge em outra ponta da obra de Guimarães Rosa, no conto "Fatalidade", do livro *Primeiras estórias*. Um homem do povo, em tudo mediano, em nome e sobrenome, *José de Tal*, apelidado de Zé Centeralfe, também um jogador de meio-de-campo, entre o ataque e a defesa, é perseguido de arraial em arraial por um desses valentões famigerados, cujo nome já remete à força bruta e vida agreste: Herculinão Socó. O que o pobre homem procurava era algo inusitado nas camadas baixas da vida social brasileira, caracterizadas pela informalidade: uma vida ordenada, casara-se "em face do civil e da igreja", e subordinada, não a um poder pessoal, como era o costume, mas a uma ordem suprapessoal e universal, à lei: "– Sou homem de muita lei... Tenho um primo oficial-de-justiça... Mas não me abrange socorro... Sou muito amante da ordem..." (Rosa, 1969, p.60). Ao contrário de Manuel Fulô, que compartia seu amor à noiva com o apego à mula Beija-Flor, José de Tal tinha um único bem, a mulher, a qual o valentão ameaçava tomar, obrigando-o a fugir de seu lugar, porque "*a marca de autoridade*, no Pai-do-Padre, se estava em falta" (ibidem, p.60, grifo meu). Também sua reação foi distinta da do herói de "Corpo fechado": José de Tal não apelou para *o milagre* do carisma mágico ou religioso, mas *à autoridade* da cidade para onde se mudara, o delegado, nomeado no conto como Meu Amigo. E o pobre-diabo lhe disse, com clareza e certo orgulho, que "pela primeira vez, alçou a voz", talvez vislumbrando a possibilidade de inverter o dado de sua situação, quando dissera que não estavam "debaixo da lei, mas da graça...": "Terá o jus disso, o que passa das marcas? É réu? É para se citar? É um homem de trapaças, eu sei. Aqui é cidade, diz-se que um pode puxar pelos seus direitos. Sou pobre, no particular. Mas eu quero é a lei..." (ibidem, p.61, grifo meu). O delegado já conhecia o valentão a ser combatido e sua malignidade, "Horripilante badameco", mas só que, em vez de tentar enquadrá-lo nos termos da lei, tramou uma forma de combatê-lo com as próprias armas. Surpreende-o e o enfrenta cara a cara, e, pela destreza, aproveita-se do seu ponto fraco, "Homem lento", como comprova o narrador, o que explica as palavras do delegado um pouco antes: "Sigamos o nosso carecido Aquiles...". Isso depois de, sutilmente, só com os olhos, ter convencido o homem do povo a se armar e a ir "à-garra", o que lhe deu a possibilidade do segundo tiro:

> E... foi: fogo, com rapidez angélica: e o falecido Herculinão, trapuz, já arriado lá, já com algo entre os próprios e infra-humanos olhos, lá nele – tapando o olho-da-rua. Não há como o curso de uma bala; e – como és bela e fugaz, vida!
> Três, porém, haviam tirado arma, e dois tiros tinham-se ouvido? Só o Herculinão não teve tempo. Com outra bala, no coração. Homem lento. (ibidem, p.62-3)

O desfecho desse conto, se por um lado lembra o de "Corpo fechado", sendo o apelo à magia e à possessão substituído pela autodefesa com armas iguais e pela proteção da autoridade constituída, por outro lado remete ao desfecho de "A hora e vez de Augusto Matraga", sendo a luta de morte entre os contendores substituída pela vitória do justo. José Miguel Wisnik, que também fez uma leitura de "Fatalidade" – em outra perspectiva e com algumas variações em relação à minha[12] –, assim interpreta seu desfecho:

---

12 Segundo José Miguel Wisnik, o delegado "mata ele-mesmo o malfeitor ..., em parceria com o capiau desprotegido, e em legítima simulação de legítima defesa"

Em suma, simula a legitimidade da legítima defesa legítima – espécie de mentira-verdade e verdade-e-meia com a qual escreve à bala o mesmo raciocínio que o doutor do "Famigerado" realiza com palavras. Com o que se equiparam agora, todos iguais nas diferenças perante a lei que falta, o doutor, o moço do Governo e o jagunço. O delegado poeta forja a cena do crime como cena da lei, mandando o outro para a "competente cova", enquanto considera a fatalidade das coisas que têm de acontecer, como tudo (*"tudo não é escrito e previsto? Hoje, o deste homem. Os gregos..."*). (Wisnik, 2002, p.194)

Na minha visão, a citação da última sentença do Meu Amigo poderia ser complementada com a fala que vem logo a seguir: "Mas... a necessidade tem mãos de bronze...". Isso é importante, porque, se a lei não vigora, não é respeitada por um sujeito, como diz o José de Tal, "– Ele não tem estatutos. Quem vai arrazoar com homem de má cabeça?", seus representantes ou delegados têm de recorrer às mesmas armas, à astúcia e à violência, para fazer valer a justiça. Parece ser esse o raciocínio de Meu Amigo, sujeito de "vasto saber e pensar, poeta, professor, ex-sargento de cavalaria e delegado de polícia". Isso o leva também a transgredir a lei, o que pode igualá-lo ao "rufião biltre" do Herculinão. Dizer que "a necessidade tem mãos de bronze" significa dizer que a necessidade também é dura e armada, igualmente capaz de violências e que, portanto, sua realidade não é mais a da santidade ou inocência. Como a astúcia matreira do doutor do conto "Famigerado", que tem em vista antes de tudo conter a ação violenta do valentão, pois sua função, como "doutor", é curar e não ferir, a violência do delegado Meu

---

(Wisnik, 2002, p.194). O Zé Centralfe estava tão armado quanto os outros dois, pois, "Três, porém, haviam tirado arma, e dois tiros tinham-se ouvido? Só o Herculinão não teve tempo. Com outra bala, no coração. Homem lento." (Rosa, 1969, p.63). E isso significa que a legítima defesa não foi só simulação; o capiau teve nela participação ativa, entendera os olhares do delegado e, através deles, apreendeu o que Meu Amigo lhe queria ensinar, a se defender por conta própria, respaldado pelas armas da lei, tomando assim seu destino nas próprias mãos e recusando a "fatalidade": "... Mais nela [na carabina] afirmando a vista, enquanto umas quantas vezes rabeava com os olhos, na direção do homenzinho; em ato, chamando-o a que também a olhasse, *como que ao puxar à lição*." (ibidem, p.62, grifo meu).

Amigo vem em socorro da justiça e da vida civil. As atitudes pragmáticas do doutor e do delegado, carregadas de parcialidades que contrariam a universalidade teórica da lei, criam uma espécie de saída para a aparente aporia: como combater a violência com a violência sem justificá-la e gerar mais violência? Historicamente, a violência justificada pela necessidade da situação mostrou-se perigosa, seja no período getulista do Estado Novo, seja no dos governos militares de 1964 a 1985, quando se procurou substituir o que o núcleo autoritário da sociedade brasileira considerava "o estado de violência", dos grupos privados ou revolucionários, pela violência do Estado. É um pouco disso que "Fatalidade" nos fala: que, diante do arbítrio pessoal e da prática da injustiça, é legítimo se utilizar da astúcia e se socorrer da força e da violência. Nessa perspectiva, a violência delegada a uma autoridade do Estado, como é Meu Amigo, aparece como uma violência justa, porque apenas reativa e antecessora de outra pior, que daria continuidade à prática dos costumes, sempre vitimando o povo pobre e tolhendo a busca de uma vida ordenada. Por isso, o segundo hemistíquio da fala parece-me vital à leitura, pois, com ele, a decisão sobre o destino dos homens é desviada das mãos da "fatalidade" (e nisso reside a ironia do título do conto) e do miraculoso para as mãos dos sujeitos que reagem às forças da truculência. Foi o que determinou que "os gregos" da citação entrassem na história e para a história. Foram os gregos que criaram nas cidades uma ordem civil fundada na lei e no acordo, que implementaram a ágora, onde discutiam e decidiam como reagir às ameaças e às ações injustas sem se render à fatalidade da sorte e dos destinos.[13] Penso que, na concepção de Guimarães Rosa, sintonizada com o espírito dos anos

---

13 Joaquín Rodriguez Feo, tradutor do *De cive*, de Hobbes, comenta como já entre os gregos o conceito de lei ganhava força ao ser considerada um acordo (contrato) entre os homens, e cita esta observação de J. Muguerza: "Ao concebê-las [as leis] como fruto de um efetivo acordo entre os homens, esses contratualistas primigênios estavam subtraindo-as não só de sua imposição por parte da natureza, como também de sua imposição por parte de Zeus ou dos deuses. Ou, dito de outro modo, o que contribui para pôr de manifesto quanto pode haver de subversivo no contratualismo, eles estavam convertendo tais homens, prontamente, em donos de seu próprio destino" (Feo, 1999, p.XXVI, tradução minha).

em que escreveu esses contos, o que se realiza não seja tanto a indistinção, "todos iguais nas diferenças perante a lei que falta, o doutor, o moço do Governo, e o jagunço", mas o esboço de um novo tempo, do qual essas narrativas são suas *Primeiras estórias*. Por vários indicativos que apreciaremos adiante, deduzimos que a maioria dessas estórias não mais se passa na Primeira República, mas em um período imediatamente posterior à Revolução de 1930, quando, através do espírito citadino, o Estado começava a se fazer presente no sertão.

Se o tempo das estórias é o período getulista não-liberal dos anos de 1930, o tempo de sua escrita é o período JK (de Juscelino Kubitschek), um tempo em muito distinto ao dos primeiros livros do autor: *Sagarana*, *Corpo de baile* e *Grande sertão: veredas*. E a Brasília que se implantava no interior do país não era só a cidade moderna, como também, antes de ser assim pensada, a Capital, a sede do Estado e o centro do poder.[14] Esse movimento indica que, apesar do suicídio de Getúlio Vargas e de todas as conseqüentes dificuldades, o país ainda encontrava uma saída institucional e conhecia um tempo de grandes esperanças e de volta de atenção a si mesmo – era o que Brasília simbolizava. Foi justamente o período no qual o Brasil teve o processo de desenvolvimento mais equilibrado, que não se restringiu ao crescimento econômico, como em outros momentos de sua história, mas se estendeu aos campos político-partidário, jurídico-institucional e, de modo notável, educacional e cultural. Foi quando tudo fazia supor que, finalmente, atravessáramos o Rubicão e constituiríamos uma nação "moderna", com todas as contradições e os limites próprios de um tal processo, como expresso no conto de abertura de *Primeiras estórias*, "As margens da alegria", tão bem apreciado por José Miguel Wisnik. Na mesma época, transferia-se para as grandes cidades o conflito social tradicionalmente campesino, que também assumia os tons da modernidade. Não mais a luta selvagem, o estado de violência do tempo dos jagunços da República liberal-oligár-

---

14 A bibliografia sobre o assunto é ampla, mas penso no excelente conjunto de estudos de Mário Pedrosa, reunidos por Aracy Amaral no volume *Dos murais de Portinari aos espaços de Brasília*, nos quais o crítico, em dois momentos, resume o histórico da idéia da nova Capital (Pedrosa, 1981, em especial p.334 e 357).

quica de 1889-1930, mas a luta entre o capital e o trabalho, que encontrava agora seus meios de expressão e de resolução nas leis, nos sindicatos, nos partidos políticos, na imprensa e na vida cultural, mediada sempre pelas instituições jurídicas, como a legislação e a justiça do trabalho. Processo que, tragicamente tolhido pelo golpe militar de 1964, em breve se desmantelaria. Mas aí serão outras estórias, *tutaméias*.

Os aspectos novos dessa desenvoltura histórica podem ser apreendidos na seqüência de algumas das *Primeiras estórias*, que aqui irei apenas indicar. A décima segunda estória, "Nada e a nossa condição", termina muito significativamente com o holocausto, em um incêndio onde se queimam o patriarca e a casa-grande, obstáculos ao novo tempo instaurado por tio Man'Antônio com a distribuição de terras entre os trabalhadores: "Até que, ele, defunto, consumiu-se a cinzas – e, por elas, após, ainda encaminhou-se, senhor, para a terra, gleba tumular, só; como a conseqüência de mil atos, continuadamente" (Rosa, 1969, p.89). A décima sétima estória, "A benfazeja", conta como uma mulher – um bode expiatório, não por acaso chamada de Mula-Marmela (em certa altura da novela "Dão-Lalalão", Doralda também se considera a mula rata Moça Branca) – põe fim ao marido e ao enteado, dois valentões da pior espécie dos sertões, homens "sem adiante". Os dois crimes da mulher constituem sua grande doação à vida civil do lugar, aos quais acrescenta o cachorro morto que carrega consigo ao partir: "para livrar o logradouro e lugar de sua pestilência perigosa" (ibidem, p.134). O cenário da décima oitava estória, "Darandina", transfere-se para a cidade grande, a capital, e introduz uma nova personagem, que lembra muito o corpo coletivo dos jagunços no tribunal do *Grande sertão...*: a multidão volúvel, que ora aplaude, ora quer linchar. Ela assiste às diabruras de um funcionário surtado, com tendências a político demagogo, mas que se desnuda como o rei bufão, no alto de uma palmeira, onde, de modo muito sugestivo, canta um sabiá, como aquele romântico de Gonçalves Dias, que canta no poço de "Minha gente". A décima nona estória, "Substância", traz algo novo e quase milagroso: o amor e casamento de uma moça pobre, no fundo da desgraça, sujeita ao trabalho mais pesado, com seu patrão, um grande proprietário de terras e indústrias:

> Sionésio e Maria Exita – a meio-olhos, perante o refulgir, o todo branco. Acontecia o não-fato, o não-tempo, silêncio em sua imaginação. Só o um-e-outra, um em-si-juntos, o viver em ponto sem parar, coraçãomente: pensamento, pensamor. Alvor. Avançavam, parados, dentro da luz, como se fosse no dia de Todos os Pássaros. (ibidem, p.156)

E o livro termina com a vigésima estória (antes de "Os cimos", que representa a segunda parte da moldura que o enquadra): "– Tarantão, meu patrão...". Uma armada de estropiados, comandada por um proprietário amalucado como Dom Quixote, encerra toda a seqüência num banquete de regozijo, numa grande e chique festa de batizado da filha do doutor Magrinho, como se os dois extremos do país se regozijassem na confraternização de classes:

> Porque o Velho fez questão: só comia com todos os dele em volta, numa mesa, que esses seus cavaleiros éramos, de doida escolta, já se vê, de garfo e faca. Manpamos. E se bebeu, já se vê. Também o Velho de tudo provou, tomou, manjou, manducou – de seus próprios queixos. Sorria definido para a gente, aprontando longes. *Com alegrias. Não houve demo. Não houve mortes.* (ibidem, p.166, grifo meu)

Conferir até que ponto essa seqüência é mais idealizada que condizente com o processo social histórico será motivo então para uma outra história.

A figura do valentão já estava no centro do conto "Famigerado", do mesmo livro, também muito bem estudado por Renato Janine Ribeiro e José Miguel Wisnik, nos ensaios citados na Bibliografia. Sem se restringir ao conto, Wisnik se aproveita de uma série de estudos e idéias sobre Guimarães Rosa, Machado de Assis e Mário de Andrade, para sintetizá-los em uma interpretação geral da obra rosiana e do Brasil. Infelizmente, não poderemos discuti-la aqui; só tentaremos complementar esses dois estudos na medida em que priorizam uma das faces do conflito de que trata o conto: a que expõe a tensão entre Damázio e o doutor-narrador da estória. Essa face, exposta e visível, e também a que apresenta interesse propriamente literário, é a que merece ser estudada de forma efetiva. Se as palavras praticadas por sujeitos ativos, narradores e personagens, são a matéria da literatura, é dela que a análise literária deve cuidar. Porém, o conflito trabalhado no conto comporta uma face oculta, da qual muito pouco transparece na estória relatada, o que torna seu interesse literário pequeno: é a do embate entre Damázio e "o moço do Governo". Apesar de só referida, é essa sua face objetiva, na qual estão envolvidas forças sociais e políticas que transcendem as personagens: o poder do Estado e o dos grupos privados; enquanto a tensão entre o valentão e o doutor está carregada de subjetividade, seja nas ações e reações de ambos, intempestivas ou matreiras, seja nas suas formas de intelecções e interpretações das palavras, ao se enfrentarem com suas diferentes armas, como muito bem analisado pelos dois estudiosos. O interesse da literatura está no homem (nas ações e reações humanas), e não no fato histórico objetivo; o foco do conto devia estar mesmo na singularidade dessas personagens, apreciando-as na medida em que confirmavam o esperado ou dele destoavam. Mas o "esperado" nesse conto não é pouco, é um terreno histórico particular e que, na literatura de Guimarães Rosa, é sempre tão relevante quanto os tipos e caracteres observados, pois, de algum modo, o fato histórico é responsável pela constituição dos sujeitos, por serem o que são. Daí a importância, para mim, de se compreender bem essa face oculta, que está na origem de todo o conflito.

Apesar da escassez de elementos expostos, tentaremos trabalhá-los partindo do que o autor já nos legou em obras anteriores: o valentão do sertão. É importante lembrar que nosso interesse não é tratar desse tipo social, que já foi suficientemente estudado pela história, sociologia, antropologia social e crítica literária; mas apenas interpretar sua representação na obra de Guimarães Rosa: quais as afinidades e os contrastes que apresenta com as visões mais difundidas a respeito. Um primeiro fato a ser observado é que o valentão e a violência que imperou na Primeira República têm fontes próprias e são distintos tanto daqueles do período Imperial quanto daqueles dos dias atuais. Podemos adiantar que a mesma circunstância apreciada pelo autor no macrocosmo, ao situar a maior parte das histórias de seus três primeiros livros no ambiente da Primeira República, repete-se no microcosmo, nas pequenas localidades, como na Laginha ou na Serra do Ão. Essa circunstância, que já estudamos noutro lugar, caracteriza-se pelo vazio advindo da ausência do Pai tutelar com a proclamação da República e a deposição de Dom Pedro II. Em termos políticos, na visão conservadora em geral, e não só na de nostálgicos da monarquia, isso significou a fragilização tanto da autoridade do poder central da União (no Império, Dom Pedro II reinava como um poder tutelar, protetor da sociedade e moderador dos apetites partidários), como a dos antigos senhores patriarcais, os quais ficavam agora sujeitos à autoridade dos presidentes de Estado e fora da sombra protetora do antigo Imperador. É nesse ambiente de debilitação do poder Central – capaz de realizar o interesse público refreando os abusos particularistas – e de enfraquecimento da autoridade dos grandes proprietários – capaz de conter as arbitrariedades locais –, que as ambições desmedidas ganham força e os valentões desencadeiam a violência, em uma guerra de todos contra todos. Essa é a leitura da ótica conservadora, que tem à frente os restauradores da monarquia. O quadro do microcosmo foi composto em dois contos de *Sagarana*: "Corpo fechado" e "Minha gente". O primeiro, já visto acima, passa-se em uma localidade na qual nem as autoridades nomeadas pelo presidente do Estado, como o delegado, nem as autoridades locais, como o padre e o Coronel Melguério (sujeito fraco e desconsiderado, tanto que o chamavam de "berda Merguério"), eram capazes de conter a violência dos Targinos. Em "Minha gente", o coronel local, tio Emílio, no intento de se tornar o homem forte do distrito, ingressa na política: "está, em cheio, de corpo, alma e o resto, embrenhado na política" (Rosa, 1971, p.188). A intenção de fortalecer-se através da política não implica, contudo, conter a violência e a arbitrariedade, mas, pelo contrário, exercê-las em interesse e benefício próprios. Assim, como autoridade política, tio Emílio enfeixa também o poder de polícia e o poder de justiça. Por exemplo, ao decidir não punir o assassino de Bento Porfírio, um seu camarada, ele o faz por razões muito particulares: "Já perdi um voto, e, se o desgraçado fugir para longe, são dois que eu perco..." (ibidem, p.199). Não bastassem esses poderes, ele intervém também nas funções religiosas: troca os santos da capela para fazer de um casal de proprietários influentes os seus padrinhos e, com isso, reforçar suas alianças políticas. Como quem não conhece limites para as ambições de poder, ele instrumentaliza até os afetos, como o do próprio sobrinho, a quem, enganando, usa para mentir e passar falsas mensagens a seus opositores, para fazê-los cair num embuste.

Apesar de tudo, na visão do autor, essa ordem humana de baixa moralidade pública e, normalmente, rígida moralidade doméstica, na esfera restrita da casa-grande, reinante no elevado onde ficava e mandava o tio-coronel, ainda era melhor que a ordem da parte mais baixa do lugar, no terceiro poço, que tinha no seu fundo, não por acaso, uma "*traíra feroz*". Ali vigorava o próprio estado de natureza, onde havia sempre um mais forte para comer os mais fracos e a traição era a regra geral:

> na coisa água, passante, correm girinos, que comem larvas de mosquitos, piabas, taludas, que devem comer os girinos, timburés ruivos, que comem muitas piabinhas, e traíras e dourados, que brigam para poder comer tudo quanto é filhote de timburé. (ibidem, p.191-2)[15]

Nessa cadeia de devoração do mais fraco pelo mais forte, vigorava a lei da traição, inclusive entre os homens que ali freqüentavam: um traía o outro, e é assim que morre Bento Porfírio, que vivia uma "paixão da brava, isto é: da comum" por uma mulher casada. Ele trai sua mulher, Bilica, com a prima "de Lourdes", pois gosta desta, que, por sua vez, gosta dele e não do marido, Alexandre, e por isso o trai. E Alexandre, para não fugir à regra, mata Bento Porfírio à traição, com uma foice, pelas costas, no poção, cujas águas costumavam subir de uma hora para outra, sem avisar, traindo quem ali se encontrava. O interessante é

---

[15] Guimarães Rosa usa uma imagem semelhante para representar o estado a que regrediu a "Tapera de arraial" com a chegada da malária e o abandono do local por todos. A doença vem como uma peste e instaura uma ordem cheia de riscos e armadilhas, em que todos se traem e se entredevoram, homens e bichos: "O mosquito fêmea não ferroa de-dia; está dormindo, com a tromba repleta de maldades; somente as larvas, à flor do charco, comem-se umas às outras, brincando com as dáfnias e com as baratas-d'água; as touceiras cheirosas do campim-gordura espantam para longe a urutu-coatiara; a jararaquinha-da-barriga-vermelha é mansa, não morde; e essas outras cobras claras, que passam de cabeça alçada, em nado de campeonato, agora, mesmo que queiram, não poderão morder. Mas é bom não pisar forte naquelas esponjas verdes, que costuma haver uma cisterna profunda, por baixo das folhas dos aguapés" (Rosa, 1971, p.120).

que naquele lugar-natureza cantava um sabiá, romântico como o da terra da qual Gonçalves Dias sentia saudade no exílio:

> Oh tristeza! Da gameleira ou do ingazeiro, desce um canto, de repente, triste, triste, que faz dó. É um sabiá. Tem quatro notas, sempre no mesmo, porque só ao fim da página é que ele dobra o pio. Quatro notas, em menor, a segunda e a última molhadas. Romântico. (ibidem, p.193)

E até o primo, atraído pelo lugar, começa a se contagiar pela mesma idéia fixa e paixão "comum", como a de Bento Porfírio, que não parava de "falar na amante":

> Não escuto mais. Estou namorando aquela praiazinha na sobra. Três palmos de areia molhada... Um mundo!... Que é aquilo? Uma concha de molusco. Uma valva lisa, quase vegetal. Carbonífero... Siluriano... Trilobitas... Poesia... Mas este é um bicho vivo, uma itã. No córrego tem muitos iguais... (ibidem, p.197)

Tanto a "valva" como a "itã" são sinonímias de *concha*, representação da vulva. Elas proliferavam naquele lugar que o atraía como símbolos do amor-natureza, animal, fora das regras humanas de civilização.

É também dentro desse universo que devemos entender o "moço do Governo" do conto "Famigerado", de *Primeiras estórias*, como um elemento novo e estranho no lugar, como uma nova autoridade que vinha impor limites mais estreitos aos mandões locais. Civil ou militar, da fazenda, da justiça ou do exército, não sabemos... suas arestas chocam-se com as do famigerado valentão "Damázio, dos Siqueiras...", portanto, como nota Wisnik, um daqueles de família influente e proprietária, diferente dos Targinos sem sobrenome. Como Soropita, Damázio também estava em retirada, "para uns anos ele se serenara – evitava o de evitar", e, como ele próprio diz: "Cá eu não quero questão com o Governo, não estou em saúde nem idade..." (Rosa, 1969, p.10-1). Mas, tal qual Soropita, ele era só uma brasa adormecida, não estava apagada, e uma suspeita, por pequena que fosse, poderia acordá-la e fazer voltar à ferocidade, conforme as expressões empregadas para distingui-lo: "perverso brusco", "catadura canibal", "gente brava", "máxima violência", "tréguas de pantera", "aquela crueldade de dentes". Na vida patriarcal, conforme sabemos e veremos, *a suspeita* era pior que o fato; portanto, bastava para provocar a ação intempestiva e violenta.[16] Mas, no caso de Damázio, ela foi contida; ele se preocupa em verificar os fundamentos e dirimir as dúvidas, porque agora o motivo da suspeita não vinha de um moço qualquer, mas de "um moço do Governo", e isso importava mais que ele ser "estrondoso" ou "esmiolado". O que freava a ação de Damázio e o fazia pensar talvez fosse a potencial força e violência de que o moço do governo também era capaz (pela provável proteção garantida pelo "outro Governo", o Central, ou por um governo estadual não mais comprometido com o sistema coronelista, como o dos interventores de Getúlio, que substituíram os presidentes de estado compactuados com os mandantes locais). Com razão ou sem razão, uma violência foi evitada, graças à astúcia do doutor; e para a satisfação do facínora, conforme a expressão de alívio que manifesta "– 'Ah, bem!' – soltou exultante" (e também, por que não, para alívio do leitor). O alívio de Damázio se justifica porque, além de se ter tirado a limpo a suposta ofensa, evitaram-se os altos custos que uma vingança acarretaria nas atuais circunstâncias. Outrora, ele não só passaria ao largo das razões da ofensa como lamentaria alguém apresentar alguma, na tentativa de evitar mais um ato de violência que alimentasse sua fama e o reafirmasse no que era: um valentão.

O livro *Primeiras estórias* tem como moldura duas narrativas que reproduzem o olhar de um menino, o olhar da infância e da inocência, com todas as suas ambigüidades: uma pureza original, mas também um limite a ser superado. A estória introdutória, "As margens da alegria", reflete bem a contradição latente. Se, por um lado, traz a visão de uma outra verdade – a cidade, que, para o adulto, é a construção do novo e a substituição do espaço natural pela civilização –, por outro, significa a perda, a destruição e a violência, retratadas em cenas fortes e simbólicas, como a da derrubada da árvore pela máquina ou a da morte do peru para devoração. Ao mesmo tempo, a estória acomoda um engano significativo: o menino, ainda incapaz de discernimento, vê

---

16 Ver a respeito o estudo de minha autoria (Roncari, 2004, p.79).

o peru como um pavão, talvez como a literatura e os estudos regionalistas do tempo viam o cangaço e a jagunçagem, heroicizados.[17] Talvez o intuito principal da estória seja justamente lapidar nosso olhar: por um lado, a perda da inocência, que garante a visão da cidade apenas como progresso, sem seu aspecto destrutivo; e, por outro, o retorno à inocência, que garante a visão da beleza em toda manifestação de vida, até mesmo na de um pobre peru criado para nossa mesa.

O fecho elevado do livro, "Os cimos", faz viver a agonia permanente do menino em passar por altos e baixos, por perdas e ganhos. Como numa gangorra, ele vive ora a angústia da possibilidade de perda da mãe, ora a satisfação da notícia de sua cura, ora a realidade da perda do boneco macaquinho, ora a visão mensageira do tucano e do Sol. Entre todas as possibilidades de dor e alegria, realidade e fantasia, o que mais particulariza esse final, assim como todo o livro, é o equilíbrio dos males e dos bens de que este mundo é muito misturado, o que é próprio do *humano*: se não nos divinizamos, também já estamos distantes do estado de natureza. A mim, parece que o movimento do tempo moldou a visão do autor, impedindo-o de derivar para o ceticismo lúdico de *Tutaméia*, como acontecerá pouco mais tarde, ou para o realismo dramático de "Dão-Lalalão", para onde voltaremos agora.[18]

---

[17] Sempre é oportuno lembrar o que escreveu Maria Sylvia de Carvalho Franco, no estudo sobre "A hora e vez de Augusto Matraga", que considero um dos melhores escritos sobre Guimarães Rosa: "O retorno ao tema da violência como imperativa propõe a questão da unidade do mundo rústico. A ficção, o cinema, o ensaio, têm oposto cangaço e latifúndio, glorificando um e condenando o outro. Essa representação distorce a situação real: ambos foram constituídos unitariamente, e o cangaço está, muitas vezes, a serviço do latifúndio, sofrendo repressão política como derivação de lutas pelo poder que não lhe concernem diretamente" (Franco, 1975, p.106).

[18] As leituras das histórias de *Sagarana* e *Primeiras estórias* apresentadas nestas duas últimas partes foram expostas no curso de pós-graduação que ministrei, no segundo semestre de 2004, e que se intitulava "O estado de violência e a violência do Estado em dois livros-marcos de Guimarães Rosa: *Sagarana* e *Primeiras estórias*". Ver também Marli Fantini, como leitura de outra perspectiva de *Primeiras estórias* (Fantini, 2004, p.228).

O presente dourado e a armadilha

Desde seu início, "Dão-Lalalão" permite entrever Doralda, em meio às lembranças de Soropita, como alguém que reproduzia integralmente a imagem mais tradicional da mulher composta pelo mito, o de Pandora, tal como narrada nos poemas de Hesíodo.[19] A mulher como ser ambíguo, uma coisa e outra ao mesmo tempo, ou uma coisa que pode se transformar em seu contrário, como o presente artificioso de Zeus aos homens, uma jovem virgem moldada por Hefesto à imagem das deusas imortais:

> Afrodite de ouro espalhou a graça sobre a sua fronte, o doloroso desejo, os cuidados que quebram os membros, enquanto que um espírito insolente e um coração cheio de artimanhas serão, pelas ordens de Zeus, colocados nela por Hermes, o Mensageiro, assassino de Argos. (Hesíodo, 1951, p.88, tradução minha)

Esse presente dourado pode se transformar também num zangão, no ventre que os homens têm de alimentar até o cansaço e esgotamento de suas forças, como fazem as abelhas, enquanto os zangões "permanecem ao abrigo nas colméias e acumulam nos seus ventres o fruto das penas do outro" (ibidem, p.53, tradução minha). É desse modo que Doralda surge logo na primeira página: alguém que tem algo de homem, mas é mulher ao dobro; colorida, como os trabalhos ensinados por Atena a Pandora, "o trabalho que tece mil cores"; uma criatura que não se separa nunca da pessoa que toca, e nela fica presente mesmo na ausência; e se transforma no zangão devorador: "o rir um pouco rouco,

---

19 "A mulher é portanto definida como um peso econômico. Se não fosse preciso lembrar mais uma vez sua capacidade reprodutora contínua, ela seria por conseqüência um excedente inútil, que nada acrescenta à riqueza do lar, mas que, com seu apetite voraz, ao mesmo tempo pela alimentação e pelo sexo, diminui os recursos da casa e do marido de uma só vez. Ela não se parece assim nem aos campos, que são trabalhados fora, nem à Terra benevolente da Idade do Ouro (que, de todo modo, só é povoada por homens na versão de Homero)" (Zeitlin, 1996, p.363, tradução minha).

não forte mas abrindo franqueza quase de homem, se bem que sem perder o quente colorido, qual, que é do riso de mulher muito mulher: que não se separa de todo da pessoa, antes parece chamar tudo para dentro de si" (Rosa, 1960, p.289). E isso é confirmado por seus nomes, Doralda, que de imediato remete a algo dourado, a um presente dourado, ou Sucena, como o da flor açucena, mas que também lembra *súcia*, bando de sujeitos de má-fama, como os homens que a freqüentavam, passado "que até mesmo Deus esquece". O nome Doralda pode vir também da terminação de P*andora*, esse presente ofertado aos homens como um bem e, ao mesmo tempo, como um destino de desgraças e condenações: trabalho, velhice, doença, finitude. Entre mais coisas, o que comprova essa hipótese são os outros cognomes de Doralda: *Dadã*, como "a doadora de todos os bens" ou a doação enganosa feita aos homens,[20] e *Dola*, que remete a *dolos*, a armadilha ou o engodo em que caiu o irmão de Prometeu, Epimeteu, ao aceitar o *dom* enviado:

> *Doralda* era formoso, bom apelativo. Uma criancice ela caprichar: – "Bem, por que tu não me trata igual minha mãe me chamava, de *Dola*?" Dizia tudo alegre – aquela voz livre, firme, clara, como por aí só as moças de Curvelo é que têm. O outro apelido – *Dadã* – ela nunca lembrava; e o nome que lhe davam também, quando ele a conheceu, de *Sucena*, era poesias desmanchadas no passado, um passado que, se a gente auxiliar, até mesmo Deus esquece. (ibidem, p.291)[21]

---

20 Preferi essa tradução, que faz de Pandora tanto a portadora como a doadora de todos os dons, à que seria mais adequada aos poemas de Hesíodo, como comenta Froma I. Zeitlin: "Hesíodo deve de fato separar a mulher da terra revertendo a etimologia mais correta do nome de Pandora, para lhe dar o sentido, não de 'doadora de todos os bens', o que significa o epíteto análogo de Gaia (Terra), mas antes daquela a quem os deuses 'concederam todos os dons'" (1996, p.354, tradução minha).

21 "Pandora é um mal, mas um mal amável, a contrapartida e o reverso de um bem; os homens, seduzidos pela sua beleza, envolverão de amor essa peste que lhes foi enviada, que eles não podem suportar, mas sem a qual não suportariam viver: é o contrário e a companheira dos homens. Réplica à artimanha de Prometeu, Pandora é também uma astúcia, um engodo, um *dolos*, o Engano feito mulher, a *Apaté* sob a máscara da *Philotés*" (Vernant, 1990, p.59).

Nesse momento introdutório da narrativa, quando Doralda ainda é só uma ausência-presença que impregna as lembranças sonolentas de Soropita, "em meio-sonhada ruminação", na sua cavalgada de volta ao Arraial do Ão, vamos percebendo, na seqüência dos fatos lembrados, que atrás da aura de graça e simpatia que a recobre pode haver outra realidade, muito sutilmente disfarçada, e que a transforma em uma fonte de enganos.[22] Começa já com a mal contada história da cocaína, que ela havia experimentado "só uma vez, só *umas* duas *vezinhas*", como se o diminutivo *vezinhas* reduzisse a possibilidade aberta pelo artigo indeterminado *umas*, de que poderia ter sido bem mais de duas. Até pelos prazeres que o "pozinho alvo" despertava nos atos amorosos, e que ela fazia questão de transmitir a Soropita, pelo modo como lhe contava tudo aquilo: "Dá vontades emendadas, não acaba..." e "... A gente provar, Bem, e eu te beijar tua língua, em estranho, feito o gelo...". Mas o pior é que Doralda mentia para ele. Pressentindo as preocupações do marido, que ela mesma provocara, ao perceber que ele queria lhe perguntar "quem a ela tinha ensinado" o uso da cocaína, ela se antecipa e diz, singelamente, que havia sido "uma vizinha, senhora séria, dona viajosa, até casada...", nas Sete-Serras, lugarejo para lá ainda do Brejo-das-Almas, e que o próprio narrador faz questão de assinalar que era um "lugarejo distrito, sem civilização dessas coisas...". Entretanto, se ela mentia, era só para o bem dele, como se explicita neste notável eufemismo: "Mas Doralda não mentia, nunca houve, se algum fato ele perguntava. No que *transformava a verdade de seus acontecidos*, era para não ofender a ele, sabia como se ser" (ibidem, p.294-5, grifo meu).

---

22 "Ornada por Afrodite com uma irresistível *cháris*, dotada por Hermes de um espírito enganador e de uma linguagem falsa, ela introduz no mundo uma espécie de ambigüidade fundamental; entrega a vida humana à confusão e ao contraste. Com Pandora, não apenas os poderes da Noite se esparramam pela terra, os *Álgea* das doenças, o *Ponos*, o *Geras*, esses males que a humanidade ignorava em sua pureza original, mas todo bem comporta agora a sua contrapartida de mal, o seu aspecto noturno, a sua sombra que o segue passo a passo: a abundância implica doravante um *ponos*, a juventude, uma velhice, a *Dike*, uma *Éris*; da mesma maneira, o homem pressupõe diante de si o seu duplo e contrário, essa 'raça das mulheres', ao mesmo tempo maldita e desejada" (Vernant, 1990, p.59-60).

Logo em seguida, Soropita fala das emboscadas e traições que se podiam encontrar pelo caminho, "sempre podia haver alguém emboscado, gente maligna", e diz como havia gente invejosa da vida ordeira que ele agora vivia: "Uns que não acertavam com o mereço de acautelado viver, suas famílias, com seu trabalho". Mas não se demora a relativizar essa sua vida ordenada. Primeiro, ele não tinha filhos, "por contrária natureza" dela; fato, ao qual, aparentemente, ele não dava importância; porém, significava que ele não teria descendência que o ajudasse a aumentar sua riqueza, nem teria quem o amparasse na velhice, nem a quem deixar seu espólio, que são, no mito, apresentados como as compensações aos desgastes provocados pela mulher.[23] Depois, apesar das outras tantas alegrias que Doralda proporcionava a Soropita, o narrador refere-se ao desmazelo que na verdade deveria ser sua casa:

> Não se denotava nunca afadigada de trabalho, jogava as roupas por aí, estava sempre fingindo um engraçado desprezo de todo confirmar de regra, como se não pudesse com moda nenhuma de sério certo. Mas, por ela, perto dela, tudo resultava num final de estar bem arrumado, a casa o simples, sem carecer de tenção, sem encargo. (ibidem)

Nesse final, ele atenua as negligências da patroa, mas, ao falar de como Soropita, "com distintas maneiras", não aceitava carne mal-assada, representa Doralda como a encarnação da própria traição, como uma "traíra rajadona" no seu banquete, que lembra a traíra do fundo do poço do conto "Minha gente":

> Doralda tinha apetite contente em mesa, com distintas maneiras. Soropita não aceitava carne assada malmal, febras vermelhas, sangue se

---

23 "Se a analogia implícita entre Pandora e o jarro é verdadeira, então é difícil escapar à conclusão de que abrir o jarro equivale à defloração, enquanto que fechá-lo sobre a *Elpis*, que permanece em seu interior, marca o início da gravidez, que ainda não chegou ao fim. Se é esse o caso, é igualmente difícil resistir à idéia, mesmo se ela não foi diretamente enunciada, de que o que escapa do jarro escapa igualmente da vulva, segundo a codificação mais negativa da sexualidade feminina, e que a Esperança, ou a criança, situada de modo incerto entre o mal e o bem, é o único bom resultado, mesmo que ele seja pouco satisfatório" (Zeitlin, 1996, p.361, tradução minha).

vendo. Doralda guisava para ele tudo de que ele gostava, nunca se esquecia: – "Tu entende, Bem: comer é estado, daí vem uma alegria..." *Mordia. Tinha aqueles dentes tão em ponta, todos brilhos, alimpados em leite – dentinhos de traíra rajadona.* (ibidem, p.295-6, grifo meu)

A mesma imagem oscilante e ambígua de alguém que é e não é, que se afirma de um jeito, mas é logo revertido no seu contrário, aparece em seguida, quando o herói lembra que ela "Nem era interesseira, pedia nada", não queria que ele lhe trouxesse presentes e dizia que ele, para ela, era o quanto bastava. O que verificamos, porém, é que ela não pedia pouco, mas muito. Descrita agora não como uma traíra, mas como a "égua madrinha, total aos guizos, à frente de todas – andar tão ensinado de bonito, faceiro, chega a mostrar os cascos...". Faceira, ela transformava a vontade expressa dele de presenteá-la numa insistência, e, já que era assim, então que não o fizesse com pouco, pois isso significaria desmerecer não a ela, mas a ele e ao seu objeto de gozo, pois era a mulher dele que podia enfear e deixar de agradá-lo; portanto, que cuidasse de tudo com atenção:

> Então, Bem, se tu quer que quer, traz. Mas não traz dessas chitas ordinárias, que eles gostam de vender, não. Roupa pr'a capioa, tua mulherzinha ficava feia, tu enjoa dela. Manda vir fazenda direita, seda rasa. Olh', lança no papel, escreve; escuta... (ibidem, p.296)

Essa seqüência admirável de fatos descreve Doralda justamente como uma fonte de enganos, uma mulher que escondia uma realidade muito diferente de sua aparência, assim como da percepção que Soropita tinha dela, e eram justamente essas oscilações traiçoeiras que tanto o atraíam e prendiam. Tudo nos leva a crer que ele havia caído numa armadilha e tirava prazer disso. E a seqüência tem por fecho uma descrição emblemática do que sua casa era na realidade, para onde ele retornava inocentemente, como "o advôo branco das pombas mansas". A casa é descrita como um jardim cercado de ameaças, porcos e bodes lascivos, e que tem em seu centro uma flora traidora de vulvas lúbricas, que se oferecem publicamente aos transeuntes, "as romãzeiras e os mimos-de-vênus – tudo flores; se balançando nos ramos, se oferecendo, descerrados, sua pele interior, meia molhada, lisa e vermelha, a todos os passantes". Isso apesar de Soropita, representado aqui como a cerca de pau-ferro que a guardava. Alguns elementos dessa *ékphrasis*, como a flor enquanto metáfora da vulva e esta como redução da mulher, serão recorrentes em outros momentos da novela, que analisaremos mais adiante:

> Chegar em casa, lavar o corpo, jantar. Da chegada, governando cada de-menor, ele ajuntava o reparo de tudo, quente na lembrança. O que ia tornar a ter. O advôo branco das pombas mansas. A paineira alta, os galhos só cor-de-rosa – parecia um buquê num vaso. O chiqueiro grande, a gente ouvindo o sogrunho dos porcos. O curralzinho dos bodes. Pequenino trecho de uma cerca-viva, sobre pedras, de flor de seda e saborosa. E, quase de uma mesma cor, as romãzeiras e os mimos-de-vênus – tudo flores; se balançando nos ramos, se oferecendo, descerrados, sua pele interior, meia molhada, lisa e vermelha, a todos os passantes – por dentro da outra cerca, de pau-ferro. (ibidem, p.296)

O ponto de vista narrativo é aderente ao do herói e com ele se confunde. O estilo indireto livre dissolve as fronteiras entre o que é de Soropita e o que é do narrador, que conta com um excedente de informação e já tem um juízo do sentido da história. Por isso, fica difícil afirmar se os indícios levantados (de que atrás de uma Doralda querida existia uma outra traidora e que, nesse caso, ela nunca deixara de ser a prostituta que fora) são retalhos das percepções subjetivas do herói ou formulações do narrador, para sugerir pistas ao leitor de uma outra realidade, velada aos olhos apaixonados de Soropita. Eles podem ser também as duas coisas: tanto imagens que revelam o fundo patriarcal das suspeitas do herói, como iremos ver, interessado em comprometer Doralda e, com ela, a mulher em geral, como detalhes que sua visão nublada pelo amor não apreendia. Parece que na própria narrativa existe uma artimanha, artificiosa como Pandora, forjada para iludir o leitor e dificultar-lhe a apreensão do sentido mais verdadeiro do relato.

Bordel/bordéis

No percurso solitário que fazia entre o Andrequicé e o Arraial do Ão, Soropita tirava seu maior prazer em pensar nas cenas de bordel, mais imaginadas que propriamente recordadas. Como vimos, os fatos da memória só vinham em apoio ao que ele queria imaginar. Desse modo, o bordel que ele tinha na lembrança não era o real e verdadeiro, como ele certa hora recorda para si, contraditando as fantasias do amigo Dalberto:

> Mas – quando o Dalberto gravava assim, forte de si, encalorando, o que minava na gente era o cismo, de supetão, de ser, vindo no real, tudo por contrário. De simples, todo o mundo farto sabia o que tinha também de nojento naquelas casas do bordel: brigas, corrumaça de doenças, ladroagem, falta de caráter. Alguém queria saber de sua mãe ali, sua filha, suas irmãs? Muitas mulheres falsas, mentirosas, em fome por dinheiro, ah vá. Aquelas, perdido seu respeito de nome e brio, de alforria, de pessoa: que nem se quisessem elas mesmas por si virar bichos, que qualquer um usava e enxotava – cadelas, vacas, eguada no calor... Mas, depois, afastado de lá, no claro do chamado do corpo, no quente-quente, por que é que a gente, daquilo tudo, só levantava na lembrança o que rebrilha de engraçado e fino bom, as migalhas que iam crescendo, crescendo, e tomavam conta? E ainda mais forte sutil do que o pedido do corpo, era aquela saudade sem peso, precisão de achar o poder de um direito bonito no avesso das coisas mais feias. (ibidem, p.313-4)

Essa visão realista dos bordéis, que ele tecia internamente para não se deixar levar pelos divertimentos do Dalberto, fazia também um contraponto e reparava as imagens paradisíacas iniciais que ele havia formulado daquelas casas, "o pasto e a aguada do boiadeiro", como dizia "o arrieiro Jorge". Ele mesmo se iludia com elas, levantava na sua lembrança só o que tinham de bom, a abundância de mulheres e os imensos prazeres, que vinham como compensação às agruras das longas e duras viagens com as boiadas:

> O que era: um gozo de mente, sem fim separado do começo, aos goles bebido, matutado guardado, por si mesmo remancheado. Pelo assunto. Por quando, ao fim do prazo de trinta, quarenta dias, de viagem desgostosa, com as boiadas, cansativa, jejuado de mulher, chegava em cidade farta, e podia procurar o centro, o doce da vida – aquelas casas. Os dias antes, do alto dos caminhos, e a gente só pensava naquilo, para outra coisa homem não tinha idéia. Montes Claros! Casas mesmo de luxo, já sabidas, os cabarés: um paraíso de Deus, o pasto e a aguada do boiadeiro – o arrieiro Jorge

dizia. As moças bonitas, aquela roda de mulheres de toda parecença, de toda idade, meninas até de quatorze anos, se duvidar de menos. Meninas despachadas. (ibidem, p.298-9)

Ao longo de todo o percurso, os bordéis não lhe saem da cabeça; em parte, pensa neles para preencher a monotonia da viagem, quando se cansa de apreciar a paisagem exterior, já muito conhecida, mas não só. Como uma idéia fixa, é com eles que se ocupa já bem antes de se encontrar com o grupo do Dalberto, e, mesmo depois, eles ressurgem tanto na conversa com o amigo como internamente, e Soropita os carrega no pensamento até a entrada de casa. A dominante nas cenas imaginadas ou nos casos conversados é a perversão, no sentido próprio mesmo do termo, como se o amor, a relação do homem com a mulher tivesse se desviado de seu sentido humano e elevado, e regredido à condição feroz e animal. As mulheres dos bordéis não lamentam seu destino nem dão mostras de querer sair daquela vida. Gostam do que fazem e se esmeram no profissionalismo: "aquelas mulheres *regiam* ali, no forte delas, sua *segura querência*, não tinham *temor nenhum*, legítimas num *amontôo de poder*, e ele *se apequenava*; mulheres sensatas, *terríveis*" (ibidem, p.299, grifos meus). Melhor exemplo disso era a "rapariga bonita" que ele construía na imaginação, com "uma boquinha grande", que derramava em si "um vidro inteiro de perfume" e que "nem se dava ao respeito, tinha nojo de nada". Essa mesma rapariga volta evoluída em outra cena. Ele a vê agora no quarto com ele, numa casa de luxo, e a pinta com mais requintes e maiores detalhes:

> rapariga de claridades, com lisos pretos cabelos, a pinta no rosto, olhos verdes ou marrons, e covinha no queixo e risada um pouco rouca – e que de verdade essa rapariga nunca tinha havido, só ele é que a tinha inventado. (ibidem, p.302)

Ele cria a rapariga para que ela o force a fazer o que era do seu maior agrado, e talvez sua maior perversão. Soropita a imagina como uma rapariga voluntariosa, de modo que, quando ela repara na sua aliança, pergunta-lhe insistente o nome da mulher, "queria, porque queria", e o obriga a realizar o que havia anunciado anteriormente como o "Seu segredo. Nem Doralda nunca o saberia", que era o de introduzir a própria mulher na história. E Doralda entra como *Sucena*; assim, quando a rapariga ouve o nome, exclama: "*Sucena*? A *Sucena*? Mas, essa?! Ah, pois conheço, Bem. Conheço, inteira: é da gandaia! A pois, vou te contar..." (ibidem, p.303). E ela conta todos os desbordamentos e debroches de Doralda que ele próprio inventa, reduzindo-a à mais vil das prostitutas. Ocorre que o rebaixamento extremo da mulher o alivia e, com isso, ele se apazigua. Sua visão do bordel e de Doralda ganham outro realce. O prostíbulo torna-se então um lugar de desprendimento e de liberdade da mulher, onde ela se livra tanto da família quanto do peso de ferro dos trabalhos e dos dias, e entra na realidade elevada dos pássaros das altas árvores, "no perdido coração do mundo", espaço desprovido de tormentos e povoado de fadas-damas. Lá também estava *Sucena*:

> Soropita pausava. Soerguia a fantasia vibrada, demorava-a próprio uma má-saudade, um resvício. Se estirando com a rapariga, abraçados, falavam em Doralda, ele revia Doralda, em intensos. Só por um momento, murchava-lhe o manter acesa a visão em carne, arriava-se na esfalfa, o prolongamento comprava esforço. Mas a rapariga descrevia o assunto daquelas Mulheres, o mundo de belas coisas que se passam num bordel, a nova vida delas – mulheres assim leves assim, dessoltas, sem agarro de família, sem mistura com as necessidades *dos dias*, sem *os trabalhos* nem dificuldades: eram *que nem pássaros* de variado canto e muitas cores, que a gente está sempre no poder de ir encontrando, sem mais, um depois do outro, *nas altas árvores do mato, no perdido coração do mundo*. Se a gente quisesse, podia pôr nomes distraídos, elas estavam na alegria, esperando: – E você? – Eu sou Naninda... – Eu? Marlice... Lulilú, Da-Piaba, Menina-de-Todos... Dianinha, Maria-Dengosa... *Sucena*... (ibidem, p.303, com exceção do último, os grifos são meus)

Era também como um pássaro que Soropita anteriormente havia imaginado Doralda, com seu desejo livre, solta, brilhante, colorida, cantando alegre, só que não no bordel, como se não fosse lá sua mata de altas árvores, mas na sua casa da fazenda, seu bom porto, e esperando por ele. Tudo assim parecia tão bem arranjado, num impossível, conforme sua própria vontade: Doralda mantida na integridade, como a prostituta que ele queria e gostava, quando em determinado momento diz:

"Que encontrasse de todas a melhor, e tirava-a dali, se ela gostasse, levar, casar, mesmo isso, *se para a poder guardar tanto preciso fosse – garupa e laço, certo a certo*" (ibidem, p.300, grifo meu). E, ao mesmo tempo, a queria conformada na gaiola da sua Casa. A vontade imperiosa dele parecia querer combinar e acomodar dois fatos incompatíveis: a liberdade do pássaro livre com a prisão do laço, "para a poder guardar". A tensão produzida pela disjunção entre as vontades o perturbava e suscitava nele um espanto, "um medo de susto", de que algo viesse de fora (quando o temor já se instalara internamente) para fazer desmoronar esse arranjo impossível:

> Doralda lá, esperando querendo seu marido chegar, apear e entrar. Ao que era, um pássaro que ele tivesse, de voável desejo, sem estar engaiolado, pássaro de muitos brilhos, muitas cores, cantando alegre, estalado, de dobrar. Chegar de volta em casa era mais uma festa quieta, só para o compor da gente mesmo, seu sim, seu salvo. De tão esplêndido, tão sem comparação, perturbando tanto, que sombreava um medo de susto, o receio de devir alguma coisa má, desastre ou notícia, que, na última hora, atravessasse entre a gente e a alegria, vindo do fundo do mundo contra as pessoas. (ibidem, p.298)

Porém, assim como o que ele apreciava nas prostitutas eram a liberdade e o poder que as faziam "terríveis", de tal modo que diante delas ele se via reduzido, "legítimas num amontôo de poder, e ele se apequenava", ele só as apreciava enquanto prostitutas, pássaros livres e soltos, de forma que o que desejava delas não era o gozo do amor que podiam dar, mas estender sobre elas sua posse, o que acabaria, no final, por destruí-las, pelo menos no que eram, prostitutas-pássaros, o que afinal o desagradava, pois não era na sua domesticidade que as desejava. Bem mais tarde, quando o amigo Dalberto volta a lhe dizer que pretendia se juntar com a prostituta Analma e ir viver uma vida regrada com ela, longe, "nas voltas do Abaeté", Soropita não percebe de imediato a dimensão do amor do amigo. Ele pensa que Dalberto ama Analma como ele ama Doralda, como prostituta, e não uma mulher que lhe desse filhos e ajudasse a superar o passado de ambos: "a sossegada vidinha, pelo direito, esquecidos do passado todo... O bom a gente ter filhos, uns três ou dois... Filho tapa os vícios... (ibidem, p.332). O argumento que Soropita usa para convencer o amigo do contrário é o da incapacidade de mudança e conversão, justamente o que se passava com ele, que pretendia reunir *a puta* e *a santa* na sua mesma Doralda:

> – A bom, não firmei, não queria contrariar... Agora, por explicar o pouco melhor, relevando o que não for de minhas palavras... Por um exemplo, Dalberto, só estava achando, assim: você se amaseia com a Analma, vai com ela p'ra o fundão do Abaeté, bota ela no diário do trabalho, cuidando de casa, tendo filho, naquela dura lida do sempre... Mesmo por bem, não duvido, que ela queira, que ela apreceie isso... Aí, você não tem receios de que ela então fique sendo assim como uma outra pessoa boçal, se enfeiando até, na chãice, com perdão pelo que digo, e você acaba desprazendo, se enjoando?... (ibidem, p.332)

A resposta de Dalberto demarca bem a distância entre os dois amigos, "Mano irmão", como se, com toda a sua ingenuidade, Dalberto fosse ainda mais realista que Soropita, que na verdade pedia o impossível: "– Por jurar, que eu nunca pensei nesta minha cabeça uma espiritação estrambótica assim, Surupita... Sei o que hei! Querer bem não tem beiradas... *Você está é medindo o que não é da gente*" (ibidem, p.333, grifo meu).

A distinção entre um amor-posse, patriarcal, que não é nada além do amor a si mesmo, a seu império sobre o outro, ao respeito que o outro lhe deve, e o verdadeiro amor, generoso, o amor ao outro tal qual ele é em sua integridade, Guimarães Rosa já havia explorado com muita argúcia no conto "Sarapalha", de *Sagarana*, no qual distingue o amor dos dois primos, Ribeiro e Argemiro dos Anjos. Este ama secretamente a prima Luísa, mulher do primo Ribeiro, satisfazendo-se com sua presença para poder admirá-la e, depois, com as lembranças agradáveis que guardara dela, ao procurar compartilhar seu amor. Ribeiro, por sua vez, ama Luísa de forma absoluta, e se enfurece quando, muito depois que ela os deixara, quando ambos estão completamente arruinados e à beira da morte, o primo lhe conta "o seu segredo", que a havia amado também, à sua revelia, como "castigo de Deus", "foi má-sorte minha". A fuga de Luísa com o boiadeiro provoca em ambos reações também muito distintas, como confessam numa conversa. Ribeiro diz que não foi atrás deles porque teve "vergonha dos outros... Todo-o-mundo já sabia... E, ela, eu tinha obrigação de matar também, e sabia que a coragem p'ra isso havia de faltar" (Rosa, 1971, p.129). Ele a amava de verdade, tanto que não teria coragem de matá-la, mas não com um amor grande o bastante, que o fizesse perdoar o prejuízo causado à sua face pública: tê-lo feito passar vergonha e comprometido sua imagem de autoridade e o respeito do outro. Enquanto o primo Argemiro dos Anjos diz que, se tivesse ido atrás dos amantes fugitivos, teria matado o raptor, mas não ela: "Eu matava o homem e trazia minha prima de volta p'ra trás..." (ibidem, p.129). E ele não a demoniza, como faz o primo Ribeiro, quando diz que "Foram p'r'os infernos!" e conta a história do moço-bonito, que era o capeta, que veio buscá-la para levá-la rio abaixo, cantando e tocando a viola enfeitada de fitas. Argemiro também não se esforça como o primo para esquecê-la e recalcar as lembranças, ele a recorda com agrado e alimenta as boas imagens que guardara dela, pois ainda a ama, mesmo a distância no tempo, como a amava e respeitava quando era esposa de Ribeiro, sem diminuir em nada o verdadeiro amor por ela.

Soropita, na sua vida com Doralda, foge das dificuldades de resolver o impasse: como realizar o amor desejado sem destruir o outro no que ele era, já que era esse ser, "o que ele era", que ele amava; porém, amá-lo assim, permitindo que o outro fosse o que era, significava para ele destruir-se no que ele próprio era; em outros termos, significava destruir-se a si mesmo, homem de fama, valentão e proprietário patriarca: "Todos no Ão, no Andrequicé, até na beira do Espírito-Santo, o respeitavam. – 'Eles têm medo de você, Bem..." (Rosa, 1960, p.302). Mas, o que era impossível na vida real, na vida imaginária ele resolvia. Ele se vinga, destrói o outro e tira dos requintes sádicos das cenas imaginadas sua maior satisfação; era isso que ele sentia quando inventava os casos de bordel: um gozo erótico sádico, extraído da vingança. Para isso, nas cenas imaginadas, ele convoca, como seu carrasco, seu instrumento de vingança – que ele também temia voltar-se contra ele e sua propriedade –, o "preto Iládio", "golias de bruto", "goruguto, medonho". Desde que o vira pela primeira vez, trazendo consigo uma codorna preta sangrenta, sapecada de pólvora, Soropita, como um cão, identificou-o pelo cheiro: "Catinga do preto, e da codorniz esrasgaslhada, trescalavam a léguas" (ibidem, p.304). A reação animal, que a tudo identifica mais pelo faro que pela visão, foi dele, mas é o outro quem ele transforma em bicho. Ele elege o "preto Iládio" para ser a fera que, primeiro, deveria flagelar sua rapariga inventada, enquanto ouvia o amigo falar de Analma, a moça de família, instruída, "Lia em livros. Sabia versos". Analma havia escolhido se prostituir, entrara naquela vida por vontade própria; assim, aprendera a fazer umas coisas esquisitas, que enlouqueciam o amigo Dalberto. Porém, o maior deleite de Soropita era imaginar a satisfação que a mulher tirava de seu flagelo e dor, o que provocava nele um sentimento contraditório de aflição e prazer. O mesmo sentimento que a narrativa procura provocar no leitor:

> Do relongo de reouvir e repensar, Soropita extravagava. Sim escorregava, somenos em si – voltava ao quarto com a rapariga inventada: as sobras de um sonho. Mais falavam em Doralda, se festejavam. A rapariguinha estava ali, em ponta de rua, felizinha de presa, queria mesmo ser quenga, andorinha revoando dentro de casa, tinha de receber todos os homens, ao que vinha, obrigada a frete, podia rejeitar nenhum... – "Até estou cansadinha, Bem..." E se despendurava de abraço, flauteira, rebeijando. Rapariga pertencia de todos... Ao ver, àquele negro Iládio, goruguto, medonho... Até o almíscar, ardido, desse, devia de estar revertendo por ali, não sendo o que aquela menina gastava em si um rio lindo de bom perfume... Ela tãozinha de bonita, simples delicada, branquinha uma princesa – e aceitando o preto Iládio, membrudo, franchão, possanço... Ah, esse cautério! – Soropita se confrangia. (ibidem, p.314)[24]

---

24 É interessante comparar essa passagem, por um lado, com a cena do romance de Amando Fontes, *Rua do Siriri*, na qual a prostituta novinha Nenen recusa-se a ir com o "negro de grande estatura", cujo nome parece evocar o tamanho e poder de seu membro: Gregório do Espírito Santo das Mercês (Fontes, 1961, p.242). E, por outro, com o episódio narrado no capítulo "Em que se cava o passado para enterrar uma esperança", do romance *As minas de prata*, de José de Alencar. Nele, conta-se como um velho fidalgo se vinga por sentir-se ultrajado pelas relações que a jovem mulher, forçada pelos pais a casar-se com ele (mesmo motivo da novela de rádio ouvida no Andrequicé), mantém com o moço que de fato ama. Ele compra o negro mais deformado que encontra e tranca-o no quarto da esposa para possuí-la: "Escolheu o mais boçal; disforme arremedo de gente, imundo, comido de lepra e infeccionado da cruel enfermidade do escorbuto, que trazem da África" (Alencar, v.II, segunda parte, cap.XVII, p.849).

Depois, Soropita funde sua rapariguinha inventada com Analma, mulher sem alma, "a mais, mulher do mundo", e dá-lhe um nome, *Izilda*. Com esse nome, ela deixa de ser uma prostituta certa, para se tornar numa generalidade, e, com isso, ele se vinga não de uma prostituta particular, mas da própria categoria. Ele lhe impõe o mesmo castigo animalesco, mas agora metamorfoseia Iládio no próprio touro, "mutoniado, o toro": Iládio deixa de ser um homem que, pelo tamanho e força, lembrava um touro, para se transmutar no próprio bicho, do que a mocinha não deixava de tirar seu prazer. O negro forte é explorado para produzir o efeito causado pela brutalidade animal ao deflorar a moça frágil, como a posse de Pasífae pelo touro:

> Soropita roubava a rapariguinha levantada da deslei daqueles homens – todos, lé e cré, que tinham vindo para gozar, fossar, babujar. Ela, morninha, o beijava na boca. Tinha de ter um nome: *Izilda*... – Izilda. Chamava-a, ela atendia. Mas era o ferrôo de um pensamento, que gelava, que queimava, garroso como um carrapicho: o preto... Izilda entregue à natureza bronca desse negro! O negro não estava falando como gente, roncava e corria de mãos no chão, vindo do meio do mato, esfamiado, sujo de terra e de folhas... Tinha de a ela perguntar. Ela respondia: – "Bem, esse já me dormiu e me acordou... Foi ruim não. Tudo é água bebível..." –; e se ria, goiabadinha, nuela. Soropita a pegava, cheirava-a, fariscava seu pescoço, não queria encontrar morrinha do preto, o preto mutoniado, o toro. Izilda ria mais, mostrava a ponta da língua, fazia uma caretinha, um quebro. E desaparecia. (ibidem, p.314-5)

E, por fim, ele transforma Izilda na própria Doralda, e a faz gozar até o extremo aquele "cautério", como se houvesse algo a ser cicatrizado para seu completo serenamento. Isso confirmava a visão que Soropita tinha dela e de todas as prostitutas, de mulheres que tiravam sua satisfação do retorno às dores e seus prazeres da condição animal mais baixa, mas para justificativa da própria ferocidade dele, produzida pelo dilema e pela situação acuada em que se via: ou destruir o outro, que aprendera a amar do jeito que era, terríveis rainhas poderosas e pássaros livres que o ameaçavam, ou negar a si mesmo, do jeito que aprendera a ser no passado e que, de certo modo, como veremos, continuava a ser no presente:

Aí, estava escuro. Soropita estava lá, involuntário. Assim, à porta de um quarto, cá da banda de fora. As coisas que ele escutava, que, dentro daquele quarto, por dentro trancado, aferrolhado, estavam se passando: chamego, um nhenhém dengoso, risadas; o barulho de dois se deitando, homem puxando a si a mulher, abraçados, o ruge-ruge do colchão de palha... Mas – não era Izilda, quem estava com o preto vespuço, com o Iládio... – a voz era outra: Doralda! Doralda, transtornados os olhos, arrepiada de prazeres... O preto se regalava, no forcejo daquele violo, Doralda mesma queria, até o preto mesmo se cansar, o preto não se cansava, era um bicho peludo, gorjala, do fundo do mato, dos caldeirões do inferno... Soropita atônito, num desacordo de suas almas, desbordado – e o que via: o desar, o esfrego, o fornízio, o gosmoso... Depois, era sempre ainda Doralda, na camisinha de cambraia, tão alva, estendida na cama larga, para se repousar; mas que olhava-o, sorrindo, satisfeita, num derretimento, no quebramento, nas harmonias! O preto, indecente, senhor de tudo, a babar-se, fazendo xetas. (ibidem, p.315)

Outro Casmurro[25]

A reação de Soropita à cena que ele mesmo forjara não continha menos violência, pela quantidade de energias descarregadas, do que a que fizera sofrer prazerosamente Doralda: "Mas esse preto Iládio se previa p'ra bom fim um dia, em revólver; corjo de um assim, o sertão deixa muito viver não, o sertão não consente. P'ra não ser soez, ser bruge, não desrespeitar!..." (ibidem, p.315).

No *Dom Casmurro*, de Machado de Assis, bastou um pequeno detalhe para que crescesse em Santiago – quando ainda não se transformara no casmurro que viria a ser – a suspeita de que Ezequiel não era seu filho; bastou "uma expressão esquisita" no olhar de Ezequiel, que a própria Capitu notou e lhe chamou a atenção, dizendo que era a mesma de Escobar. Não foi preciso mais que isso para acordar em Santiago *a*

---

[25] Aproveito aqui o sugestivo título do importante ensaio de Roberto Schwarz sobre o romance de Helena Morley e a literatura brasileira moderna, "Outra Capitu", porque a idéia é a mesma: como a personalidade do sujeito, ao mesmo tempo que escapa, define-se dentro das circunstâncias.

suspeita de traição; de início, como uma carta que lhe dizia alguma coisa e, depois, crescendo como uma luz claríssima que o cegava: "Quando novamente abria os olhos e a carta, a letra era clara e a notícia claríssima". Junto com a suspeita, Santiago começa um processo regressivo, deixa de ser só "a cara do pai", como exterioridade que todos observaram quando voltou do curso de Direito, para renascer igualmente *no espírito do patriarca*. A partir desse momento, ele toma o caminho de volta, do qual se afastara quando tentou constituir com Capitu uma família restrita e burguesa, um "ninho de noivos", "no céu", no alto da Glória. E a reação que teve diante da suspeita de traição já foi a mais típica do patriarcalismo, violenta e cruel:

> Quando nem mãe nem filho estavam comigo o meu desespero era grande, e eu jurava matá-los a ambos, ora de golpe, ora devagar, para dividir pelo tempo da morte todos os minutos da vida embaçada e agoniada. Quando, porém, tornava a casa e via no alto da escada a criaturinha que me queria e esperava, ficava desarmado e diferia o castigo de um dia para outro. (Assis, 1971, p.932)[26]

Um dos gestos mais freqüentes de Soropita diante de qualquer dificuldade era o de levar a mão ao revólver. Desde o início da narrativa, era essa a forma de ele reagir e responder ao que sentia como ameaça:

> Por contra, porém, quando picavam súbitos bruscos incidentes – o bugiar disso-disto de um sagüi, um paspalhar de perdiz, o guincho subinte de um rato-do-mato, a corrida de uma preá arrepiando em linha reta o capim, o suasso de asas de um urubu peneirante ou o perpassar de sua larga sombra, o devôo de um galo-do-campo de árvore alta para árvore baixa, a machadada inicial de um picapau-carpinteiro, o esfuzio das grandes vespas vagantes, o estalado truz de um beija-flor em relampejo – e Soropita transmitia ao animal, pelo freio, um aviso nervoso, enquanto sua outra mão se acostumara a buscar a cintura, onde se acomodavam juntos a pistola automática de nove tiros e o revólver oxidado, cano curto, que não raro ele transferia para o bolso do paletó. No coldre, tinha ainda um niquelado, cano longo, com seis balas no tambor. (Rosa, 1960, p.289-90)

---

26 Ver estudo meu sobre o assunto (Roncari, 2004).

"Soropita, o que matava", é assim que o autor resume o herói na orelha da segunda edição do livro. Era nessas armas que ele confiava, mais que nos homens, que na mulher amada, Doralda, ou no melhor amigo, Dalberto, dos quais nutria suspeitas e desconfianças, semelhantes às de Dom Casmurro com relação a Capitu e Escobar. E era aos revólveres que sempre recorria, como a solução eficaz, quando as suspeitas cresciam e se transformavam em ameaças à aura de respeito que construíra em torno de si. É desse modo que Soropita chega à casa com Dalberto, tomado pela suspeita de que o amigo fora ali só para confirmar o que já sabia e revelar seu segredo:

> Quem sabe até já estava informado, tinha ouvido de alguém por ali o nome dela – como a mulher de Soropita – e se lembrara, talvez mesmo por isso agora queria vir, ver com os olhos, reconhecer... E então a maior parte da conversa dele, na estrada, só podia ter sido de propósito, por regalo de malícia, para tomar o ponto a ele Soropita, devia de ter sido uma traição! Talvez, até, os dois já haviam pandegado juntos, um conhecia o outro de bons lazeres... Sendo *Sucena*, Doralda espalhava fama, mulher muito procurada... O Dalberto, moço femeeiro... Aí, sofrer era isso, pelo mundo pagava! O que adiantava ele ter vindo para ali, quase escondido, fora de rotas, começando nova lei de vida? *E a consideração que todos mostravam por ele*, aquele regime de paz e sossego de bondade, tão garantido, e agora ia-se embora... O Dalberto, por sério que quisesse ser, mesmo assim falava. Os vaqueiros, o pessoal todo, sabiam logo, caía na boca-do-povo. Notícia, se a boa corre, a ruim avoa... De hora p'ra outra, estava ele ali entregue aos máscaras, *quebrado de seu respeito*, lambido dos cachorros, mais baixo do que soleira de espora. *Podiam até perder toda cautela com ele, ninguém obedecer mais, ofenderem, insultarem...* Então, só sendo homem, cumprindo: mas matava! Rompia tudo, destro e sestro, rebentava! (ibidem, p.318, grifos meus)

Aqui ele já luta com a suspeita. Tenta ainda, como forma de se conter, lembrar-se de um tempo aprazível, "sozinho, à sombra de velho engenho, bondosos dias, as águas do bicame rolando no barulho puro delas, um jorro branco...", e de que o Dalberto era amigo e podia respeitar o passado de um companheiro; porém, não adiantava, Soropita já estava possuído por algo muito forte que acordara em seu íntimo: "Lacrau que pica; era uma ferida". Caso Dalberto soubesse seu segredo e Soropita percebesse qualquer manifestação nesse sentido quando se encontrassem com Doralda, então tudo reviraria, estaria acabado o que havia construído e sua admiração pelo amigo. Fosse de fato isso, então só a destruição violenta de tudo o sossegaria:

> – então tudo o que ele Soropita tinha feito e tinha sido não representava coisa nenhuma de nada, não tinha firmeza, de repente um podia perder o figurado de si, com o mesmo ligeiro com que se desencoura uma vaca morta no chão de um pasto... Mas, então... Então matava. Tinha de matar o Dalberto. Matava, pois matava. Soropita bebeu um gole de tranqüilidade. (ibidem, p.318)

Para Soropita, caso não respondesse desse modo aos fatos, ele cairia na indistinção, perderia o seu "figurado", a sua pose, "enfunado em suas honras e autoridade", construídos com a fama de suas violências e propriedades, o que lhe permitia a dominação entre aquela gente pobre do Ão, amorfa e sem vontade própria. Era assim que ele enxergava aquela gente, e só queria dela a distinção, não ser um igual:

> Aqueles do Ão, sempre moles, todos num desvalor de si, de suas presenças. Gente sem esforço de tempo, nem de ambição forte nenhuma, gente como sem sangue, sem sustância. Tudo que acontecesse ou não acontecesse em roda, esses boiavam a fora uma distancinha e voltavam para se recolar, que nem ruma de cisco em cima d'água. E parecia que, se eles não fossem assim, como que chamando que tudo de ruim pudesse vir e pousar, se eles não espalhassem no ar aquela resignação de aceitar tudo, aquela moleza sem nervo – que, então, no meio de pessoas duras e animosas, tudo andaria de outro modo, os possíveis corriam para entrar num molde limpo de vida certa! (ibidem, p.320)

A mesma suspeita que nutre com relação ao amigo, ressurge em direção à Doralda. Como a narrativa é muito colada à percepção subjetiva do herói, a suas palavras interiores e formas de representar e deformar os fatos percebidos, é essa também a matéria dominante passada ao leitor. Entretanto, desde que Soropita se encontra com Dalberto e seu grupo, o leitor já não conta apenas com as recordações e percepções do herói, dependentes de sua memória e imaginação; agora o leitor tem também as reações e palavras das demais personagens, que muitas vezes contrastam e não confirmam o modo de perceber de Soropita. Com isso, a própria voz narrativa toma distância da do herói, o que se torna mais evidente na travessia da cancela da casa pelos dois amigos, quando, no plano narrativo, tem início o revirar da novela, na forma e no conteúdo, de DÃO-LALALÃO para LÃO-DALALÃO, como as batidas do sino, que batem e rebatem, dizem e desdizem. Com os pontos e contrapontos, o leitor pode compor um quadro novo: *o do velho mito sendo corroído pela história*. E esta não é senão a do contracampo que revela a outra face do patriarca, até agora só manifesta pela versão do mito de Pandora, a mesma dada pela tradição. Assim, a história reproduz o tema da própria novela de rádio que iam ouvir no Andrequicé. Bento Prado Júnior, que escreveu um dos mais argutos estudos sobre a novela e sobre o autor, "O Destino decifrado: linguagem e existência em Guimarães Rosa" (Prado Jr., 2000), em nenhum momento analisou o único fiapo de relato que temos dela: "A novela: ... o pai não consentia no casamento, a moça e o moço padeciam... Todos os do Ão desaprovavam" (Rosa, 1960, p.321). Ora, a novela reproduzia o tema mais comum do abuso da autoridade patriarcal, explorado ao extremo, em particular pela literatura dos anos 1930 (por exemplo, em *Fogo morto*, de José Lins do Rego). Por isso, a novela conta a história mesma de Soropita, a da vontade caprichosa que se pretende absoluta e esmaga as demais, na medida em que atua em função apenas do próprio poder. É o que deve dizer a redundância das nove letras em seu chapéu de couro – como *patriarca, tapatrava* –, que podem ser lidas, no contexto, como o retrato de quem *tapa* caminhos e *trava* destinos (isso não é mera suposição, pois o tema da novela de rádio é o mesmo da ópera de Giuseppe Verdi, *La forza del destino*, na qual o nome do patriarca que não consente no amor da filha, Leonora di Vargas, pelo descendente de índios, Dom Álvaro, é marquês de Cala*trava*, o que os faz padecer tragicamente a força do destino). No caso da novela de rádio, a vontade caprichosa era a do pai que usava o casamento dos filhos para firmar alianças familiares e, com isso, ampliar sua esfera de poder. No caso de Soropita, é a preocupação com a imagem pública, fator também de afirmação pessoal e domínio social.

 É com os olhos turvados pelo zelo e pela suspeita que Soropita vê Doralda aparecer para se apresentar a Dalberto e ao pessoal do Ão, que ali esperava para ouvir o capítulo da novela. Ela chega num vestido verde surrado, como uma borboleta, mas acaba se transformando, aos olhos de Soropita, numa dama traiçoeira, como uma cobra:

> Doralda em chegar – dava boa-noite: as palavras claras, o que ela falava, e seu movimento – o rodavôo quieto de uma grande borboleta, o vestido verde desbotado, fino, quase sem cor – passando, e tudo acontecendo diferentemente, sem choque, sem alvoroço, Doralda mesma seduzia que espalhava uma aragem de paz educada e prazer resoluto – homem inteirava a certeza de que ela vinha com um sério de alegria que era sua, dela só, que se demostrava assim não era de coisa nenhuma por suceder nem já sucedida, nem por causa das pessoas que ali estavam – e um bem-estar que se sobejava para todos; Soropita, no momento, nem sabia por que, perdeu o tento de vigiar como eles dois se saudavam, se o Dalberto e ela trocavam com o olhar algum aceno ou acerto de se reconhecerem – conforme ele estava espreitando por reparar, e, agora, no átimo, como que se envergonhava altanto daquela má tenção, mais sentia era um certo orgulho de vaidade: aquilo nem parecia que se estava nos Gerais – Doralda vestida feito uma senhora de cidades, sem luxo mas com um gosto de simples, que mais agradava: aqueles do Ão a admiravam constantes – parecia que depois de olharem para Doralda *logo olhavam para ele, Soropita, com um renovamento de respeito – homem que tinha tido sorte de tenência e capacidade para que Doralda gostasse dele e dele fosse, para sempre ficasse sendo –* e não tiravam os olhos dela: o jeito como andava, como se impossível e depressa tomasse conta de tudo, ligeiro e durável tudo nela, e *um cheiro bom que não se sentia no olfato, mas no mexido mudo, de água, falsa arisca nos passos, seu andar um ousio de seguidos botes mesmo num só, fácil fresca corrente como um riacho, mas tão firmada, tão pessoa – e um sobressalto de tudo agradável, bom esperto e sem barulho –* e falava com um e com outro, o riso meio rouco, meio debruçada, ia e vinha sem aluir o ar – dama da sala... Mas – não semelhava uma mulher séria, honesta, tendo sido sempre honesta, pois, não achavam, todos? Não achavam?! (ibidem, p.322, grifos meus)

A voz narrativa começa apresentando Doralda como uma borboleta em seu vôo suave, que encanta e agrada até Soropita, pois ele se esquece de vigiar os sinais que poderiam indicar o reconhecimento entre ela e o amigo. A sensação infla o ego de Soropita, que "mais sentia era um certo orgulho de vaidade", pois a presença franca e cativante da mulher, que não só gostava dele, mas "dele fosse, para sempre ficasse sendo", só vinha aumentar o respeito que todos deviam a ele. Porém, quando desperta do encanto e sua percepção volta a dominar a narrativa, guiada pela suspeita e pelo faro animal, capaz de perceber a mulher não pelo olfato, mas pela sinuosidade dos movimentos, Doralda então se metamorfoseia numa serpente arisca, pronta para muitos botes. A transformação fica muito clara no final, que expressa a insegurança do herói, que parece implorar a todos, por duas vezes, uma comprovação de que ela "semelhava uma mulher séria, honesta, tendo sido sempre honesta, pois, não achavam, todos? Não achavam?!". Tem alguma coisa de desesperado na última pergunta, como se o herói quisesse que todos achassem não o que ele mesmo sentia, cheirando ali as sinuosidades de uma cobra, mas o que ele queria que os outros achassem, que, a seus olhos, ela só "semelhava" ser, "uma mulher séria, honesta".

A oscilação percebida nesse trecho, entre um relato mais distanciado, portanto mais objetivo e verdadeiro, e outro inteiramente timbrado pela subjetividade do herói, pode ser apreciada também na cena inteira do jantar, que vai se transformando de momento festivo em cerimônia sacrificial. "O amigo condenado à morte", é o que escreve o autor na mesma orelha do livro. Ela começa com Doralda voltando a ser a borboleta do início, e como tal ela é descrita:

> Doralda regrava a mesa, com um préstimo muito próprio, seguro. Valia ver como ela era, como cuidava. Tinha uns brincos muito grandes nas orelhas, as orelhas descobertas, o cabelo preto e liso passando alto, por cima delas, prazer como eram rosadas. Pousava, no se sentar, a fofo, sem esparrame, e quando levantava, ia à cozinha, aquele requebro de quadril hoje parecia mais avivado, feito de propósito. O Dalberto a admirava. Agora, o Dalberto entendia por que ele, Soropita, tinha escolhido de se casar. Doralda sacudia a cabeça fingindo uma dúvida ou um sestro – tudo dava a entender, a gente via que ali havia mulher – parecia que estava fazendo cócegas no rosto da gente, com seu narizinho, mesmo seu rosto. (ibidem, p.323)

Todos comiam, bebiam, inclusive Soropita, e festejavam, e o jantar corria satisfatoriamente. Porém, num momento em que Soropita deixa a sala para ouvir um recado importante do Jõe Aguial e se despedir dele, quando volta, surpreende Doralda sentada mais perto do Dalberto e ouve os dois conversarem sobre Montes Claros. Esse fato desencadeia nele uma série de lembranças e suposições, de tal modo embaralhadas que fatos da experiência e da imaginação se misturam e as fronteiras entre realidade e ficção se dissolvem, tudo ganha peso de verdade. E o que mais se ressalta do passado, escondido mas não esquecido, é o gozo animal do boiadeiro negro Sabarás, "vaqueiro onze-onze" [1111], como se fosse ele o próprio touro negro de quatro patas cobrindo a Doralda, a quem chamava de "Garanhã", a fêmea aparelhada para a reprodução. E a pior conseqüência da revelação desse passado é a destruição da imagem pública de respeitabilidade de Soropita, seu "figurado", a máscara que lhe garante a posse e dominação. A única saída para isso era a violência calculada:

> Mau dever de um amigo é o sem pior, terrível como o vazio de uma arma de fogo... O quê que faltava?! Em tanto, até, imaginasse que ele Soropita não conhecia nada do passado dela, mas que a tinha encontrado sobre honesta em alguma outra parte, e iludido se casara, como quem com cigano negoceia; e que ficava ali, sem ter informação, bobo de amor honroso. E que estava prezando o sobejo de muitos, aquela Doralda madama... Ah, não isso, não podia. *Não podiam perder-lhe esse respeito, ele Soropita não reinava de consentido nenhum*, não sendo o sr. Quincorno! Mesmo o senhor Quincorno: era ou não era – seu no seu? – se sofria ou merecia, ninguém tinha o caso com isso, nem quiçás. Só a bala! Mas, agora, em diante, esse seo Quincorno ia ter alta proteção, e gatilhos. Pesassem e medissem, e voltassem – vamos embalar, vamos nas públicas: carabinas e cartucheiras! – ele era homem. Homem com mortes afamadas! E tomassem tento, boiada estoura é perto do pouso... A farinha tem seu dia de feijão, fossem vendo!
>
> – Você já estará com sono, Soropita? Como que vinha não passando bem...
>
> Não, enganado não. Nem não queria prosápia, essas delicadezas de amigo, e nem Doralda tinha ordem de querer saber a respeito se ele vinha passando bem ou abalado, nem perguntar... *Doralda era dele, porque ele podia e queria, a cães, tinha desejado*. Idiota, não. Mas, então, que ficasse sabendo, o Dalberto. Ali, de praça, sabendo e aprendendo que o passado de um ou de uma não indenizava nada, que tudo só está por sempre valendo é no desfecho de um falar e gritar o que quer! Retumbo no resto, e racho o que racho, *homem é quem manda! E macho homem é quem está por cima de qualquer*

vantagem!... Então?! A dado, só mesmo o que concertava bem era uma esculhambação, as esbórnias! (ibidem, p.326-7, grifos meus)

A partir daí, Soropita fará tudo para aproximar os dois, a mulher e o amigo; joga com eles, atiça a atenção de um para o outro, pois, internamente, parece já ter se decidido a sacrificá-los: "– Doralda, Dalberto: agora estamos sozinhos, minha gente, vamos sem vexames de cerimônia... Hora de festejar!" (ibidem, p.327). O ápice desse movimento se dá com a saída de Doralda da sala e quando, no retorno, apresenta-se mudada, como se fosse a própria Pandora adornada por Atena e pelas Graças:

> A deusa de olhos garços, Atena, a adorna e enlaça a sua cintura. Em torno de seu pescoço as Graças divinas, a augusta Persuasão, colocam colares de ouro; ao seu redor, as Horas de belos cabelos dispõem guirlandas de flores primaveris. Palas Atena ajusta sobre o seu corpo toda a sua gala. (Hesíodo, 1951, p.88, tradução minha)

Doralda aparece agora como uma "rapariga", uma prostituta, "murixaba", atrás de homens e com mais força que eles, graças ao seu despudor, "O xixilo". E ela se impunha abertamente, sem subterfúgio, "seu descaro enérgico", num movimento que arrepiava, como se fosse a flor da própria vulva, a metáfora que ele passará a usar daqui para a frente, e a vulva como metonímia de redução da mulher ao órgão sexual: "ela toda durinha, em rijas pétalas, para depois se abrandar". E vinha justamente lhe perguntando se era como tal que ele mais gostava dela:

> – Você gosta mais de mim assim, Bem?
> Era Doralda voltando. Estava com outro vestido, chique, que era de cassa leve, e tinha passado pó-de-arroz, pintado festivo o rosto, a boca, de carmins. No pescoço um colar de gargantilha; e um cinto preto, repartindo o vestido. E tinha calçado sapatos de salto alto – aqueles que ela só era quem usava, ali no Ão, no quarto, para ele venerar, quando ele queria e tinha precisão d'ela assim. Remexida de linda, representava mesmo uma rapariga, uma murixaba carecida de caçar homens, mais forte, muito, que os homens. O xixilo. Seu rosto estava sempre se surgindo do simples, seu descaro enérgico, uma movência, que arrepiava. A sus, ela toda durinha, em rijas pétalas, para depois se abrandar. (Rosa, 1960, p.329)

Doralda estava ali apenas representando o papel que lhe fora reservado nesse jogo festivo, armado por Soropita. Ela se fantasiava do modo que o marido mais gostava de tê-la, pois ele queria em casa uma santa fazendo o papel de puta:[27]

> Que era que Doralda estava crendo? Serena se sentava, aquela era uma inocência. Ou a instante tornada a ser a fogosa biscaia da casa da Clema, pelas doces desordens. Sorrindo, ali, entre eles dois, sua risada sincera meia rouca, sua carinha bonita de cachorro, ela toda apavã, olhando completo, com olhos novos, o beicinho de baixo demolhado, lambido a pontinha de língua, e depois apertava os olhos, como se fosse por estar batendo um sol. Se sentava elegante, com precisão de atormentar os homens, sabia cruzar as pernas. O vestido era fino, era fofamente, a mão de um podia se escorregar por debaixo dele, num tacto que nunca se contentava. (ibidem, p.327-8)

Porém, nesse momento, Soropita não se contentava com o poder que ela adquiria exercendo seu papel erótico de puta. Ele a queria, na sua "visão", realçada pela riqueza acumulada e reduzida ao cio da animalidade, "esmiasse e latisse", "vestida de vermelho", "montada numa mula vermelha". Assim ele a imaginava, como se ela fosse, com as mãos enganosas e manchadas, a própria fonte da violência, aquelas "especiosas mãos, por tanto sugiladas tanto", sentada nua exposta ao público, como a moça do Major Brão, nas margens da Lagoa da Laóla [*laós*, multidão], "perto de onde morava tanta gente", que deixava atrás de si um rastro de mortes de valentões que se digladiavam em torno, e que ele não queria ver:

> Soropita, podia se penetrar de ânsias, só de a olhar. Sobre de pé, no meio da sala, era uma visão: Doralda vestida de vermelho, em cima das Sete Serras, recoberta de muitas jóias, que retiniam, muitas pérolas, ouro, copo na mão, copo de vinhos e ela como se esmiasse e latisse, anéis de

---

27 De um modo diverso, Santiago vive a confusão semelhante com relação a Capitu, pois não encontra para ela outro papel senão o de santa ou o de puta. Helen Caldwell observou isso muito bem (ver 2002, em especial p.124 e 139). O que há de novo no amor de Tristão por Fidélia, no *Memorial de Aires*, é a capacidade que ele tem de fugir dos estereótipos e apreciá-la na integridade, como corpo e espírito.

ouro naquelas especiosas mãos, por tanto sugiladas tanto, Doralda vinha montada numa mula vermelha, se sentar nua na beira das águas da Lagoa da Laóla, ela estava bêbada; e em volta aqueles sujeitos valentões, todos mortos, ele Soropita aqueles corpos não queria ver... (ibidem, p.329)

A decisão final de morte é tomada depois que ele responde, sério, ao que ela lhe havia perguntado, se gostava dela assim vestida, e a submete. Ela se entrega, também séria, mas cheia de dengo, como se fosse sua mula rata, a Moça Branca, provocando o Dalberto, para agrado e soberba de Soropita. Cria-se então uma situação de fascinação, como se os conflitos tivessem suspensos, e a narrativa descreve uma das cenas, "coisa nunca vista", mais enigmáticas da novela, mas que na verdade sintetiza, numa *ekphrasis*, o ritual a que Soropita submeterá Doralda naquela noite:

– Gosto. Por demais.
Sério, nunca tivesse sido dum riso, como ele pegava-a pela cintura, puxou-a, ela era dele. – "Faz assim não, Bem... Eu não posso..." – assanho que ela bichanou em seu ouvido, colada. Daí, também sem se rir, se voltava para o Dalberto: – "Eu é que sou a moça branca dele..." Soropita em soberbas se alegrando: de ver a que ponto Doralda queria que o Dalberto notasse o quanto ela dele e ele dela se gostavam. É que no olhar do Dalberto luzia uma admiração, a meio inveja. E de repente tudo corria o perigo forte de se desandar e misturar, feito num prestígio, não havia mais discórdia de ninguém, só o especial numa coisa nunca vista, a relha do arado saindo do rego, os bois brancos soltos na roça branca, no caso de um mingau latejante o mundo parava. E estavam eles três, ali vestidos, corretos, na sala, o lampião trabalhando sua luz quente, eles três calados, espaço de um momento, eram como não eram, só o ar de cada um, e os olhos, os olhos como grandes pingos de chorume amarelo sobrenadando, sobressaindo, trementes como uma geléia, que espelhava a vinda da muda fala de fundas abelheiras de mil abelhinhas e milhões, lavourando, seus zunidos se respondendo, à beira de escuros poços, com reflexos de flores vermelhas se remexendo no sensivo da morna espuma gomosa de mel e sal, percorrida por frios peixes cegos, doidos. (ibidem, p.329)

A cena acima parece descrever a inversão daquela descrita por Hesíodo, quando fala das mulheres como os zangões, os flagelos dos homens, os quais têm de se esfalfar como as abelhas operárias para alimentá-los. Porém, quando o trabalho parava, "a relha do arado saindo do rego, os bois brancos soltos na roça branca, no caso de um mingau latejante o mundo parava", eram os homens que se transformavam nos zangões, "os olhos como grandes pingos de chorume amarelo sobrenadando", na expectativa do trabalho delas, "da muda fala de fundas abelheiras de mil abelhinhas e milhões, lavourando", para satisfazer os instintos, "à beira de escuros poços", onde elas se refletem mutiladas como puras vulvas, "com reflexos de *flores vermelhas*", mergulhadas no fluxo de sêmen, fonte de prazer e dor, do doce e do salgado da vida, "mel e sal", "se remexendo no sensivo da morna espuma gomosa de mel e sal", e penetradas por um desejo baixo, sem consciência do outro, "percorrida por frios peixes cegos, doidos":

> Porque é daquela [de Pandora] que saiu a raça, a corja maldita das mulheres, terrível flagelo instalado no meio dos homens mortais. Elas não se acomodam na pobreza odiosa, mas apenas na abundância. Assim, nos abrigos onde se aninham os enxames, as abelhas alimentam os zangões, que por onde passam seguem obras do mal. Enquanto que elas, sem repouso, até o pôr do sol, se apressam cada dia em formar favos de cera branca, eles permanecem, eles, ao abrigo das colônias e acumulam nos seus ventres o fruto dos trabalhos do outro. (Hesíodo, 1951, p.53, tradução minha)

Quando Soropita já apalpava a coronha do revólver para sacrificar Dalberto, este lhe pede opinião sobre o desejo de se casar com Analma, passagem que já analisamos. Basta isso para Soropita se desarmar e voltar atrás em sua decisão fatal, o que revela um alto grau de oscilação e insegurança. Ele reconsidera o amigo, parece se apaziguar, e se prepara para ir dormir com Doralda. O que acontece nessa noite é desdobramento do pequeno trecho enigmático transcrito acima. Soropita sujeita a mulher a um ritual de submissão à sua vontade imperiosa e absoluta, procura desnudá-la de corpo e alma, como se encontrasse uma compensação para todas as suas idas e vindas diárias, para os medos e as suspeitas que adormeciam só momentaneamente, renascendo mais fortes e pedindo respostas violentas. Embora, como no mito, o herói atribuísse as razões da violência à mulher – no mínimo ao passado dela, à sua natureza como fonte de dissídios e discórdias –, parece que, na verdade, a origem estava nele mesmo: no que era, no que pediam que fosse, no que precisava ser naquele mundo de propriedades privadas, fosse um cavalo ou uma mulher. Ele mesmo descreve o teor dos sentimentos animalescos e violentos que o dominavam e o conduziam à má luta, e não à boa, do trabalho e da justiça, como aconselhava o poeta.[28]

> Aí Doralda cumpria o realce normal, nos prazeres de agradar a ele, se despedia... O que era o que não era? Ao então, um touro que está separando uma vaca no calor – simples se só desconfia de outro touro perto, parte de lá, urra, avançando para matar, com uma fúria definitiva do demônio... A próprio, competia? Tanto que o meu, o teu. Um cavalo bom eu empresto, mesmo de estimação? O figuro: súcia de todos, irmãos, repartindo tudo, homens e mulheres, em coragens em amores... Cujos à bala! – quem safado for... (Rosa, 1960, p.332)

Enquanto Doralda o espera no quarto "para o seu regalo", ele vem cantarolando, muito significativamente, "*...entre as coxas escondeu uma flor de corticeira...*", que é a flor vermelha da *Erythrina crista-galli*, que refletia "nos escuros poços" em torno dos quais lavouravam as abelhas e neles se refletiam como vulvas. A partir daí, tem início o ritual de submissão daquela que o amava verdadeiramente, "Bem, eu acho que só ficava sossegada de tu nunca me deixar, era se eu pudesse estar grudada em você, de carne, calor e sangue, costurados nós dois juntos", por quem só reconhecia a própria vontade, ainda que tivesse consciência da dependência do brilho do outro: "Sem Doralda, nem podia imaginar – era como se ele estando sem seus olhos, se perdido cego neste mundo", como aqueles "frios peixes cegos, doidos". Toda a cena de desnudamento da mulher é um ritual de imperativos. Começa com o

---

28 "Não dizemos absolutamente que haja apenas uma sorte de Luta: sobre esta terra, existem duas. Uma será louvada por aqueles que a compreenderem, a outra deve ser condenada. Os seus dois corações estão bem distantes. Uma faz crescer a guerra e as discórdias funestas, a mentirosa! Entre os mortais, ninguém a ama; mas são constrangidos, e apenas pela vontade dos deuses, que os homens rendem um culto a essa Luta cruel" (Hesíodo, 1951, p.87, tradução minha).

mando de Soropita: "– Acende um cigarro para mim...", e continua numa sucessão de ordens e de afirmações da posse e da vontade:

> Com todo o súbito, que ele mandou: "– Doralda, agora tu tira a roupa..."; "– Deixa. Vira para cá. Não, fica aí mesmo, onde você estava..."; "Tinha nunca mandado você estar desse jeito, pr'a a verdade do se saber..."; "– A quanto quero, que não mando: agora, caminha, quero te ver mais, o que não canso – caminha pr'a mim..."; "– Assenta, minha nega. Me responde"; "Agora, depois, ele a tornava a abraçar. Era uma menina. Era dele, sua sombra dele mesmo, e que dele dependia"; "Gostava que Doralda pudesse ficar dormindo, compridas horas, muito mais tempo que ele, dormindo a acautelada, ali no quarto, sem pensar nada que ele não soubesse, não fazer nada que ele antes não aprovasse; nada, porque tudo na vida era sem se saber e perigoso, como se pudessem vir pessoas, de repente, pessoas armadas, insultando, acusando de crimes, transtornando. *Dormir, mesmo, era perigoso, um poço – dentro dele um se sujeitava*". (ibidem, p.334-7, grifo meu)

Nem dormir ele podia, pois dormir era sinônimo de perda de controle sobre os fatos recalcados no esquecimento, e aos quais teria então de submeter a vontade e o império. Nesse momento, poderia vir à tona aquele riso que ele ainda enxergava no fundo dos olhos de Doralda depois de realizadas todas as suas vontades e no orgasmo, "o supetão da morte, sem seus negrumes de incerteza", ainda restava "no profundo daqueles olhos" um fio de suspeita:

> Doralda avançava, com gatice, deslizada, ele a olhava, cima a baixo. – "Tal, tira tua mão..." Ah, estudava contemplar – a vergonha dela, a cunha peluda preta do pente, todas as penugens no liso de seu corpo. Os seios mal se passavam no ar. O rosto em curto, em encanto, com realce de dureza de ossos. As ventas que mais se abriam na arfagem. A boca, um alinhar de onde vincos, como ela compartava os beiços, guardando a gula. Os dentes mordedores. Toda ela em sobre-sim, molhando um chamamento. O envesgo dos olhos. Só sutil, ela pombeava. Soropita abraçou-a: era todo o supetão da morte, sem seus negrumes de incerteza. Soropita, um pensamento ainda por ele passou, uma visão: mais mesmo no profundo daqueles olhos, alguém ria dele. (ibidem, p.336-7)

Quando Doralda toma a iniciativa, ela se transforma, aos olhos de Soropita, numa felina, gata ou onça, com todos os jeitos e trejeitos de um animal que o provoca e satisfaz eroticamente, mas que, no fundo, guarda uma ameaça de selvageria que pode feri-lo: "As ventas que mais se abriam na arfagem"; "Os dentes mordedores"; "O envesgo dos olhos". É assim que ele a observa de sua posição superior, "ele a olhava, cima a baixo". Ao mesmo tempo em que desnuda o corpo da mulher para contemplar o escuro mais íntimo, "a cunha peluda preta do pente", ele a submete a um interrogatório sobre o passado de prostituta, obrigando-a a desnudar a alma até o que ele considera o mais intolerável, até o fundo negro que ali também encontra. O que surpreende nesse interrogatório é a sinceridade de Doralda. Contrariando a imagem de mulher dissimulada que o protagonista transmite no início da novela – nas recordações sobre o gosto que ela tinha pelos presentes caros (gosto de certa forma desmentido pelo vestido "desbotado" e pela aceitação de enfeites finos apenas para satisfazer os caprichos do homem) e sobre o uso de cocaína –, Doralda parece não mentir nem esconder nada do seu passado. Até mesmo quando ele chega aonde queria chegar, saber se ela já estivera com negros:

"– Com o preto Iládio, você esteve?" "– Iládio... Iládio... Nunca vi branco nem preto nenhum com esse nome..." "– Carece de lembrar não, não maltrata tua memória. Mas tu esteve com pretos? Teve essa coragem?" "– Mas, Bem, preto é gente como os outros, também não são filhos de Deus?..." "– Quem era aquele preto Sabarás?" "– Ah, esse um, teve. Vinha, às vezes..." "– Mas, tu é boa, correta, Doralda... Como é possível? Como foi possível?!..." "– Não sou." "– É! Tu é a melhor, a mais merecida de todas... Então, como foi possível?..." "– Gosto que tu ache isso de mim, Bem. Agora deixa eu te beijar, tu esbarra de falar tanta coisa..." (ibidem, p.336)

Depois de revirar Doralda de corpo e alma, de descobrir o ser sexual de prostituta, o ser mais baixo, que descera ao degrau insuportavelmente rasteiro de estar com o "preto Sabarás", Soropita passa a sublimá-la, a vê-la "como se fosse uma noiva dele", e se imagina dormindo com ela, abraçados "como dois irmãos", e acha que não deveria fazer o que outros homens faziam, "sujá-la", a "uma sua irmã". Aos poucos, ao mesmo tempo em que percebe o processo de perecimento e fraqueza que o levaria à dependência dela, até ao sentir uma pequena dor de dente, transforma-a numa santa.

> Aquelas figuras que vinham na idéia, pulavam diante dos olhos dele: porretes, facas de ponta, tudo vinha para cima de Doralda, ele fazia força para não ver, desviava aquelas brutas armas... Então, ele podia ver alguém matar, ferir Doralda? Ele podia matar Doralda? Ele, nunca? Ele estava ali, deitado. Seco. Sujo. Sempre tudo parecia estar pobre, sujo, amarrotado. As roupas. Por boas e novas que fossem, parecia que tinha de viver no meio de molambos. Aí, ele sabia que não prestava. Mas, cada vez que estava com Doralda, babujava Doralda, cada vez era como se aqueles outros homens, aqueles pretos, todos estivessem tornando a sujar Doralda. E era ele, que sujava Doralda com a sua semente, por aí ela nunca deixava de ser o que tinha sido... Era capaz de fazer isso com uma sua irmã? Era capaz de imaginar um parente dele, um amigo mais velho, mesmo o Jõe Aguial, fazendo aquilo com Doralda? Se Jõe Aguial tivesse estado com Doralda, mesmo muito antes, mesmo vinte anos que fosse, ele regrava o Jõe Aguial... Doralda, devia de ir com ela para o Campo Frio. Devia, não devia... Tempo tinha para pensar. Redormia. (ibidem, p.339)

Estava preso na armadilha que ele próprio armara com seu poder de violência. Com isso, o mito de Pandora dá lugar a outro mito do mesmo poema de Hesíodo, "O trabalho e os dias", o mito das cinco raças, que tem como tema central a questão do trabalho e da justiça, a boa luta, tal como o poeta aconselha o irmão:

> Para ti, Perseu, grava este aviso no espírito; escute então a justiça, esqueça sempre a violência. Tal é a lei que o Cronida prescreveu aos homens: que os peixes, as feras, os pássaros alados se devoram, já que não há entre eles justiça; mas aos homens Zeus doou a justiça, que é entre muitos o primeiro dos bens. Ao que, conscientemente, pronuncia-se segundo a justiça, Zeus, de larga visão, dá a prosperidade; mas, ao que, deliberadamente, apóia um juramento de declarações mentirosas e, pelo qual, fere a justiça, comete o crime inexpiável, verá a posteridade que deixa decrescer no futuro, enquanto que a posteridade do homem fiel a seu juramento crescerá no futuro. (Hesíodo, 1951, p.96, tradução minha)

A primeira violência foi a de transformar Doralda, a mulher pública, em propriedade privada, e assim acreditar fazer da puta uma santa;

e a segunda, achar que poderia possuir a santa como uma puta, usando-a como um corpo ou uma vulva a ser desfrutada no prazer, e não na geração de filhos. Com isso, Soropita contraria o costume da vida patriarcal, que sempre desdobrara a mulher em duas: uma santa da casa, para a prole, e uma amante da rua (escrava negra, índia ou mulher pobre), para a vida sexual. Ao tentar reunir as duas em uma, ele cria uma aporia, um impossível, que deveria fazê-lo sofrer todas as contradições sozinho, sem poder confessá-las nem mesmo ao velho amigo Dalberto. Era o sentimento de estar em um beco sem saída, criado pelas próprias violências e caprichos que contrariavam o costume, que o fazia explodir em novas violências. E, no fundo de tudo, na origem, estava um negro; era aí que o ressentimento pessoal se encontrava com a história e assumia uma dimensão mais ampla e simbólica: pondo-se de acordo com um sentimento coletivo, fazia renascer no negro o escravo, a vontade submissa. É assim que termina a novela, não com a desforra de Soropita contra as possíveis provocações do negro Iládio, só percebidas por ele, mas com a luta do branco contra o negro e a reafirmação da hierarquia escravista.[29] Esse costume não poderia ser contrariado. Se a prática privada, aparentemente, podia ser objeto de capricho, a ordem pública estruturada na hierarquia não. E que o negro Iládio havia feito a ele? Nada mais que uma demonstração de certa familiaridade ao saudá-lo de cima do cavalo: "– 'Eh, Surrupita!...' – e de um lanço estendia a mão, ria uma risadona, por deboche, desmedia a envergadura dos braços. O olhar atrevidado" (Rosa, 1960, p.341). Os comentários e o que vem a seguir são apenas suposições dele, que a própria Doralda desmente: "– 'Mas, Bem, o preto não fez nada, não destratou, não disse nada: o preto só saudou...'" (ibidem, p.342). Mas nada aliviava a sensação de ofensa; a familiaridade demonstrada pelo negro, de cima de um cavalo, havia quebrado a hierarquia e tocado no mais profundo de seu ser, despertando as forças infernais:

---

[29] Esse final reproduz o do conto "São Marcos", de *Sagarana*, com a vitória do homem branco da cidade, o próprio autor, sobre o negro catimbozeiro e suas artes, João Mangolô. Com a diferença de que o conto é solucionado pelo compromisso e promessa de convivência com João Mangolô, enquanto, na novela de *Corpo de baile*, a velha ordem é restabelecida com a sujeição do negro Iládio.

O negro Iládio o ofendera, apontara-o com o dedo, e ele não refilando... Se sentou na rede. Suava? Pagava por tudo. Vento mau o sacudia, jogava-o, de cá, de lá, em pontas de pedras, naquele trovôo de morte, gente com gritos de dores, chorando e falando, muitos guinchos redobrados, no vento varredor? Doralda perguntava: – "Bem, tu não está bem?" – o que ele tinha? Empenhava uma força minguada, quase não queria dizer: – "Nada não, um mal-estar de raiva, um ranço de ojeriza..." Pediu um trisco de elixir-paregógico, como porque podia vir a doer-lhe uma cólica. – "Mas raiva por quê, Bem?" Assentes os olhos de Doralda. Tomava o elixir, aquelas gotas n'água, o gosto até era bom, o cheiro, lembrava o pronto alívio de diversas dores antigas. Mas, o sofrimento no espírito, descido um funil estava nas profundas do demo, o menos, o diabo rangendo dentes enrolava e repassava, duas voltas, o rabo na cintura? A essa escuridão: o sol calasse a boca... Levantou-se. "– 'O preto me ofendeu, esse preto me insultou!'" (ibidem, p.341)[30]

Quando resolve sair para a vingança contra o que supôs ser um insulto – e, ainda pior, "Rebaixado, pelo negro, como a gente faz com casal de cachorros senvergonhas, no vício do calor..." (ibidem, p.342) –, Soropita vai no cavalo branco, o Apouco, que ele mandara o rapazinho Bio arrear.[31] E é com a própria ordem branca patriarcal, nas suas cores,

---

[30] Uma reação como a que Soropita tomará a seguir, tipicamente patriarcal, capaz inclusive de perder a distinção entre distantes (negros e escravos) e próximos (Dalberto e Doralda), quando se trata de sua autoridade e afetos, foi descrita por Julio Bello, no perfil que fez de seu avô: "Ao lado d'estas inusitadas larguezas que suscitavam escândalo e reparo e corriam mundo para gáudio de seu nome, as explosões de sua ira e a satisfação que lhes dava em atos violentos, que estes eram aliás comuns na época entre os seus parelhos. A um preto livre e pachola, comerciante em Abreu de Una (hoje povoado), que entendeu fazer-se seu inimigo e d'isto se vangloriava, por não o haver cortejado acintemente, passando diante de sua casa-grande, mandou-o esperar no regresso e amarrá-lo a um banco, surrando-o como a um cativo./ Tinha um espírito de justiça primitivo e simplista de romano. Seu filho, José Nicolau, já bacharel em direito ou acadêmico, por um motivo qualquer, esbofeteou de uma feita ao seu escravo preferido e de confiança – Theodósio. Encontrando em lágrimas o velho preto, o senhor inquiriu-o, insistiu até que soube o motivo. Logo aceso em cólera, chamou o filho doutor à presença do escravo e esbofeteou-o no mesmo lado da face em que ele esbofeteara o negro" (Bello, 1948, p.43-4).

[31] Nesse trecho, as referências ao mito são quase explícitas: o nome do cavalo branco, Apouco, de *apoucado*, refere-se à falta, à carência, que os homens passaram a

formas, armas e palavras, que ele vai enfrentar a negridão que ousou se levantar: "E o preto Iládio, o negralhaz, avultado, em cima de uma besta escura. Estava sem a espingarda" (ibidem, p.341) ou "O preto Iládio, belzebu, seu enxofre, poderoso amontado na besta preta. Ah, negro, vai tapar os caldeirões do inferno! Tu, preto, atrás de pobre de mulher, cheiro de macaco..." (ibidem, p.343). A repetição constante, no trecho reproduzido a seguir, do clamor "Bronzes!" remete à raça dos guerreiros do mito de Hesíodo simbolizada pela brutalidade, do homem violento tomado pela *Hýbris*, e não como a dos heróis, guiados pela *Dikè*, a justiça.[32] O que impelia Soropita era a suspeita não fundada, a raiva, o desejo de vingança, a sede de violência, enfim, o que entendia como *sua* justiça, "Com minha justiça, brigo, brigo", a qual porém, vista por uns olhos como "fogo de chama", mais o cegava que o esclarecia. É justamente o que está em questão nessa luta: não a busca da justiça que distingue o humano, e sobre o que versava o mito das raças na palavra do poeta, mas a desmedida do homem cego incapaz de justiça e guiado pela *Hýbris*, alimentada por um fundo histórico muito concreto, que sempre dá a última palavra, no sentido de repor a velha ordem, posse e

---

viver depois que Zeus escondeu deles a vida, *bios*. Mas o nome do menino, Bio, pode se referir também a *biê*, a violência, a má luta e negação da *diké*, que observaremos na cena a seguir. E o nome do outro menino, Ogênio, pode remeter aos demônios infernais (*hipoctônios*) que regiam a vida do lugar, o Arraial do Ão, dominado por um sujeito soez, Soropita.

32 "... os homens de bronze, os quais representam a violência em estado puro. Se a raça heróica é dita 'mais justa e mais valente' que os brutos de bronze, é provavelmente porque o código dos valores cavaleirescos homéricos (coragem, solidariedade, espírito de sacrifício, respeito aos fracos) testemunha uma alta consciência moral e a existência de regras sociais. Esses ideais continuam a ser os ideais de referência para os aristocratas do tempo de Hesíodo. Os poemas homéricos são recitados em toda parte. Seus heróis gloriosos não desapareceram 'sem deixar o nome', como os homens de bronze. Mesmo que a escolha de Aquiles e de Heitor seja uma escolha mortal para eles e seus próximos, mesmo que a sociedade guerreira, voltada para a pilhagem e a morte, tenha caducado e seus representantes condenados à desaparição, Hesíodo quis prestar homenagem à justiça da sociedade épica, e ele escolheu para narrar a condenação categórica do *ergon* guerreiro sobre a raça de bronze proto-épica, que descreve com um vocabulário iliádico" (Carrière, 1996, p.413, tradução minha).

hierarquia.³³ O que temos abaixo é um verdadeiro *retrato do patriarca*, seu porte interno e externo, como a encarnação da "morte branca", cuja fúria e sobranceria é capaz de colocar sombra "por cima do sol":

> Doralda – um gozo. Estrondos, que voltava! – *"Veada... Vaquinha..."* – que ele exclamava, nesses carinhos da violência. Dele! Ela era dele... Constante o que tinha sempre falado: – *"Se tu me chamasses, Bem, eu era capaz de vir a pé, seguindo o rastro de teus bois..."* Homem ele era, tinha Doralda e os prazeres por defender, e seu brio mesmo, ia, ia em cima daquele negro, mesmo sabendo que podia ser p'ra morrer! Tinha suas armas. Nem que não tivesse. Ia no preto. – "Bronzes!" Teso, duro, se levantou, tirado a si vivamente. Aí ele era um homem meio alto, com as calças muito compridas, de largas bocas, o paletó comprido, abotoado, e o chapelão de aba toda em roda retombada, por sobre o soturno de seu rosto. Riscou um passo, semelhava principiar um dançar. – "Já vou, já volto..." "– Mas aonde, Bem, que tu vai?..." – "Bronzes!..."
> Saía, cego, para dar esbarradas, rijo correndo, como um teiú espantado irado, abrindo todo caminho. Tremia nas cascas dos joelhos, mas escutava que tinha de ir, feito bramassem do escancarado do céu: a voz grande do mundo. De um pulo, estava em cima do cavalo alvo, éguo de um grande cavalo, para paz e guerra, o cavalo Apouco, que sacudia a cabeça, sabia do que vinha em riba dele, tinha confiança – e escarnia: cavalo capaz de morder caras... – "Bronzes! Com minha justiça, brigo, brigo..." Seus olhos viam fogo de chama. E calcou mais na cabeça seu chapéu-de-couro, chapéu com nove letras – dezenove, nove – tapatrava. O preto o matava, seu paletó ia estar molhado de sangue – que me importa! – "Honra é de Deus, não é de homem. De homem é a coragem!..." Meteu galope, porcos e galinhas se espaventaram. Um galopadão, como zoeira de muitos. Olhou

---

33 "E Zeus, pai dos deuses, criou uma terceira raça de homens perecíveis, raça de bronze, bem diferente da raça de prata, filha dos freixos, terrível e poderosa. Aqueles não desejavam outra coisa que os trabalhos dolorosos de Ares e as obras da desmedida. Eles não comiam o pão; o seu coração era como o aço rígido; eles aterrorizavam. Poderosa era a sua força, invencíveis os braços que se ligavam contra a espádua nos seus corpos vigorosos. As suas armas eram de bronze, de bronze as suas casas, com o bronze eles trabalhavam, porque o ferro negro não existia ainda. Eles sucumbiram, eles, sob os seus próprios braços, e partiram para a estada bolorenta do Hades arrepiante, sem deixarem o nome sobre a terra. O negro trespasso os tomou, por medonho que fossem, e eles deixaram a brilhante luz do Sol" (Hesíodo, 1951, p.91, tradução minha).

para trás: dos baixos do riacho do Ão, só uma neblina, pura de branca, limpas por cima as nuvens brancas, também uma cavalhada. Morria, que morria; mas, matava. Se o preto bobeasse, matava! E dava um murro na polpa da coxa, coxa de cavaleiro dono de dono, seu senhor! Seus dentes estalavam, em ferro, podiam cortar como uma faca de dois lados, naquela cachaça, meter verga de ferro no negro. – "Me pagam! Apouco, isto... Me paga!..." Rei, rei, o galopeio do cavalo, seguro de mãos. No céu, o sol, dava contra ele – por cima do sol, podia ir sua sombra, dele, Soropita, de braços abertos e aprumo, e aos gritos: – "Ajunta, povo, venham ver carnes rasgadas!..." Carnes de um e de outro, o que Deus quisesse, ele ou o preto... Morrer era só uma vez. (ibidem, p.342-3)

Quando desafiado, o negro Iládio não resiste; ao contrário, considerando-se já morto, reafirma a antiga submissão, volta a seu lugar, chama o valentão de "patrão Surrupita" e toma a bênção do superior: "Tomo bênção... Tomo bênção...". Com isso, Iládio se iguala a Doralda, "*Veada... Vaquinha*", que se submete a Soropita da mesma forma quando diz: "*Se tu me chamasse, Bem, eu era capaz de vir a pé, seguindo o rastro de teus bois...*". O que os outros vaqueiros enxergam, é "a morte branca". Essa demonstração armada de capacidade de violência recoloca no lugar, segundo sua vontade, o que parecia ter saído dos eixos e o ameaçar. Ele retoma o comando "dono de dono, seu senhor" ou de "Rei, rei", porém, sem o senso de justiça dos homens da raça de ouro, e o preto "escravo" volta para seu lugar:

> Mas o preto Iládio deitado na poeira, açapado [acaçapado] – cobra urutu desquebrada – tremia de mãos e pernas. – "Tu é besta, seo! Losna! Trepa em tua mula e desenvolve daqui..." – Soropita comandava aquele escravo aos pés de seu cavalo. Igual a um pensamento mau, o preto se sumia, por mil anos. Urubus do ar comiam a fama do preto. Os outros, vaqueiros, sensatos, não diziam nada, iam tocando estrada a fora, encordoados. O pobre do bom Iládio bambo atrás de todos. (ibidem, p.343)

Com a valentia e armas, Soropita repunha a ordem, benzia-se ao passar pela capela, o cavalão branco se sacudia no freio, e ele voltava para casa, onde sentia o cheiro bom de Doralda, "como o cheiro do pau-de-breu". Aparentemente, o mundo retornava a seus eixos e voltava a girar na antiga batida, como tinha sido desde sempre: "Tão bom, tudo, que a vida podia recomeçar, igualzinha, do princípio, e dali, quantas vezes quisesse. Radiava um azul. Soropita olhava a estrada-real" (ibidem, p.344). Ele se impõe novamente ao pessoal do Ão, que olha tudo aquilo estupefato, "viam e não entendiam", e se prepara para ir ouvir a continuidade da novela de rádio, que contava a sua história e a da *Forza del destino*. Por isso, o final da narrativa é apenas aparentemente apaziguador. É possível perceber em seu bojo uma inquietude, que talvez nos remeta à esperança, quando pensamos nos fundamentos daquela ordem que fazia sobreviver os senhores e escravos, Doralda e o negro Iládio, apoiada, contudo, na violência e na força das armas guerreiras, e não na justiça. E isso contraria a lição do mito contado por Hesíodo, em que a escolha da justiça pode[34] acrescentar a proporção de bem à mistura de males e bens das coisas terrenas. No fundo, é a escolha pela justiça que distancia o homem dos seres da natureza, "os peixes, as bestas e as aves aladas", e possibilita a ele uma geração crescente. E é essa preocupação trabalhada na novela que deve nos levar à pergunta simples: Até quando?

Referências bibliográficas

ALBUQUERQUE, U. L. de. *Um sertanejo e o sertão*. Rio de Janeiro: José Olympio, 1957.
ALENCAR, J. de. *Obra completa*. Rio de Janeiro: José Aguilar, 1958. 4v.
ALIGHIERI, D. *A divina comédia*. Trad. Cristiano Martins. Belo Horizonte: Itatiaia/EDUSP, 1976.
ASSIS, M. de. *Obra completa*. Rio de Janeiro: José Aguilar, 1971. v.1.
_____. *Memorial de Aires*. Edição crítica. Rio de Janeiro: INL/MEC/Civilização Brasileira, 1977.

---

34 "Por que Hesíodo escolheu se expressar num modo profético e apocalíptico? Esperava-se que uma história mítica da justiça acabasse num desenvolvimento sobre o que deve ser no presente a verdadeira justiça, naquilo que o poeta mostra, para acabar, como a escolha da justiça pode aumentar a proporção do bem na mistura dos bens e dos males. Mas, assim que se coloca desse modo a questão, não é preciso responder que a descrição hesiódica do apocalipse de ferro, enquanto descrição da injustiça absoluta, é precisamente, em negativo, um quadro da perfeita justiça?" (Carrière, 1996, p.425, tradução minha).

BELLO, J. *Memórias de um senhor de engenho*. 2.ed. Rio de Janeiro: José Olympio, 1948.
BOLLE, W. *grandesertão.br*. São Paulo: Duas Cidades/Editora 34, 2004.
CALDWELL, H. *O Otelo brasileiro de Machado de Assis*. Trad. Fábio Fonseca de Melo. São Paulo: Ateliê, 2002.
CARRIÈRE, J.-C. Prométhée, ages du monde et cite-état. In: BLAISE, F.; JUDET DE LA COMBE, P.; ROUSSEAU, P. *Le métier du mythe*: lecture d'Hésiode. Lille: Septentrion Presses Universitaires, 1996.
COUTINHO, L. *O general Góes depõe...* Rio de Janeiro: Coelho Branco, 1955, p.34-7.
CUNHA, E. *Os sertões*. Edição crítica de Walnice Nogueira Galvão. São Paulo: Brasiliense, 1985.
FANTINI, M. *Guimarães Rosa*: fronteiras, margens, passagens. São Paulo: SENAC/Ateliê, 2004.
FEO, J. R. Introducción. In: HOBBES, T. *Tratado sobre el ciudadano*. Madrid: Trotta, 1999.
FERMINO, R. L. A. *No palco, no papel e na prisão*: uma biografia (seguida de antologia) de Álvaro Moreyra. São Paulo, 2005. Tese (Doutorado em Literatura Brasileira) – Faculdade de Filosofia, Letras e Ciências Humanas, Universidade de São Paulo.
FONTES, A. *Dois romances de Amando Fontes*: Os corumbas/Rua do Siriri. Rio de Janeiro: José Olympio, 1961.
FRANCO, M. S. de C. A vontade santa. *Trans/Form/Ação*. Faculdade de Filosofia, Ciências e Letras de Assis, n.2, 1975.
GRAHAM, R. B. C. *Um místico brasileiro*. Trad. Gênese Andrade e Marcela A. C. Silvestre. São Paulo: Sá/UNESP, 2002.
GOMES, R. C. (org.). *Marques Rebelo*: melhores crônicas. São Paulo: Global, 2004.
HESÍODO. *Théogonie, Les travaux et les jours, Le bouclier*. Trad. Paul Mazon. Paris: Les Belles Lettres, 1951.
MANZONI, A. *I promessi sposi*. Milano: Biblioteca Universale Rizzoli, 1997. 2v.
MELLO, F. P. de. *Guerreiros do sol*. 2.ed. São Paulo: A Girafa, 2004.
NESCHKE, A. Le droit dans le mythe des races. In: BLAISE, F.; JUDET DE LA COMBE, P.; ROUSSEAU, P. *Le métier du mythe*: lecture d'Hésiode. Lille: Septentrion Presses Universitaires, 1996.
PEDROSA, M. *Dos murais de Portinari aos espaços de Brasília*. AMARAL, Aracy A. (org.). São Paulo: Perspectiva, 1981.
PRADO JR., B. *Alguns ensaios*. 2.ed., revista e ampliada. São Paulo: Paz e Terra, 2000.
RIBEIRO, R. J. O letrado e o guerreiro: ou dois ensaios sobre o âmago terrível da linguagem. *Scripta*, v.5, n.10, PUC/Minas, Belo Horizonte, 1° sem. 2002.
RONCARI, L. Dom Casmurro e os retratos dos pais. In: COELHO, M. M., OLIVEIRA, M. F. de. *Machado de Assis no espelho*: o bruxo do Cosme Velho. São Paulo: Alameda, 2004.
ROSA, J. G. *Corpo de baile*. 2.ed. Rio de Janeiro: José Olympio, 1960.

ROSA, J. G. *Primeiras estórias*. 5.ed. Rio de Janeiro: José Olympio, 1969.

_____. *Sagarana*. 14.ed. Rio de Janeiro: José Olympio, 1971.

VERNANT, J. P. *Mito e pensamento entre os gregos*. Trad. Haiganuch Sarian. São Paulo: Paz e Terra, 1990.

VIANNA, O. *Ensaios inéditos*. Campinas: UNICAMP, 1991.

WISNIK, J. M. O famigerado. *Scripta*, v.5, n.10, PUC/Minas, Belo Horizonte, 1° sem. 2002.

ZEITLIN, F. I. L'origine de la femme et la femme origine: la Pandore d'Hésiode. In: BLAISE, F.; JUDET DE LA COMBE, P.; ROUSSEAU, P. *Le métier du mythe*: lecture d'Hésiode. Lille: Septentrion Presses Universitaires, 1996.

Antônio Conselheiro e Getúlio Vargas no *Grande sertão: veredas?*

As fontes do autor e os caprichos da representação[1]

O objetivo deste estudo foi tentar desentranhar a visão e o juízo de Guimarães Rosa das representações de duas das figuras mais singulares de nossa história, Antônio Conselheiro e Getúlio Vargas, que tive a felicidade de identificar em um outro trabalho sobre o *Grande sertão: veredas*. Tal percepção foi possibilitada pela análise das significações que adquiriram no livro e da importância que tiveram para a definição do destino de seu herói, Riobaldo. Acredito que essas investigações ajudarão a compreender melhor tanto a visão de mundo do autor como sua obra-mestra, o *Grande sertão...* Nesse sentido, todos os juízos de valor a respeito das duas personagens históricas e dos fatos a elas correlatos, que podem ser detectados aqui, referem-se somente à visão do romancista, e não à do crítico, pois o que nos interessa é melhor entender o

---

[1] Trabalho apresentado no Colóquio Internacional Guimarães Rosa – 2006, UFRGS/UniRitter, no dia 10 de abril, no teatro Renascença, em Porto Alegre; na II Jornada de Estudos sobre Guimarães Rosa, UNESP, São José do Rio Preto, em 2 de maio de 2006; e no Seminário Internacional 50° de *Grande sertão: veredas*, de Guimarães Rosa, SECMG/UFMG, em 24 de maio de 2006.

pensamento e a ação artística de um grande autor, e não as simpatias ou antipatias de um curioso, bisbilhoteiro das obras alheias.

*

Na abertura da Parte 3 do primeiro volume de meu livro *O Brasil de Rosa*, num item que chamei de "O trapézio da travessia", eu disse que, do meu ponto de vista, o *Grande sertão...* estrutura-se em uma arquitetura que lembra a forma geométrica do trapézio (v. Roncari, 2004, p.261). Em resumo, e só para o que nos interessa aqui, afirmei que o primeiro lado desse trapézio, o esquerdo, ascendente, que vai até o tribunal do julgamento de Zé Bebelo, mostra os fatos relativos à formação do herói: suas heranças maternas e paternas; o encontro com o menino no rio-de-Janeiro; o encantamento produzido pela canção de Siruiz; a entrada para o bando de Zé Bebelo; as primeiras lutas; o conhecimento dos vários amores; o processo de identificação vivido durante o julgamento do antigo chefe; e, logo a seguir, a tomada de consciência e o balanço de vida realizados no sertão aprazível, sem chefias nem lutas, na Guararavacã do Guaicuí. Os episódios que analisaremos agora estariam no segundo lado do trapézio, direito e descendente, que tem início após a notícia da morte por traição de Joca Ramiro e as lutas terríveis travadas na Fazenda dos Tucanos. Se o primeiro lado do trapézio pode ser considerado diurno ou *claro*, na medida em que relata os episódios formativos do herói e culmina com o grande ganho institucional e civilizatório do estabelecimento de um tribunal no sertão, este outro é noturno ou *negro*, e por isso descrito como uma descida "na inferneira". O único móvel dos episódios "negros" é a vingança, e não a justiça, como o fora nos episódios "claros"; a motivação concentra-se agora no combate aos antigos aliados, o bando de Hermógenes e Ricardão, que induz o herói ao apelo às forças extraordinárias para se superar e vencer os dois demônios que o incitavam e desafiavam: o ódio a Hermógenes e o amor a Diadorim.

As atrações do regresso

Os episódios da segunda parte do *Grande sertão...* já não são formativos, mas apresentam-se como grandes obstáculos e desafios a serem transpostos ou enfrentados pelo herói, e aos quais terá de reagir com a devida coragem (algumas vezes com o medo paralisante) ou contando com a proteção das forças invocadas, para que o ajudem a definir seu destino. Nesse percurso, o encontro de Riobaldo com Antônio Conselheiro e Getúlio Vargas significa para ele o confronto com dois apelos ou duas promessas simbólicas e paradigmáticas, com tendências e conteúdos opostos, aos quais, bem ou mal, o herói sabe responder com o discernimento apropriado; para isso, Riobaldo requer mais que a força advinda do pacto, ele carece também da razão madura e da capacidade de escolha, fruto de sua formação. O que mais surpreende, analisando tais episódios, é verificar que a formação do herói, que houve de fato, de algum modo, esteve sempre dentro dos limites da ideologia e da visão do autor, *modernizante-conservadora*, e não *revolucionária*.

Com a figura de Antônio Conselheiro, Riobaldo se encontra logo após a travessia bem-sucedida do Sussuarão e o aprisionamento da mulher do Hermógenes, que traz junto com seu bando jagunço, integrado pelos catrumanos chefiados por Teofrásio. Para Riobaldo, o significado da travessia do Sussuarão, um tanto miraculosa e já por mim analisada, foi ele ter trocado de posição com Diadorim, quando passaram um para o lugar do outro, e o episódio ter culminado com o herói enfrentando à faca e esfolando o bruto jagunço Treciziano (v. Roncari, 2004, p.236). Depois disso, na espera pelo reencontro com o bando inimigo, numa certa altura, eles se defrontam com um velho, para quem o catrumano Teofrásio (a palavra de Deus) aponta a *"garrucha antiqüíssima"*. Riobaldo, porém, não permite que Teofrásio atire e, por isso, considera ter salvo a vida do pobre velho. Num segundo momento, é assim que o descreve:

> Mas, no vir de cimas desse morro, do Tebá – quero dizer: Morro dos Ofícios – redescendo, demos com o velho, na porta da choupa dele mesmo. Homem no sistema de quase-doido, que falava no tempo do Bom Imperador. Baiano, barba de piassaba; goiano-baiano. O pobre, que não tinha as três espigas de milho em seu paiol. Meio sarará. A barba, de capinzal sujo; e os cabelos dele eram uma ventania. (Rosa, 1963, p.489)

Em 14 de fevereiro de 1897, Machado de Assis publicou na revista *A Semana* uma crônica sobre a "celebridade" de Antônio Conselheiro.

Ela fala de uma mulher simples que pedia ao vendedor de jornais uma folha que trazia o retrato do profeta. Esse retrato, na verdade, deve ter sido a ilustração caricata que Ângelo Agostini fez do Conselheiro para a revista D. *Quixote* no dia anterior, em 13 daquele mês, a qual o mostrava sendo adorado como um Messias pelos seguidores, e que hoje é reproduzida junto à crônica (Assis, 1973, p.763). Na gravura, o Conselheiro aparece como uma figura raquítica, com um chapéu cônico, possivelmente para significar a loucura, usando a túnica característica e com os cabelos e a barba como os do velho descrito no *Grande sertão*... O que singulariza a ilustração de Ângelo Agostini é o fato de Conselheiro trazer, além do cajado de guia e pastor de homens na mão esquerda, uma espingarda à bandoleira, como reafirmação do estigma de profeta incomum, de *profeta armado*, "O fanático e bandido", como diz a legenda da revista. Fora isso, todos os retratos elaborados de Antônio Conselheiro seguem a mesma linha: a magreza, o rosto encovado, os cabelos esvoaçantes, as barbas espinhentas, a túnica ou samarra, o cajado, os olhos delirantes do iluminado ou enlouquecido. Euclides da Cunha cita a descrição que frei de Monte Marciano fez dele em seu relatório, depois da visita frustrada a Canudos:

> Vestia túnica de azulão, tinha a cabeça descoberta e empunhava um bordão. Os cabelos crescidos sem nenhum trato, a caírem sobre os ombros; as longas barbas grisalhas mais para brancas; os olhos fundos raramente levantados para fitar alguém; o rosto comprido de uma palidez quase cadavérica; o porte grave e ar penitente. (Cunha, 1985, p.252)

Deve ter sido essa a base para a descrição que mais tarde Euclides faria do Conselheiro:

> E surgia na Bahia o anacoreta sombrio, cabelos crescidos até os ombros, barba inculta e longa; face escaveirada; olhar fulgurante; monstruoso, dentro de um hábito azul de brim americano; abordoado ao clássico bastão, em que se apóia o passo tardo dos peregrinos ... (ibidem, p.215-6)

Para ficarmos apenas nas representações feitas à época dos acontecimentos, a descrição de Afonso Arinos, cujo livro *Os jagunços* foi publicado em 1898, é mais detalhada e ficcional, acentuando a dramaticidade da personagem mas pouco mudando com relação ao retrato sintético de Euclides, apesar do ponto de vista oposto. Para o escritor monarquista, nascido em Paracatu, extremo oeste de Minas, o sertão e o sertanejo não lhe eram estranhos nem desconhecidos; ao contrário, tanto quanto Paris, faziam parte de sua experiência e familiaridade. O seu sertão, como descrito nos festejos e congadas do início de *Os jagunços*, compunha uma harmonia muito idealizada entre proprietários e empregados. Assim, para ele, o aparecimento de um profeta como o Conselheiro não era um fato estranho, desafiante e ameaçador, antes fazia parte do pitoresco e da curiosidade do lugar:

> A samarra de algodão encardido que vestia o corpo esquelético do enviado de Deus pareceu-lhe então a túnica dos santos; o rosto, extremamente pálido, os cabelos e as barbas crescidas eram tais quais os da imagem de São Francisco das Chagas, que o camarada vira na matriz de sua terra, ajoelhada e de braços abertos aos pés da imagem do Senhor Crucificado ...
>
> A idade não lhe vencera a indômita energia do corpo frágil, nem lhe deixara na fisionomia os avisos da Natureza ao homem, para que se apreste a pagar-lhe o tributo derradeiro. Os cabelos não se lhe branquearam; conservam-se grisalhos como dantes. Os olhos, porém, parece adquiriram mais fogo e o olhar mais amplitude. Vendo já meio realizado o seu sonho, o olhar do missionário não penetra somente no íntimo dos corações; rasga a vastidão do espaço, vence a carreira do tempo e tenta surpreender o segredo do futuro. (Arinos, 1985, p.118-9)[2]

---

2 As descrições que Robert B. Cunninghame Graham faz de Antônio Conselheiro são um tanto contraditórias, mas não se distinguem do modelo comum. Em uma delas, ele não portava chapéu: "Não usava chapéu e seus cabelos longos caíam sobre seus ombros. Sua barba era hirsuta e se espalhava sobre seu peito, lisa e bíblica. Sua roupa era uma túnica longa de fio rústico azul e se apoiava sobre o clássico cajado dos peregrinos, nodoso e torcido, mas lustroso pelo uso prolongado" (2002, p.89). Mas logo a seguir ele se desdiz: "Sua longa túnica azul sem cinto fazia-o parecer ainda mais magro do que era e mais macilento. Seu chapéu de peregrino, que usava geralmente pendurado sobre os ombros, à moda de um pastor de Tessália na época clássica, as sandálias que calçava e seus olhos muito abertos de olhar intenso davam-lhe o aspecto como de um messias louco do tipo oriental" (2002, p.90-1).

No velho encontrado por Riobaldo, o que destoava desses retratos é que ele não portava um cajado e uma arma, como na gravura de Ângelo Agostini, mas uma arma arcaica, que poderia servir-lhe também de cajado. É essa a sua característica maior, pois tudo nele é arcaico e lembra o passado ou, em outros termos, é ultrapassado. Esse aspecto é enfatizado, primeiro, quando Riobaldo se refere aos saberes do velho, logo depois de descrever sua aparência física:

> Perguntei uma coisa, que ele não caprichou entender, e o catrumano Teofrásio, que já queria se mostrar jagunço decisivo, o catrumano Teofrásio bramou – abocou a garruchona em seus peitos dele. Mas, que não deu tujo. Esse era o velho da paciência. Paciência de velho tem muito valor. Comigo conversou. Com tudo que, em tão dilatado viver, ele tinha aprendido. Deus pai, como aquele homem sabia todas as coisas práticas da labuta, da lavoura e do mato, de tanto tudo. Mas, agora, que tanto aforrava de saber, o derrengue da velhice tirava dele toda possança de trabalhar; *e mesmo o que tinha aprendido ficava fora dos costumes de usos.* Velhinho que apertava muito os olhos. (Rosa, 1963, p.489, grifo meu)

E depois, quando descreve as armas do velho, igualmente ultrapassadas:

> Seria velhacal? Não fio. E isto, que retrato, é devido à estúrdia opinião que divulgou em mim esse velho homem. Que, por armas de sua personalidade, só possuía ali era uma faquinha e um facão cego, e um *calaboca* – porrete esse que em parte era *ocado e recheio de chumbo*, por valer até para mortes. E ele mancava: por tanto que a metade do pé esquerdo faltava, cortado – produção por picada de cobra – urutu geladora, se supõe. Animado comigo, em fim me pediu um punhado de sal grande regular, e aceitou um naco de carne-de-sol. Porque, no comer comum, ele aproveitava era qualquer calango sinimbú, ou gambás, que, jogando neles certeiramente o calaboca, sempre conseguia de caçar. Me chamou de: – "Chefão cangaceiro...". (ibidem, p.489, grifos meus)

O arcaísmo das armas dos combatentes de Canudos é um fato ressaltado por todos os testemunhos. Aqui, o interessante a ser analisado é a forma de apresentação do porrete do Conselheiro, pois nela Guimarães Rosa se utiliza de duas fontes distintas: Euclides da Cunha e Afonso Arinos. É o primeiro que se refere a esse tipo de arma entre os jagunços, ao enumerá-las, e ressaltando não só seu arcaísmo mas sua qualidade indicativa do estágio retrógrado dos próprios jagunços:

> Por fim as armas – a mesma revivescência de estádios remotos: o facão *jacaré*, de folha larga e forte; a *parnaíba* dos cangaceiros, longa como uma espada; o ferrão ou *guiada*, de três metros de comprido, sem a elegância das lanças, reproduzindo os piques antigos; *os cacetes ocos e cheios pela metade de chumbo, pesados como montantes*; as bestas e as espingardas. (Cunha, 1985, p.233, último grifo meu)

Porém, o nome da arma, de "calaboca", foi dado por Afonso Arinos, ao também comentar seu arcaísmo:

> Os jagunços quase não perdiam tiros, mas as armas eram todas de carregar pela boca e de pequeno alcance. Caboclos havia que tinham ainda muita fé nos trabucos, bacamartes, clavinotes, *cala-bocas antigos*. Esses parceiros não queriam saber de outras armas. Até espingardas pedreiras apareciam nas mãos de alguns, que juravam ser tais as armas de fiança. (Arinos, 1985, p.162-3, grifo meu)

Trechos como esse evidenciam que Euclides não era a única fonte de Guimarães Rosa, tampouco a mais importante na representação direta de Antônio Conselheiro, a qual simboliza, no romance de Guimarães, o conjunto das experiências de Canudos, como veremos, e revela-se na frase um tanto enigmática, citada mais acima: "Mas, no vir de cimas desse morro, do Tebá – quero dizer: Morro dos Ofícios". Euclides, pelo menos por duas vezes, refere-se à povoação do Belo Monte como "a *Tróia* de taipa dos jagunços" (Cunha, 1985, p.169 e 231, grifo meu). Quem, entretanto, ao falar do profeta e dos fatos de Canudos, refere-se a Tebas e a *Tebaida*, é Afonso Arinos, quando diz ser Antônio Conselheiro "como os cenobitas da *Tebaida*" (Arinos, 1985, p.133, grifo meu). Posteriormente, Robert B. Cunninghame Graham, que no seu livro transcreve extensos trechos de *Os sertões*, mas não cita Afonso Arinos entre suas fontes, também compara o Conselheiro, por duas vezes, a "um monge da *Tebaida*" (Graham, 2002, p.89 e 121). A autocorreção feita pelo narrador Riobaldo, "do Tebá – quero dizer: Morro dos Ofícios", associa a cidade de Canudos não a um covil de bandidos dados a licenciosidade, como faz Euclides, "Canudos era o homizio de famigerados facínoras" (Cunha, 1985, p.239), mas a um lugar caracterizado pelo exercício pacífico das funções do trabalho. E é Afonso Arinos que nos dá a melhor imagem da operosidade dos moradores de Belo Monte, ele que nascera e vivera no sertão, e o conhecia muito bem:

> A verdade é que, nem Taracatu, nem Simão Dias, nem Geremoabo, nem Monte Santo, nenhuma das cidadezinhas do sertão, ao norte, ao sul, ou à beira do São Francisco, era tão movimentada, tão trabalhadora e tão morigerada como Belo Monte, que o povo de fora chamava Canudos. A autoridade do Conselheiro era ampla e indiscutível; sua influência, tão profunda quanto o sentimento religioso que ele encarnava. ...
> Sua influência se estendia num raio vastíssimo de sertão, abrangendo terras de muitos Estados; e essa influência era benéfica, porque nenhum outro poder humano conseguiria, como ele, domar aquele povo bravio, fazer dele um grande instrumento de disciplina, extirpando-lhe ao mesmo tempo as manifestações de banditismo. Aquela gente não sabia o que era roubo. A maioria das casas não tinha, por assim dizer, portas nem fechaduras.
> E naquele povo todo reinava a abastança, filha do trabalho. Eles não conheciam o luxo, nem o que se chama erroneamente "conforto", aí pelas cidades grandes. Criavam seu gado, tinham os paióis sortidos e as roças plantadas, mas dormiam indistintamente em catres sofríveis, em jiraus, por cima de um couro na terra dura, sob a proteção de um teto, ou, então, ao relento. Não tinham horas nem refeições certas. Se o serviço lhes tomasse o tempo, alguma vaquejada, ou campeação difícil lhes ocupasse o dia, varavam indiferentemente de sol a sol, sem comer. (Arinos, 1985, p.165-6; ver também as cenas seguintes, da p.128)

A referência a Tebas, seja à de fonte cristã, o refúgio de cenobitas e eremitas no Egito, nos inícios da nova crença, como à bíblica e à greco-romana, só vem confirmar os temas centrais dos episódios de Canudos. No Velho Testamento, Tebas ou No-Amon (Jeremias 46,25; Ezequiel 30,14-16; e Nahum 3,8) aparece como a cidade condenada a ser devastada pela cólera de Jeová. E a epopéia latina, *Tebaida*, de Estácio, narra o cerco da cidade de Tebas e a luta fratricida pelo poder entre os dois filhos de Édipo, Polinices e Eteócles, como foi o massacre de brasileiros por brasileiros em Canudos. As duas últimas fontes se referem ao destino funesto da cidade.

Uma série de outras referências nos induz a tomar "o velho" por Antônio Conselheiro, como "falava no tempo do Bom Imperador", que poderia ser tanto D. Pedro II como o rei Saturno da Idade de Ouro. Sabemos hoje quanto eram controvertidas as afinidades do profeta do Belo Monte com o Império, assim como conhecemos as acusações em torno disso usadas para justificar o combate e o posterior massacre. Também, por duas vezes, a narrativa de Guimarães repisa o lado *conselheiro* do velho, nesta passagem:

> Acabando que, para me render benefício de agradecimento, ele me indicou, *muito conselhante*, que, num certo resto de tapera, de fazenda, sabia seguro de um dinheirão enterrado fundo, quantia desproposital. Eu fosse lá... – ele disse –; eu escavasse tal fortuna, que merecida, para meus companheiros e para mim... – "Aonde, rumo?" – indaguei, por comprazer. Ele piscou para o mato. Por lá, trinta e cinco léguas, num Riacho-das-Almas... Toleima. Eu ia navegar assim para acolá, passar matos, furar a caatinga por batoqueiras, por louvar loucura alheia? Minha guerra nem não me dava tempo. E, mesmo, se ele sabia assim, e verdade fosse, por que era que não ia, muito pessoalmente, cavacar o ouro para si? Derri dele, brando. Por que é que se *dá conselho* aos outros? Galinhas gostam de poeira de areia – suas asas... E o velho homem – cujo. Ele entendia de meus dissabores? Eu mesmo era de empréstimo. Demos o demo... E possuía era meu caminho, nos peitos de meu cavalo. Siruiz. Aleluia só. (Rosa, 1963, p.489-90, grifos meus)

A importância da passagem está, por um lado, na crítica explícita ao tipo de *conselho* dado pelo velho: a promessa de mundos e fundos a serem obtidos facilmente, como a do tesouro enterrado. Ela reproduzia a fantasia do *eldorado*, que marcara a conduta do homem do país desde a colonização e era tema corrente nas interpretações do Brasil e na própria obra de Guimarães Rosa. Para Riobaldo, aquilo era um puro engano; assim, ele vê o velho como um "cujo" que planta e promete ilusões. E, por outro lado, o rumo que a passagem aponta é o do mar, o de leste, como quando o Conselheiro prometia que "... Em 1896 hade rebanhos mil correr da praia para o certão; então o certão virará praia e a praia virará certão" (Escrito copiado por Euclides da Cunha dos cadernos encontrados em Canudos; 1985, p.223). Ficamos sabendo que o rumo era o de leste porque o herói, ao recusar-se a acreditar naquelas promessas, comanda seu bando para oeste, para os lados de um sertão mais fundo do que aquele em que estavam: "fomos, tocamos, querendo *o poente* e tateando tudo" (Rosa, 1963, p.491, grifo meu). A determinação é importante, pois, em seguida à ilusão da riqueza fácil prometida, "Eu ia navegar assim para acolá, passar matos, furar a caatinga por batoqueiras, por louvar loucura alheia?", o herói escolhe continuar sua luta, "Minha guerra nem não me dava tempo". Sua atitude é oposta às de João Miramar e Serafim Ponte Grande, dos romances de Oswald de Andrade, os quais, do litoral que imitava a civilização européia, só tinham as vistas para ela própria e suas utopias. Riobaldo se volta para o interior, para o sertão, ele quer enfrentar seus demônios, e não buscar uma civilização já estabelecida, mas para a qual pouco havia contribuído.[3] Só mais tarde o herói percebe como esse encontro e sua decisão haviam sido importantes; ele reconhece que ali estava em jogo também seu próprio destino, pois, no rumo e caminho que lhe apontava o ve-

---

3 Em contraste a essa atração pelo externo, dominante na época e forte ainda hoje, vale aqui mencionar alguns testemunhos da atenção e da ação política de Getúlio Vargas dirigidas para o interior. Antônio Balbino, ministro da Educação do segundo governo Vargas: "Ele [Getúlio Vargas] me dizia: 'Você já imaginou o que será este país quando a gente puder interiorizar a educação e o trabalho?'". Segadas Viana, fundador do PTB e ministro do Trabalho do segundo governo Vargas: "Ele gostava do Brasil realmente. O Marcondes disse muito bem uma vez: 'O Getúlio era um homem que governava de costas para o Atlântico'. Ele olhava era para o interior.". Pedro Ludovico, fundador do PSD e governador de Goiás: "Ele achava que o Brasil devia crescer para o oeste, porque o litoral já estava mais ou menos povoado, mais ou menos industrializado. A marcha para o oeste seria o futuro do Brasil. Ele foi o primeiro presidente da República a pisar o solo goiano". Nero Moura, ministro da Aeronáutica do segundo governo Vargas: "O presidente tinha vontade de empurrar o país para dentro do território, sair das praias. Em maio de 54, nós fomos inaugurar o aeroporto de Manaus. ... Saímos de noite, para amanhecer em Cachimbo, que é uma serra lá no sul do Pará. ... Lá ele viu a floresta Amazônica. Ficou encantado com aquilo, achou uma coisa espetacular. Para aquela área, ninguém nunca tinha ido. Só o pessoal da FAB e índio" (Lima, 1986, p.247-8).

lho, estava Nhorinhá, a prostitutazinha promíscua e bela, do amor baixo e fácil, porém desintegrador e sem muita promessa de futuro, como podem testemunhar os dramas internos e externos vividos por Soropita em "Dão-Lalalão". Este foi um jagunço amansado, que se casou com uma prostituta, Doralda, não porque gostasse dela apesar de seu passado, mas porque ela era uma rainha entre as prostitutas, ou a melhor de todas. Com isso, Soropita se condena à agonia de querer ter uma santa em casa, a dama da noite convertida em mulher fiel, mas que ele continuasse amando como uma prostituta. Como já vimos no primeiro ensaio deste volume, "O cão do sertão no arraial do Ão", Doralda, muito mais que Soropita, consegue conviver com a duplicidade de papéis. Por razão semelhante, a escolha de Riobaldo foi a mais acertada, pois, se tivesse ouvido o conselho do velho, teria feito o caminho para um outro engano, "como o belo do azul", segundo as palavras da personagem, quando compara o que poderia ter sido com o que era na atualidade, fazendeiro assentado e bem casado com Otacília:

> Do que hoje sei, tiro passadas valias? Eh – fome de bacurau é noitezinha... Porque: o tesouro do velho era minha razão. Tivesse querido ir lá ver, nesse Riacho-das-Almas, em trinta e cinco léguas – e o caminho passava pelo São Josezinho da Serra, onde assistia Nhorinhá, lugarejo ditoso. Segunda vez com Nhorinhá, sabível sei, então minha vida virava por entre outros morros, seguindo para diverso desemboque. Sinto que sei. Eu havia de me casar feliz com Nhorinhá, como o belo do azul; vir aquém-de. Maiores vezes, ainda fico pensando. Em certo momento, se o caminho demudasse – se o que aconteceu não tivesse acontecido? Como havia de ter sido de ser? Memórias que não me dão fundamento. O passado – é ossos em redor de ninho de coruja... E, do que digo, o senhor não me mal creia: que eu estou bem casado de matrimônio – amizade de afeto por minha bondosa mulher, em mim é ouro torqueado. Mas – se eu tivesse permanecido no São Josezinho, e deixado por feliz a chefia em que eu era o Urutu-Branco, quantas coisas terríveis o vento-das-nuvens havia de desmanchar, para não sucederem? Possível o que é – possível o que foi. O sertão não chama ninguém às claras; mais, porém, se esconde e acena. Mas o sertão de repente se estremece, debaixo da gente... E – mesmo – possível o que não foi. O senhor talvez não acha? Mas, e o que eu estava dizendo, mas mesmo pensando em Nhorinhá, por causa. Dói sempre na gente, alguma vez, todo amor achável,

que algum dia se desprezou... Mas, como jagunços, que se era, a gente rompeu adiante, com bons cavalos novos para retroco. Sobre os *gerais* planos de areia, cheios de nada. Sobre o pardo, nas areias que morreram, sem serras de quebra-vento. (Rosa, 1963, p.491)

O mesmo homem que apelara às forças extraordinárias e procurara o pacto com o diabo (se o fez ou não, é outra história) agora escolhia por vontade própria e evitava os dois enganos, inclusive aquele do "belo do azul", como ele equivocadamente imaginava: "Eu havia de me casar feliz com Nhorinhá". E ele encontra uma justificativa muito razoável para não acreditar naquelas promessas miraculosas do velho, quando diz: "E, mesmo, se ele sabia assim, e verdade fosse, por que era que não ia, muito pessoalmente, cavacar o ouro para si?" (ibidem, p.490). Porém, o próprio velho o alertara, ao dizer algo importante sobre o sertão quando o herói lhe pergunta se era nascido ali ou em outro lugar e se ele achava mesmo "assim que o sertão é bom?...". O velho, no mesmo modo delirante dos profetas gnósticos, como tanto Euclides quanto Graham gostam de caracterizá-lo, responde com palavras que Riobaldo "não decifrava", ao mesmo tempo que lhe aponta o dedo, como uma faca no peito: "– 'Sertão não é malino nem caridoso, mano oh mano!: – ...ele tira ou dá, ou agrada ou amarga, ao senhor, conforme o senhor mesmo.'" (ibidem, p.490). Apesar da aparente paradoxalidade, as palavras do velho, que afirmam os contrários, dizendo e desdizendo ao mesmo tempo, traduziam sabedoria, pois diziam que não era o sertão, em sua natureza neutra, que fazia os homens, o sertão poderia ser tanto uma coisa como outra, o de Afonso Arinos ou o de Euclides da Cunha; mas eram os homens, cada um, inclusive o herói, que faziam o sertão. Aqui, ao contrário do que ocorre nas sociedades modernas, a determinação não era do meio sobre os homens, mas destes sobre o meio, pois tudo estava ainda por se fazer. Creio não ser por acaso que a outra figura paradigmática que Riobaldo encontra, em tudo oposta ao velho, seja a de um sujeito *político* por excelência (e não a de um *economista*, lembrando a etimologia do termo), Getúlio Vargas. A escolha do herói, portanto, de recusar as promessas e os enganos para os quais apontava o velho, era correta, na medida em que negava a volta ao passado e à tradição costumeira, ou pelo menos aos erros que eles implicavam. E isso significava não apenas recusa, mas também um aprendizado ou uma decifração, ainda que um tanto intuitiva, tal qual o conhecimento gnóstico, tal qual a sabedoria do velho, que, como vimos desde o início, não era desprovido de conhecimento, ao contrário, "como aquele homem sabia todas as coisas práticas da labuta", só que aquele saber estava então "fora dos costumes de usos". A bela imagem enigmática de Riobaldo para simbolizar o passado, "O passado – é ossos em redor de ninho de coruja..." (ibidem, p.491), poderia significar justamente aquele saber arruinado do velho, os ossos de um cadáver que circundava a ave de Minerva, como um conhecimento carcomido pelo poder corrosivo do tempo, com o qual ele não queria pactuar. Se por um lado, como afirmamos acima, a representação de Antônio Conselheiro simbolizava o conjunto da experiência de Canudos e seu significado na história do país, aqui ela parece associada a uma experiência regressiva, portanto não digna de imitação, pois outros encontros viriam, e mais prenhes de futuro.

As promessas de futuro

Riobaldo, depois das batalhas do Tamanduá-tão e do Paredão, e da morte de seus demônios guerreiros, Ricardão e Hermógenes, e de seu demônio amoroso de Diadorim, foi acometido de uma forte febre purgativa, febre-tifo, "terçã", "trelada com sezão". Ele, que pensava estar nas "Veredas-Mortas", fica sabendo mais tarde, pelo compadre Quelemém, que na verdade estava nas "Veredas-Altas". Acreditava também que os sobreviventes de seu bando haviam-no levado para "dentro duma casa muito pobre". Lá, em um delírio muito significativo, ele vislumbra um fazendeiro maligno tomado pelo demônio, cuja possessão se manifestava como febre que o queimava internamente e o fazia uivar. O fazendeiro pedia aos escravos que jogassem baldes de água fria sobre seu corpo, para aliviá-lo do calorão e livrá-lo do próprio incêndio. Essa alucinação era, de certo modo, um delírio especular, que refletia a própria situação de Riobaldo, ou o modo como ele interpretava sua febre e queimação. Porém, ao contrário da do fazendeiro maldoso, a febre de Riobaldo vinha salvá-lo, e não perdê-lo, e por isso era purgativa, regenerativa. Ela matava algo de ruim que ainda vigorava em seu interior, como se limpasse o terreno das ervas daninhas, a sua alma selvagem, para que frutificassem ali as plantas domesticadas. O leitor se dá conta dessa epifania nos episódios que se seguem, quando, sarando e voltando a si, Riobaldo percebe que não estava no asilo da casinha pobre, mas na casa-sede de uma grande fazenda, para onde o levaram quando inconsciente. Ali, ele se viu inteiramente amparado e protegido, sob a boa guarida de um velho fazendeiro, seo Ornelas. São importantes as descrições tanto do lugar, a Fazenda Barbaranha, quanto a do fazendeiro, porque procuram mostrar como, nas "Veredas Altas", Riobaldo já não se encontrava no sertão, entre jagunços, mas num lugar ameno e de trato civil. Seus primeiros bons sentimentos, que lhe trazem satisfação, são os de quem sai de um tempo mítico para ingressar no tempo da história, e isso ele apreende ao notar na parede da casa-grande "a marca dos tempos, numa folhinha de parede", embora ainda se sinta sem alma, "um saco cheio de pedras". A fazenda era um lugar de delicadezas, "caldo de galinha" e "lençóis alvos". A fazenda era um lugar de feminilidades, onde "Todos – a senhora dele, as filhas, as parentas" louvavam Riobaldo não por sua nomeada como jagunço valente, tomando sua luta como coisa pessoal, mas pelo sentido geral de sua ação guerreira, no fundo pacificadora e civil, e em benefício de todos: "eu tivesse vindo, corajoso, para derrubar o Hermógenes e limpar estes Gerais da jagunçagem". O interessante é que essa ação, aqui atribuída a Riobaldo, fazia parte, na verdade, dos "programas nacionais" de Getúlio, de atribuir à União, ao Estado central, o combate tanto à seca e à malária quanto ao jaguncismo das margens do São Francisco e ao cangaço dos sertões do Nordeste, como já discutimos no primeiro ensaio:

> Eu estava na Barbaranha, no Pé-da-Pedra, hóspede de seo Josafá Ornelas. Tomei caldo-de-galinha, deitado em lençóis alvos, recostado. E já parava meio longe aquele pesar, que me quebrantava. Lembro de todos, do dia, da hora. A primeira coisa que eu queria ver, e que me deu prazer, foi *a marca dos tempos, numa folhinha de parede*. Sosseguei de meu ser. Era

feito eu me esperasse debaixo de uma árvore tão fresca. Só que uma coisa, *a alguma coisa, faltava em mim. Eu estava um saco cheio de pedras.*
 Mas aquele seo Ornelas era homem de muita bondade, muita honra. Ele me tratou com categoria, fui príncipe naquela casa. Todos – a senhora dele, as filhas, as parentas – me cuidavam. Mas o que mormente me fortaleceu, foi o repetido saber que eles pelo sincero me prezavam, como talentoso homem-de-bem, e louvavam meus feitos: eu tivesse vindo, corajoso, para derrubar o Hermógenes e *limpar estes Gerais da jagunçagem. Fui indo melhor.* (ibidem, p.566-7, grifos meus)

Não era a primeira vez que Riobaldo passava por aquele lugar, pela Fazenda Barbaranha, de seo Ornelas. Ambos já eram seus conhecidos. Depois da tentativa do pacto, de assumir a chefia do bando e compô-lo com os catrumanos, tendo à mão direita o cego Borromeu e à esquerda o pretinho Guirigó, e o Teofrásio no seu jegue, Riobaldo se sente seguro e se afirma como jagunço bravo, chefe daquela armada de estropiados um tanto carnavalesca. Esta passagem deve ser lida como o urro gutural de um bicho, como palavras raspando na garganta:

 Ah, não, eu bem que tinha nascido para jagunço. Aquilo – para mim – que se passou: e ainda hoje é forte, como por um futuro meu. Eu estou galhardo. Naquilo, eu tinha amanhecido. *Comi carne de onça? Esquipando, eu queria que a gente entrasse, daquele jeito, era em alguma grande verdadeira cidade.* (ibidem, p.424, grifo meu)

Onde Riobaldo entra, porém, é numa grande fazenda, cujos moradores e costumes "cordiais" obrigam-no a uma primeira metamorfose – nessa ocasião ainda momentânea, pois ele está em plena missão de guerra –, metamorfose que nega por completo a ferocidade jagunça da qual se vangloriara anteriormente, aquela de quem comeu "carne de onça". A transformação, entretanto, não é unilateral; os mesmos moradores da fazenda são obrigados a assimilar aqueles elementos novos e estranhos do bando de Riobaldo, integrando-os a suas cortesias. Assim, cria-se no lugar, como em uma primeira experiência de laboratório, uma nova harmonia, na qual uns são obrigados a adquirir os freios das relações civis e corteses, e outros a conviver com os que vinham "debaixo", do sertão bravio. E tudo se passa sob a regência de seo

Ornelas. O processo, altamente integrador e pacificador, em que um aprende com o outro, é descrito como político-social e carregado de índices que apontam para um particular momento histórico da vida brasileira: o período no qual Getúlio Vargas, aqui identificado com a figura-símbolo de um político, esteve à frente do poder. Valeria a pena ler toda a passagem, mas, como é muito extensa, resumirei as referências mais significativas. O nome do fazendeiro é Josafá Jumiro Ornelas, no qual ressoa o sobrenome materno de Getúlio Dornelles Vargas; e o peso e o significado do *feminino* – como é possível depreender da leitura da passagem – é bem maior na fazenda "civilizada" que no sertão bravio. O nome da fazenda, Barbaranha, remete a Oswaldo Aranha, líder político gaúcho que acompanhou do começo ao fim a trajetória política de Getúlio. Considere-se ainda a possibilidade de o nome "Barbaranha" ter sido engendrado para recordar como o ideário de Oswaldo Aranha estava radicado no ideário civilista de Rui Barbosa, Barb + aranha, em oposição à doutrina militarista de Pinheiro Machado e Hermes da Fonseca, representados no *Grande sertão...* como Ricardão e Hermógenes.[4] Devemos salientar que nosso intuito não é reduzir a leitura do roman-

---

4 Quem observa a relação entre o ideário de Oswaldo Aranha e o de Rui Barbosa é Aspásia Camargo, no ótimo ensaio biográfico que escreveu sobre a "trajetória política" do primeiro: "A presença de Oswaldo aquece os comícios e as manifestações contra Hermes, organizados no Largo de S. Francisco, sob a influência de Rubens Maciel e da oposição gaúcha representada pelo Grupo Gaspar Martins. Por trás de tudo, pairavam as idéias de Rui Barbosa, que concorrera, em vão, contra Hermes da Fonseca em 1910, mas que deixara como saldo uma *Oração aos moços* e um grave libelo contra a República Velha, que iria repercutir em cadeias sucessivas de protesto até sua queda final, em 1930. O eterno derrotado Rui acabou, afinal, moralmente vitorioso. Tornou-se símbolo da luta pela purificação dos costumes políticos e da renovação jurídico-institucional, apregoada através da proposta da revisão da Constituição de 1891. ... A chama de Rui permaneceu muito viva no coração de Oswaldo e em seus compromissos políticos que se confundem com a UDN na derrocada de Vargas, em 1945. Prefaciando o livro sobre Rui Barbosa em inglês, trinta anos mais tarde, ele não esconde sua admiração pelo mesmo, que o castilhismo não conseguira reprimir". E, um pouco adiante: "Rui Barbosa e Pinheiro Machado foram, em sua época, a encarnação de duas grandes linhagens que disputavam ideologicamente o controle do sistema republicano, ramificando-se nos estados, através da elite intelectual que ocupava os jornais e as tribunas políticas" (Camargo, 1996, p.42).

ce aos fatos históricos subterrâneos que o sustentam, transformando-o em simples alegoria. Contudo, os bastidores históricos, embora sejam apenas uma das camadas de composição do texto, não podem ser desconsiderados quando desejamos reconhecer os valores que são afirmados ou negados no corpo da obra, quando nos propomos a apreender todos os conteúdos vislumbrados, ainda que secundários ou extraliterários, e a compreender o que subjaz nas entrelinhas do autor, assim como seus juízos éticos e cognitivos. O pior que pode acontecer quando passamos por cima da história e desconsideramos o âmbito das preocupações do autor é rebaixá-lo ou usá-lo para dizer o que gostaríamos que dissesse.

São conhecidas de todos as afinidades e as diferenças entre Getúlio Vargas e Oswaldo Aranha, mas como duas oposições conciliatórias e complementares. Quem registrou com muita acuidade essa relação foi o amigo e chefe de Guimarães Rosa, o ministro das Relações Exteriores dos governos Dutra e Vargas, João Neves da Fontoura, nas suas *Memórias*, uma das melhores de nossa vida republicana. Vale a pena acompanhar o paralelo:

> Os temperamentos de Vargas e Aranha contrastavam por completo. Talvez por isso se houvessem entendido no meio de suas separações, reservas e profundas desarmonias, como acontece comumente em certos casais. Na política, como no amor, não raro se processa o acordo dos contrários.[5]
>
> Aranha – homem-multidão – vivia sempre cercado, a casa cheia, falando sem cessar. Os amigos, acampados dia e noite em volta dele, constituíam, embevecidos, sua permanente platéia.
>
> Vargas, ao oposto, apesar de comunicativo, muito atraente no trato pessoal, acolhedor, de uma grande simpatia física, gracioso nas palavras,

---

[5] A idéia de um vínculo quase matrimonial no plano político-ideológico com Oswaldo Aranha, dado em grande parte pelo "castilhismo" de ambos, estava inclusive na cabeça de Getúlio. É assim que se refere ao amigo, no seu Diário, dos dias 1º a 3 de março de 1932: "Retirando-se este [Maurício Cardoso], recebo a visita de Oswaldo Aranha, emocionado, abatido e revoltado. Um temperamento complexo, vário, tempestuoso e apaixonado, mas sincero, mesmo nas suas infidelidades intelectuais" (Vargas, 1995, p.93). Aspásia Camargo usa a seguinte expressão para caracterizar a relação entre os dois: "complementaridade na diferença" (Camargo, 1996, p.21).

era um individualista fechado no seu eu. Não se abria com ninguém. Chegou mesmo a dizer que preferia ser interpretado a interpretar-se. Fazia-se forte nos seus silêncios, nas reticências, nas meias palavras, sem embargo de ser orador brilhante nos improvisos.

Aranha dava-se por inteiro. Vargas mantinha indevassáveis seus territórios íntimos mesmo para os amigos. Ao homem que não faz confidências, sobra facilidade para recuar ou avançar na forma que lhe for ditada pelas conveniências da sua política.

Em resumo: ao redor de Aranha lavrava um círculo de fogo, dardejando ação, incêndio que ele mesmo às vezes não conseguia ou não sabia apagar. Vargas protegia seu isolamento interior por uma couraça de gelo e pelo senso da medida na convivência com os semelhantes. (Fontoura, 1963, p.9)

Os dois volumes dessas *Memórias, Borges de Medeiros e seu tempo* e *A Aliança Liberal e a Revolução de 30*, foram amplamente citados e elogiados por Guimarães Rosa em seu discurso de posse na Academia Brasileira de Letras, na vaga deixada justamente pelo amigo. Para Guimarães, um outro membro importante compunha uma espécie de "tríade" de poder de influência político-ideológica no tempo: o próprio memorialista. Guimarães foi muito próximo de Neves da Fontoura, de quem foi subordinado e chefe de gabinete. No discurso de estilo arrevesado, cifrado, mais para esconder que para revelar, e que hoje soa como afetação desnecessária, Guimarães discorreu explicitamente sobre suas afinidades e simpatias com relação aos homens e fatos políticos do período. Acredito ser importante citar aqui um de seus trechos, para estabelecer contraste e correspondência com o sentido das representações do romance.

Então – e ele e Vargas? E ante Aranha? A dúvida pertine e o ponto pertence, cortando aqui desconversa, porquanto dentre bando e numeroso escol – os brasileiros grandes do Rio Grande – plano adiante inscritos na mesma moldura: tríade que em conjunto giro insólito a história nos trouxe. Impede, a pergunta. Resposta, Deus sabe, só sou contador. Vínhamos, por exemplo, de visitar Oswaldo Aranha – feérico de talento, brilho, genialidade, uai, e daquele total conseguido esculpir-se em ser – e Neves pauteou: "*Você estava extasiado, empolgado...*" Mas vi e já advertira em que não menos cedia ele à cordial fascinação. – "*Sagarana* (sic sempre), *cuida disto para o João...*" – telefonava-me Aranha alguma vez. Prezavam-se e queriam-se, alta, gauchamente; a despeito de quais-que despiques, queixas, rixas, unia-os a verdade da amizade. Getúlio Vargas, muito falávamos a seu respeito, compondo uma nossa tese de controvérsia. Meu interesse, sincero, pela imensa e imedida individualidade de Vargas, motivava-se também no querer achar, em sã hipótese, se era por dom congênito, ou de maneira adquirida mediante estudo e adestramento, que ele praticava o *wu wei* – "não interferência", a norma da fecunda inação e repassado não-esforço de intuição – passivo agente a servir-se das excessivas forças em torno e delas recebendo tudo pois "por acréscimo". – *"Enigma nenhum, apenas um fatalista de sorte..."* – encurtava João Neves, experimentando fácil dissuadir-me. Mas, apto ele mesmo ao mistério, sensível às cósmicas correntes, à *anima mundi* antiga, teria de hesitar, de vez em quase, também a memória cobradora beliscando-o. – *"De fato, o Getúlio dá estranhezas, nunca ofegou ou tiritou, nem se lastimava de frio ou calor, que nós outros todos padecíamos, nada parecia mortificá-lo..."* – concedia-me, assim pequenas observações. Logo, porém, sacudia-se daquilo. *Fazia pouco de minha admiração-e-simpatia por Vargas, sem com ela agastar-se.* (Rosa, 1983, p.443-4, último grifo meu)[6]

Do mesmo modo como foi tomado o gesto simbólico dos gaúchos, quando amarraram os cavalos no obelisco da avenida Rio Branco, ao chegarem ao Rio de Janeiro, vitoriosos na Revolução de 1930, e imporem o novo ideário ao país, foi com um gesto equivalente que o jagunço Riobaldo e seu bando penetraram na Fazenda Barbaranha. O episódio se passa três dias depois da festa de São João e às vésperas da de São Pedro, como diz o herói: "No mastro, que era arvorado para honra de bandeira do santo, eu amarrei o cabresto do meu cavalo" (Rosa, 1963, p.426). O ato simbólico de Riobaldo na Fazenda Barbaranha equivale

---

[6] Sobre as afinidades do autor com Getúlio Vargas, são esclarecedores os comentários do diplomata e amigo Mário Calábria: "Ao conhecê-lo, Rosa já estava deixando a chefia do Serviço de Documentação, de onde se demitira por solidariedade ao também demissionário chefe do Departamento de Administração, do qual dependia e cuja saída se deveu à queda de Vargas. Rosa não se classificava como 'getulista', mas tinha, por ser conhecedor dos homens, grande simpatia por Vargas, que acreditava ser o único presidente capaz de, vencendo resistências, levar a cabo uma série de mudanças e reformas. Na realidade, a política não lhe interessava, interessavam-lhe os homens que faziam política, possuía amigos por toda parte, sobretudo depois de célebre" (Calábria, 2003, p.39).

ao que se passou no período dos governos de Getúlio Vargas. Foi nesse tempo que o país e o Estado acordaram e tiveram de se preocupar com as questões sociais e trabalhistas. Pela ação também das camadas trabalhadoras, tiveram de tratá-las não mais como "caso de polícia" – ao modo de Washington Luís, de cuja prepotência e autoritarismo as *Memórias* citadas dão um testemunho muito bem fundamentado – e, com isso, buscar formas de reconhecer o trabalhador como um novo sujeito histórico e integrá-lo no processo político. Ainda que a nova atitude se desse em alguns momentos, como durante o Estado Novo, com a substituição do autoritarismo civil apoiado no domínio agrário e comercial pelo autoritarismo carismático tutelado pelo poder militar, principalmente o dos antigos tenentes.[7] Aqui também, na ceia de recebimento e confraternização que organizaram na fazenda para o bando de Riobaldo, tiveram todos de se sentar à mesma mesa: além dos chefes jagunços, aqueles homens do fundo do sertão, Borromeu e Guirigó:

> Mas não desordeei nem coagi, não dei em nenhuma desbraga. Eu não estava com gosto de aperrear ninguém. E o fazendeiro, senhor dali, de dentro saiu, veio saudar, convidar para a hospedagem, me deu grandes

---

[7] É essa "a novidade" da política de Getúlio que a cena analisada pretende destacar. Ela foi muito bem expressa neste testemunho do general Nélson de Melo, um opositor, antigo tenente e militar da FEB, que apoiou sua deposição em 1945 e a de Jango em 1964: "O operariado simpatizava com Getúlio, mas toda a elite brasileira era contra ele. Eu, que peguei a época do Washington Luís, do Epitácio Pessoa, do Artur Bernardes, sei que havia uma separação incrível entre o povo e o governo. Foi Getúlio quem reconciliou o povo com o governo. O povo estava com ele; a elite, não. E, nesta hora [quando do golpe], o povo não adianta nada. Não adianta fome. Os esfaimados não depõem ninguém. Quem depõe são os de barriga cheia, os bem instalados na vida. Aqui, é a classe dominante quem dispõe tudo – com ou sem fome. Getúlio apodreceu no meio das elites. Mas o povo não tomou conhecimento e continuou getulista" (Lima, 1986, p.221). Que coincide com o de um colaborador, Cleanto de Paiva Leite, da assessoria econômica de Rômulo de Almeida: "O populismo às vezes é empregado como uma maneira deliberada de enganar o povo. Eu acho que o Getúlio não queria enganar o povo, ele queria incorporar o povo às decisões do governo. Ele foi talvez o primeiro presidente, na história republicana, que teve essa visão de que a incorporação das massas ao processo político era parte do desenvolvimento nacional" (ibidem, p.260).

recebimentos. Apreciei a soberania dele, os cabelos brancos, os modos calmos. Bom homem, abalável. Para ele, por nobreza, tirei meu chapéu e conversei com pausas.

– "Amigo em paz? Meu chefe, entre, a valer: a casa velha é sua, vossa..." – ele pronunciou.

Eu disse que sim. Mas, para evitar algum acanhamento e desajeito, mais tarde, também falei: – "Dou todo respeito, *meu senhor*. Mas a gente vamos carecer de uns cavalos..." Assim logo eu disse, em antes de vir a amolecer as situações e estorvar o expediente negócio a *boa conversação cordial*.

O homen não treteou. Sem se franzir nem sorrir, me respondeu:

– "*O senhor, meu chefe*, requer e merece, e com gosto eu cedo... Acho que tenho para coisa de uns cinco ou sete, em estado regular."

E eu entrei com ele na casa da fazenda, para ela pedindo em voz alta a proteção de Jesus. Onde tive os usuais agrados, com regalias de comida em mesa. Sendo que galinha e carnes de porco, farofas, bons quitutes ceamos, sentados, lá na sala. Diadorim, eu, João Goanhá, Marcelino Pampa, João Concliz, Alaripe e uns outros, e o menino pretinho Guirigó mais o cego Borromeu – em cujas presenças todos achavam muita graça e recreação. (Rosa, 1963, p.426-7, grifos meus)

Esse encontro só aparentemente se assemelha a um daqueles comuns entre os bandos jagunços e seus coiteiros. Há nele traços que fogem muito à tradição jagunça e coronelista. Ele é cordial e tenso, pois, ao mesmo tempo que cada um faz do outro o "seu senhor", também não deixa de explicitar seu interesse, "vamos carecer de uns cavalos", chega dizendo Riobaldo, entremeando a exigência com o trato cortês. Portanto, estabelece-se entre jagunço e coronel um processo de embate polido, no qual as normas da boa convivência nunca são ultrajadas, os limites são testados e as posições podem variar, de modo que sempre um possa subir e outro descer, à medida que se cede ou se avança no prélio. Pelo trato a ele concedido desde o início e por sua posição de força, Riobaldo mais sobe, e seo Ornelas, obrigado a certas concessões, mais desce, mas nenhum se impõe ou se subordina inteiramente ao outro. Tudo se passa cavalheirescamente. Porém, a garantia da civilidade do trato era dada pela grande presença feminina; eram as mulheres que quebravam certas distâncias e, pelas suas presenças, impediam manifestações agressivas. À mesa, todos se contêm, fazem concessões; sem tolher de todo a naturalidade, todos se transformam e passam a ser outros, diferentes do que eram. Quem mais percebe isso é Riobaldo, que se comporta diante das damas, procura assuntos sérios para conversar e observa o seo Ornelas. É este quem dá a pauta do modo de ser, soberano, embora tivesse cedido ao herói a cabeceira da mesa, e o jagunço então se pergunta se "tarde seria para bem aprender". Seo Ornelas também precisa se conter, aprende a aceitar estranhos à mesa, como Borromeu e Guirigó, "afetava de propósito não reparar no menino". Porém, com seu estilo "de outras mais arredadas terras" (o Rio Grande do Sul?[8]), governa as pessoas e os cachorros, morigerado, até que volta a refletir sobre o sertão, "confusão em grande demasiado sossego", diz e conclui que Riobaldo lhe faz bem, pois o sertão carece dele, de "um *homem forte*, ambulante".

> A dona fazendeira era mulher já em idade fora de galas; mas tinha três ou quatro filhas, e outras parentas, casadas ou moças, bem orvalhosas. Aquietei o susto delas, e nenhuma falta de consideração eu não proporcionei nem consenti, mesmo porque meu prazer era estar vendo senhoras e donzelas navegarem assim no meio nosso, garantidas em suas honras e prendas, e com toda cortesia social. A ceia indo principiando, somente falei também de sérios assuntos, que eram a política e os negócios da lavoura e cria. Só faltava lá uma boa cerveja e alguém com jornal na mão, para alto se ler e a respeito disso tudo se falar.
>
> Seo Ornelas me intimou a sentar em posição na cabeceira, para principal. – "Aqui é que se abancava Medeiro Vaz, quando passou..." – essas palavras. Medeiro Vaz tinha regido nessas terras. Verdade era? Aquele velho fazendeiro possuía tudo. Conforme jagunço de meio-ofício tinha sido, e amigo hospedador, abastado em suas propriedades. De ser de linhagem de família, ele conseguia as ponderadas maneiras, cidadão, que se representava; que, isso, ainda que eu pelejasse constante, tarde seria para bem aprender. Na verdade. Àquela hora, eu, pelo que disse, assumi incertezas. Espécie de medo? Como que o medo, então, era um sentido sorrateiro fino, que outros e outros caminhos logo tomava. Aos poucos, essas coisas tiravam minha vontade de comer farto.

---

8 Pela importância que as concepções de Oliveira Vianna têm na obra de Guimarães Rosa, seria interessante verificá-las também quanto a esse tema. Ver Vianna, 1952.

– "O sertão é bom. Tudo aqui é perdido, tudo aqui é achado..." – ele seo Ornelas dizia. – "O sertão é confusão em grande demasiado sossego..."

Essa conversa até que me agradou. Mas eu dei de ombros. Para encorpar minha vantagem, às vezes eu fazia de conta que não estava ouvindo. Ou, então, rompia fala de outras diversas coisas. E joguei os ossinhos de galinha para os cachorros, que ali nas margens esperavam, perto da mesa com toda atenção. Cada cachorro sungava a cabeça, que sacudia, chega estalavam as orelhas, e aparava certeiro seu osso, bem abocava. E todos, com a maior devoção por mim, e simpatias, iam passando os ossos para eu presentear aos cachorros. Assim eu mesmo ria, assim riam todos, consentidos. O menino Guirigó comeu demais, cochilava afundado em seu lugar, despertava com as risadas. Aquele menino já tinha pedido que um dia se mandasse costurar para ele uma roupa, e prover um chapéu-de-couro para o tamanho de sua cabeça dele, que até não era pequena, e umas cartucheiras apropositadas. – "Tu é existível Guirigó... Vai pelos proveitos e preceitos." – eu caçoava. Aí caçoei: – "Duvidar, é só dar um saco vastoso na mão dele, e janela para pular, para dentro e para fora: capaz de supilar os recheios e pertences todos duma casa-grande de fazenda, feito esta, salvo que seja..." E eu bem que já estava tomando afeição àquele diabrim. Pois, com o Guirigó, as senhoras e moças conversavam e brejeiravam, como que só com ele, por criança, elas perdessem o acanhamento de falar. Mas o seo Ornelas permanecia sisudo, faço que ele afetava de propósito não reparar no menino. Pelo tudo, era como se ele reprovasse minha decisão de trazer para a mesa semelhantes companhias. O menino e o cego Borromeu – aqueles olhos perguntados. – "As colheitas..." – seo Ornelas supracitava. Homem sistemático, sestronho. O moderativo de ser, o apertado ensino em doutrinar os cachorros, ele obrava tudo por um estilo velhoso, de outras mais arredadas terras – sei se sei. E quase não comia. Só, vem outra, jogava na boca um punhado seco de farinha.

– "Oxalá, o senhor vai, o senhor venha... O sertão carece... Isto é, *um homem forte*, ambulante, se carece dele. O senhor retorne, consoante que quiser, a esta casa Deus o traga..." (ibidem, p.427-8, grifo meu)

A última observação de seo Ornelas, da necessidade no sertão de "um homem forte", provocou Riobaldo, que entendeu não entendendo, pois não encontrava resposta para ela, o que despertou nele instintos até então represados. O seo Ornelas deve ter percebido o que se passava com o herói, mas não adiantou depois tentar consertar, dizendo humildemente: "Pois maior honra é a minha, meu Chefe: que em posto de dono, na pobreza desta mesa, somente homens de alta valentia e valia de caráter se sentaram..." Riobaldo ficou tomado pela ferocidade e se comparou a uma mula querendo escoicear: "Dobrei, de costas, castanheteei para os cachorros. Assim ele havia de sentir o perigo de meu desprazer; havia de recear, de mim, aquilo – como o outro diz: ... quando o burro dá as ancas!..." (ibidem, p.429). E a sua perda de autodomínio não parou aí; quando percebeu os olhos de Diadorim e viu que o vigiava, ele voltou-se para uma das mocinhas de lá, "a mais vistosa de todas". Era uma neta de seo Ornelas, e é muito interessante a descrição sintética que Riobaldo faz dela, vestida com as cores da bandeira do estado de São Paulo: "A mocinha essa de saia preta e blusinha branca, um lenço vermelho na cabeça – que para mim é a forma mais assentante de uma mulher se trajar". Por coincidência ou não, Ivete Vargas, a sobrinha-neta de Getúlio que mais se sobressaiu na política, fincou sua base justamente nesse estado, onde foi uma das lideranças mais destacadas do PTB, partido pelo qual foi deputada por longos anos. Embora não sejam vitais para a compreensão do romance, essas identificações não deixam de surpreender quanto a como o autor se serviu da matéria prosaica para suas altas elaborações. Ou, de modo mais elucidativo, como suas representações só se revelam em toda complexidade de significações quando, pelas informações externas, conseguimos desvendar que os materiais que lhes dão corpo e sustentação não são arbitrários e caprichosos.

Os mesmos freios civilizatórios que Riobaldo tende a perder com seo Ornelas também se perdem diante da neta, o que deixa o velho fazendeiro apreensivo, na suspeita de estar ocorrendo ali uma atração perigosa (como sempre acontece para o pensamento conservador das elites quando vê o povo se assenhorar do poder). Nesse momento, a violência de fato eclode na cabeça do herói: ele se vê matando o velho com um tiro entre os olhos; Diadorim, dominado por seus comparsas; e ele se apossando da mocinha, que esperneia, "eu agarrava nos braços". No entanto, ele se contém, como se conteve também quando cobiçou a mulher do Hermógenes ao aprisioná-la, embora por outras razões: "Tive um receio de vir a gostar dela como fêmea. Meio receei ter um escrúpulo de pena; certo não temi abrir razão de praga" (ibidem, p.486), como a praga que a última moça estuprada por ele lhe rogou. O que o contém agora não é o temor de praga, mas, ao contrário, uma grande iluminação. Ele diz, "uma razão maior – que é o sutil estatuto do homem valente", quando percebe que sua força pode servir tanto para ameaçar quanto para proteger, "eu gostava de dar a ela muito forte proteção". O que ocorre para o herói é uma espécie de reconhecimento de que se precisa de mais valentia para conter a violência que para exercê-la. Foi este último sentimento que imperou nele, o gozo do uso da força para proteger os mais fracos e impedir a violência. É interessante acompanhar sua decisão e o modo fortemente expressivo como a descreve, como uma vontade que o faz superar-se e tornar-se quase um *outro*:

> *Mas eu não quis! Ah, há-de-o, quanto e qual não quis, digo ao senhor*: E Deus mesmo baixa a cabeça que sim: ah, era um homem danado diverso, era, eu – aquele jagunço Riobaldo... Donde o que eu quis foi oferecer garantia a ela, por sempre. Ao que debati, no ar, os altos da cabeça. Segurei meus cornos. Assim retido, sosseguei – e melhor. Como que, depois do fogo de ferver, no azeite em corpo de meu sangue todo, agora sochupei aquele vapor fresco, fortíssimo, de *vantagens de bondades*. (ibidem, p.430-1, grifos meus)

Essa decisão e a forma nova de usar o poder colocam o herói no lugar *do outro*, de alguém capaz de apadrinhar, ele que até então só fora apadrinhado. Aqueles que conhecem a vida social brasileira sabem como essa mudança, da dependência de padrinho para a própria existência ao poder de apadrinhar, equivale à passagem de uma extremidade da sociedade à outra.[9] Isso o faz exultar e declarar, como alguém capaz de estender a ordem familiar e civilizatória pelo sertão e de ser seu fiador:

> – "Menina, tu há de ter noivo correto, bem apessoado e trabalhador, quando for hora, conforme tu merece e eu rendo praça, que votos faço... Não vou estar por aqui, no dia, para festejar. Mas, em todo tempo, vocês,

---

[9] É interessante notar que essa dinâmica social, tal como representada nessa cena, apenas possibilitava a inversão das posições, de modo que um viesse a ocupar o lugar do outro, mas não modificava o todo social a ponto de permitir certo nivelamento e, com isso, a abolição da instituição do apadrinhamento.

carecendo, podem mandar chamar minha proteção, que está prometida – igual e fosse padrinho legítimo em bodas!" (ibidem, p.430-1)

Não é à toa que, depois do alívio e regozijo geral com a atitude de Riobaldo, numa conversa de varanda com o seo Ornelas – "homem dos sertões transatos", sertões que se viam também suprimidos por sua sensatez, entre assuntos de jagunçagem e antigas chefias – o fazendeiro lhe conta um caso que presenciara na Januária, com o delegado Dr. Hilário, "rapaz instruído social, de muita civilidade". O "causo" é bastante comentado pela crítica; foi uma brincadeira feita pelo Dr. Hilário, quando, numa roda de conversa, chegou um capiau carregando a trouxa na ponta de um pau e perguntou pelo delegado, e este lhe disse que era um outro moço, que estava ali ao lado, um tal de Aduarte Antoniano. Foi o que bastou para que o capiau desvencilhasse o pau da trouxa e com ele quebrasse a cabeça do Aduarte. O Dr. Hilário, moço apreciador de exemplos, disse a seo Ornelas, comentando o fato, "– Pouco se vive, e muito se vê...", e este lhe perguntou qual era o mote. A resposta do delegado vem em forma de um dito moral que explicita justamente as posições diferentes nas quais o fazendeiro e o herói se encontram, além de explicar por que o delegado podia ser considerado instruído, quer dizer, não se deixar nunca passar pelo que não era, algo como o que estava fazendo Riobaldo: "– *Um outro pode ser a gente; mas a gente não pode ser um outro, nem convém...* – o dr. Hilário completou. Acho que esta foi uma das passagens mais instrutivas e divertidas que em até hoje eu presenciei...'" (ibidem, p.433).

Aqui termina o *flashback*, e retornamos à segunda chegada de Riobaldo à Barbaranha, só que não mais como chefe de grande bando e em posição de força. Ele agora chega debilitado, saído daquela grande febre. É seo Ornelas que o socorre, com suas mulheres e sua cordialidade, e oferece toda proteção, "fui príncipe naquela casa". E é então que ocorrem os dois fatos mais decisivos do destino do herói, que definem seu futuro e o integram numa ordem pacífica e civil, sob o patrocínio de seo Ornelas, como compensação ao apadrinhamento e proteção que o herói prometera antes à neta. O primeiro acontecimento foi a chegada à Barbaranha, onde o herói repousava, de Otacília com a mãe, parentes e comitiva. Ao recebê-la, Riobaldo não lhe esconde o passado, fala do amor perdido e da necessidade de um tempo de luto. Otacília, cordata, compreende e aceita; porém fica prometido o enlace com todas as festas e rituais das bodas legais, o que ocorre "quando deu o verde nos campos", numa primavera de regeneração. O segundo acontecimento foi a chegada, à mesma Barbaranha, do seo Habão, reconciliado agora com seo Ornelas, como o homem do capital comercial repactuado com o fazendeiro, sesmeiro de linhagem e tradição (como havia ocorrido, após a Revolução de 1930, nos governos de Getúlio Vargas, a aliança entre o capital agrário exportador e o capital urbano industrial). Seo Habão vem comunicar a Riobaldo a morte do padrinho, Selorico Mendes, e a herança com que este o abençoara e honrara: "as duas maiores fazendas ele tinha deixado para mim, em cédula de testamento" (ibidem, p.567-8). Depois da promessa de integração familiar, Riobaldo recebia agora a de integração proprietária, como fazendeiro e homem de posses, o que concretizaria em definitivo sua mudança de condição e de classe. Era o final da metamorfose da lagarta Tatarana em fazendeiro domesticado, "quase barranqueiro", sob o patrocínio de seo Ornelas/Getúlio Vargas. Mas, como o casamento, o herói também adia a posse das fazendas para depois do luto e do reconhecimento de seu passado, o que irá fazer no lugar selvagem da deusa selvagem, Os-Porcos, onde irá inquirir sobre quem foi a sua Ártemis/Diadorim.

Como conclusão provisória – se estou no caminho certo e não vi apenas fantasmas no *Grande sertão...* –, creio que a distinção feita pelo autor no valor dos dois eventos e das duas personagens históricas – do que uma continha de regressivo e passadismo e a outra de modernizante e promessa de futuro – fortalece a camada histórico-alegórica do romance, e ele requer uma leitura um tanto diversa das que se registraram até agora.

*

Em 24 de agosto de 1954, Getúlio Vargas, presidente democraticamente eleito do Brasil, suicidou-se. O impacto não estava no ineditismo da ocorrência na vida política do país, mas em seu aspecto trágico, inserido em uma esfera que sempre fora terreno da comédia, na qual a mudança se figurava mais com a graça humorística que com o terror jacobino. Quem leu *Esaú e Jacó*, de Machado de Assis, viu a melhor representação crítica disso. Na esfera em que tudo sempre acabava em acomodação, conciliação e soluções de compromissos, o drama só poderia ser entendido no plano de um mito do eterno retorno ou da repetição, e não no âmbito da história e da mudança. Agora não; um homem sacrificava a própria vida, como último recurso, e conferia ao gesto uma indiscutível dimensão política ao afirmar em carta as próprias convicções. Sacrifício tão incisivo do pessoal ao público era algo inédito, que destoava de nossa tradição. O significado do ato pode ser bem percebido na palinódia de um de seus algozes mais "civilizados" e "liberais" da UDN, Afonso Arinos de Mello Franco, sincero o bastante para reconhecer a ânsia parricida e cruel que movia nossas elites:

> Foi um drama. A crise virou drama pessoal e o drama pessoal transformou-se em drama nacional. Para mim aquilo também foi um trauma, porque de repente eu senti a participação que nós tínhamos tido naquele episódio todo. Quando eu soube da morte dele, tive um sentimento de filho e pensei no meu pai. Eu me lembrei dos filhos dele, era só essa idéia que eu tinha. Ele ficou acuado como um cão dentro daquele palácio, os lobos atacando, atacando, e ele fugindo, fugindo, até acabar fechado dentro de um quarto e se matar, e não ter ninguém para atender. Isso me desgostou, me deu um enjôo, não sei, é muito difícil... (Lima, 1986, p.267)

Apesar do remorso, os mesmos guardiães da moral da cidade continuaram apelando para as Fúrias contra outros, e outros, e outros presidentes eleitos. Nesse mesmo ano, em entrevista à revista *Visão*, de 23 de julho, portanto um mês antes da tragédia, João Guimarães Rosa anunciou seus dois livros: *Corpo de baile* e *Veredas mortas* (o primeiro título de o *Grande sertão...*, publicado só dois anos depois, tempo suficiente para alterações desse porte). Talvez um fato nada tenha a ver com o outro, mas, para quem não secciona e isola o autor de seu tempo e dos eventos vividos, o lugar que seo Ornelas, o fazendeiro das *Veredas Altas*, ocupa no romance, sugere a possibilidade de certo reconhecimento e certa homenagem, sem deixar de lançar a suspeita de eles também terem contribuído para a mudança do título do romance.

Referências bibliográficas

ARINOS, A. *Os jagunços*. 3.ed. Rio de Janeiro: Philobiblion/Pró-memória/INL, 1985.
ASSIS, M. de. *Obra completa*. Rio de Janeiro: José Aguilar, 1973. v.III.
CALÁBRIA, M. *Memórias*: de Corumbá a Berlim. Rio de Janeiro/São Paulo: Record, 2003.
CAMARGO, A., ARAÚJO, J. H. P. de, SIMONSEN, M. H. *Oswaldo Aranha*: a estrela da revolução. São Paulo: Mandarim, 1996.
CUNHA, E. *Os sertões*. Edição crítica de Walnice Nogueira Galvão. São Paulo: Brasiliense, 1985.
FONTOURA, J. N. da. *Memórias*. Rio de Janeiro/Porto Alegre/São Paulo: Globo, 1963. v.2 (*A Aliança Liberal e a Revolução de 30*).
GRAHAM, R. B. C. *Um místico brasileiro*. Trad. Gênese Andrade e Marcela A. C. Silvestre. São Paulo: Sá/UNESP, 2002.
LIMA, V. da R. *Getúlio*: uma história oral. Rio de Janeiro: Record, 1986.
RONCARI, L. *O Brasil de Rosa*: o amor e o poder. São Paulo: Editora UNESP, 2004.
ROSA, J. G. *Grande sertão: veredas*. Rio de Janeiro: José Olympio, 1963.
ROSA, V. G. *Relembramentos*: João Guimarães Rosa, meu pai. Rio de Janeiro: Nova Fronteira, 1983.
VARGAS, G. *Diário*. Edição de Leda Soares. São Paulo/Rio de Janeiro: Siciliano/FGV, 1995. v.I.
VIANNA, O. *Populações meridionais do Brasil*. Rio de Janeiro: José Olympio, 1952. v.2 (póstumo).

Machado de Assis, Oswald de Andrade, Guimarães Rosa e Marques Rebelo
Variações em torno do mesmo tema[1]

Foi surpreendente também para mim descobrir que esses autores, apesar das grandes diferenças que os distinguem, têm muito mais em comum do que parece à primeira vista. E o ponto de união é dado pelo elemento externo, a vida social brasileira, que, de diferentes modos, é mimetizada em suas obras, o que também as torna mais realistas do que se tem suposto. Procurarei mostrar aqui como, em alguns momentos e sob determinados aspectos, eles executam apenas variações em torno do mesmo tema. Por *tema* quero entender o elemento estruturante da ordem familiar: o amor e as formas descompensadas das relações amorosas para o homem e para a mulher. Ele se impõe, apesar das variações e dos desempenhos estilísticos de cada autor. Os quatro, por mais que experimentem, não conseguem fugir do peso de ferro do seu objeto: a vida amorosa em uma sociedade de extração escravista e colo-

---

[1] Este trabalho foi apresentado no VII Congresso Internacional da BRASA (Brazilian Studies Association), na PUC-Rio de Janeiro, em 11 de junho de 2004 e publicado na revista *Scripta*, v.8, n.15, PUC-Minas Gerais, Belo Horionte, 2° sem. 2004.

nial. Selecionei para este trabalho as obras desses autores que estão entre as mais importantes da nossa literatura: *Grande sertão: veredas*, de Guimarães Rosa; o conto "Singular ocorrência", de Machado de Assis; *Memórias sentimentais de João Miramar*, de Oswald de Andrade; e *O espelho partido*, de Marques Rebelo. O que diferencia as duas primeiras das últimas é o fato de Machado e Guimarães terem se colocado a uma distância máxima dos protagonistas e dos narradores de suas obras, no caso, o Andrade (muito igual ao amigo íntimo que narra a história) e Riobaldo, que está no lado oposto de seu interlocutor, um senhor muito próximo do autor. O distanciamento permitiu aos autores maior isenção e abriu espaço para visão e apreciação crítica do narrado. Por outro lado, os livros escolhidos de Oswald de Andrade e Marques Rebelo são quase autobiográficos – o comportamento e os fatos da vida dos heróis são muito próximos dos da vida dos autores –, de modo que não se vislumbra, por parte dos autores, uma apreciação crítica dos heróis (o que equivaleria a uma visão crítica de si); ao contrário, eles parecem se sentir muito confortáveis com a identificação e com a transformação de suas memórias em matéria literária, o que, a meu ver, significou perda de visão e, com isso, de valor literário. Oswald de Andrade ainda teve tempo de se dar conta disso, de se reavaliar e mudar. Isso fica claro na frase lapidar que praticamente fecha o prefácio ao *Serafim Ponte Grande*, livro que, publicado em 1933, daria continuidade e formaria um par com as *Memórias sentimentais de João Miramar*: "Epitáfio do que fui".

O herói do *Grande sertão: veredas*, Riobaldo, vive uma realidade amorosa que soaria muito estranha no romance moderno europeu ou americano, a de seu amor declarado por três mulheres ao mesmo tempo: Nhorinhá, Diadorim e Otacília, além das muitas outras que encontrava pelo caminho. No entanto, o autor naturaliza de tal modo o fato que ninguém estranha, ou melhor, estranhou, nem mesmo a crítica. Esta, ao contrário, procurou ver nesses três amores um percurso ascensional do herói, que ia do amor baixo, de Nhorinhá, ao elevado, de Otacília, transitando no sertão pelo amor ambíguo e humano de Diadorim. Para a crítica, o herói reproduzia nesse percurso o caminho do amor platônico, tal como exposto por Diotima, no *Banquete*, de Platão, que não excluía nenhuma etapa da busca amorosa, ao contrário, integrava-as e tornava todas necessárias para se chegar ao *verdadeiro amor*. Tais identificações da crítica – e não sem razão, pois Guimarães Rosa dissemina pelo texto muitos sinais que conduzem a elas – desviaram sua visão da realidade empírica e histórica e a dirigiram para as fontes clássicas platônicas e neoplatônicas, antigas, medievais, renascentistas e barrocas. De fato, essas fontes compõem uma camada importante do texto de Guimarães, que precisa ser descrita e corretamente identificada, mas não é suficiente para a compreensão da complexidade e integralidade da obra, se é isso o que pretendemos.

Um aspecto a ser observado – e que não se trata de detalhe, mas de um desvio importante do caminho platônico – é o fato de o herói amar as três mulheres *ao mesmo tempo*. Ele não passa por uma para chegar à outra e, assim, superar as diversas etapas da via amorosa. Ele conhece cada mulher separadamente, sem deixar de amar a anterior depois de conhecer a seguinte: Riobaldo ama as três mulheres à medida que as conhece, até chegar a amar todas e a carregá-las em seu íntimo. O que há de mais relevante e característico na situação é o herói *amar diferentemente a cada mulher*, que representam aspectos distintos do amor, e ele, em vez de sofrer a compartimentação e tentar superá-la, apenas a reafirma. Dificilmente ocorre de o tipo de sentimento vivido em relação a uma das mulheres transferir-se a outra; ele não deixa transparecer, por exemplo, o desejo sexual por Otacília, a não ser uma leve sensualidade quando a imagina se preparando à noite para recebê-lo, ou a aspiração de se casar com Nhorinhá, a não ser num breve momento de saudade. De Diadorim, ele sente a falta e quer a presença, tensa e inquietante; mas a atração, vivida como amigo, não pode se encaminhar para a realização da sexualidade, como com Nhorinhá, e muito menos para um futuro estabilizado e familiar, como o que aspira com Otacília. O problema, portanto, não é o da escolha entre uma e outra, pois cada uma só pode realizar um dos aspectos do amor, nenhuma demonstra poder suprir a todos. O que está no centro dessa representação são as dificuldades, os dilaceramentos e as deformações do sujeito que esse modo de realizar o absoluto amoroso provoca no herói. Parece-me que estamos mais no terreno dos costumes que no da metafísica, de busca por parte do herói da transcendência e superação, ainda que essa angústia também esteja presente no romance. O herói é, ao mesmo tempo, "um brasileiro" e um jagunço inconformado, que procura se ultrapassar. Aqui não irei me preocupar com as singularidades do herói, do que já tratei noutro lugar (Roncari, 2004), mas com sua generalidade: como ele é mais comum na literatura brasileira do que parece e encarna as mesmas práticas amorosas do patriarcalismo brasileiro.

Quem percebeu muito bem e procurou sintetizar como o sentimento amoroso torna-se segmentado em uma sociedade de extração colonial e escravista como a brasileira foi Roger Bastide, no ensaio "Psicanálise do cafuné", apoiado nas leituras de *Casa-grande & Senzala* e *Sobrados e mucambos*, de Gilberto Freyre. Interessado em explicar o hábito do cafuné, Bastide diz:

> É para o nordeste dos engenhos de cana-de-açúcar que nos devemos dirigir. O que o caracteriza é que o senhor de engenho separava sua vida marital de sua vida amorosa. A mulher branca, que ele desposava ainda jovem, ao sair do convento, na época dos primeiros sonhos romanescos e do despertar dos sentidos, não era considerada por ele senão como dona da casa, dirigente dos escravos e sua enfermeira se fosse preciso, e, sobretudo, como procriadora. Sua vida amorosa ele reservava para as negrinhas e as mulatas da senzala. (Bastide, 1959, p.315)

Como seu olhar se voltava para a realização da vida afetiva da mulher, o sociólogo francês fala de como ela compensava a carência. Por um lado, masculinizava-se, envolvendo-se em tarefas tipicamente masculinas, e, por outro, abria-se para uma relação de forte tom lesbiano, como a do cafuné, que só não chegava às últimas conseqüências em virtude das censuras externas e internas:

> Assim sendo, as reservas acumuladas de carinho da jovem branca careciam de um reservatório onde transbordar. ... Casada muitas vezes aos doze, treze anos, vivendo "sob a dura tirania dos pais, depois substituída pela tirania dos maridos", "senhores maridos de quarenta e cinqüenta, de sessenta e setenta", "a quem se dirigiam sempre com medo, tratando-os de Senhor", e sentindo pairar à sua volta o ar lúbrico das negrinhas semi-

nuas acariciadas pelo marido, não se revoltaria ela e não iria procurar em outra parte consolo para seus sonhos ultrajados? (ibidem)[2]

Porém, se nos voltarmos para os homens, veremos que, entre as duas especializações do amor, a sexual com as escravas ou amantes, e a funcional-reprodutiva com a mulher oficial, instaurava-se um vazio, justamente no que seria o espaço da *intimidade*: com quem estabelecer a interlocução sobre as questões relevantes que ultrapassavam as da esfera familiar, fossem pessoais, econômicas, políticas ou intelectuais, que nem uma nem outra das mulheres estava preparada para compartilhar? A discussão dessas questões e a confissão dos problemas mais íntimos eram feitas na roda dos amigos ou com o amigo íntimo, dependendo do caráter mais ou menos secreto do assunto. Era aqui que crescia o amor mais misógino que homossexual (pois as duas mulheres de sua vida já cumpriam as funções da sexualidade): a atração e o amor do amigo, este sempre disposto a ouvir e a compartilhar as agruras do outro. Essa particularidade das relações tornava o amor pela mulher mais o cumprimento de uma necessidade dos instintos e das exigências sociais que de fato o prazer de estar junto.[3] A boa hora mesmo era a da mesa do bar ou restaurante, com o amigo íntimo, para as confissões, e a da roda de amigos, para as fanfarronices e cafajestagens. Dessa "perturbação" também a literatura brasileira está impregnada, como veremos adiante, com alguns exemplos que poderiam ser multiplicados.

Os paradigmas amorosos vividos por Riobaldo não são tão distintos dos modelos dominantes na sociedade patriarcal brasileira e exercidos amplamente desde os tempos coloniais: Nhorinhá é a mulher da vida sexual, como eram as índias, as mucamas das senzalas, as prosti-

---

[2] Essa "perturbação", nas palavras de Gilberto Freyre, foi muito bem representada no poema de Jorge de Lima, "Madorna de Iaiá", do livro *Novos poemas*.

[3] Para apreciarmos como esse costume sobrevive às mudanças e se perpetua, Drummond tem uns versos impecáveis, no poema "Tristeza do Império", do livro *Sentimento do mundo*. Neles, o poeta fala como o seu presente realizava os sonhos dos antigos conselheiros do Império: "sonhavam a futura libertação dos instintos / e ninhos de amor a serem instalados nos arranha-céus de Copacabana, com rádio e telefone automático".

tutas ou as pobres bonitas sustentadas como amantes; Otacília é a mulher da prole oficial e das alianças familiares, condenada a se transformar um dia na mulher "resignada" ou na "santa", como várias personagens femininas da literatura brasileira, muitas delas na obra de Machado de Assis;[4] e Diadorim cumpre o papel do amor de quartel, do amor de amigo, transgressivo, nascido da atração pela superioridade máscula, social ou intelectual, com traços misóginos e homossexuais, e cultivado pelo convívio. Esses são os paradigmas do patriarcalismo brasileiro, em relação aos quais os do *Grande sertão...* não têm muito de original; sua singularidade está muito mais no processo de estilização e sublimação da realidade, aspecto que também estudei no livro já referido. Neste trabalho, procurarei mostrar como esses paradigmas são recorrentes em nossa literatura. Para ilustrar, indicarei como eles se repetem em outros três autores absolutamente distintos, que, à primeira vista, nada têm em comum, mas que, dessa perspectiva, não executam mais que variações em torno do tema. E o tema é dado pelos costumes, pela vida empírica e histórica mimetizada nos textos.

Andrade, o protagonista do conto de Machado de Assis, "Singular ocorrência", tem, assim como Riobaldo, a vida afetivo-amorosa tripartida: é casado com uma mulher bonita, "afetuosa, meiga e *resignada*" – nas palavras do amigo-narrador –, com quem tem uma filha; mantém numa casinha Marocas, que tirou da prostituição para ser sua amante, e cujo dote maior é revelado pelo comentário de um observador: "a julgar *pelo corpo*: é moça de truz"; e tem também o amigo íntimo – o que agora relata os fatos –, com quem freqüenta os restaurantes, conversa, troca confidências e comparte as agruras (Assis, 1974, p.390, grifos meus). A mesma tripartição ocorre com João Miramar, do romance de Oswald de Andrade: ele é casado com a rica prima fazendeira, não por acaso chamada Célia *Cornélia* da Cunha, com quem tem uma filha, Celinha; possui também uma amante sexual, *Rolah*, uma atriz, cujo grande dote é descrito no episódio de título "Promessa pelada": "E branca e

---

4 Ver a respeito do assunto os ensaios sobre Machado de Assis constantes deste volume: "Machado de Assis: o aprendizado do escritor e o esclarecimento de Mariana" e "Ficção e história: o espelho transparente de Machado de Assis".

nua dos pequenos seios em relevo às coxas cerradas sobre a floração fulva do sexo, permaneceu numa postura inocente de oferenda"; sua interlocução, porém, só acontecia na roda boêmia, depois das dez da noite, quando deixava a casa da amante e "Encontrava infalháveis a uma mesa promíscua do Pinoni num açúcar de óperas Machado Penumbra e o Dr. Pilatos. E maledizíamos com musical wisky e soda"; e a intimidade e troca de confidências se dava com o fino poeta chamado, também não por acaso, *Fíleas*, o que ama, o amigo íntimo: "... ele era o íntimo e falava-me da imortalidade da poesia e da mortalidade dos poetas inclusive ele mesmo. Tinha perdido no bicho e andava adoentado com abusões e terrores *mas escutava-me de orelha compassiva* achando que [se] todos os homens e todas as mulheres tivessem aquele corpo branco de Rolah seria a Grécia" (Andrade, 1978, p.56 e 58). E não era diferente a tripartição vivida pelo protagonista-autor no romance-diário de Marques Rebelo, *O espelho partido*, publicado entre 1959 e 1968. O interessante é que este é um romance urbano moderno, que fala da vida intelectual e literária da grande cidade cosmopolita, o Rio de Janeiro dos anos 30 e 40 do século XX. Eduardo, o nome do protagonista que mascara o próprio autor, é casado com Lobélia, com quem tem um casal de filhos e vive o inferno conjugal (ver, por exemplo, o diálogo do dia 17 de dezembro de 1936, no primeiro volume, *O trapicheiro*), o que justificaria ao herói procurar afetos com as duas amantes: uma rica, Catarina, e uma funcionária pública, Luísa. Como a mulher oficial não se "resignava" e infernizava sua vida, Eduardo se separa e vai viver com Luísa, com quem compra um apartamento. Ela será a sua "santa", a mulher de verdade, resignada, pois ele não se acomoda, mas Luísa em nenhum momento reclama da situação. Desse modo, ele logo arranja uma outra amante, Júlia, pobre, burra e inculta, mas gostosa, e ele não tem nenhum prurido em assim apresentá-la:

> Se Maria Berlini [um outro "caso" de Eduardo], a provinciana, sempre foi a ignorância a caminho da cultura, com todos os conflitos e malogros que gera tal trajetória, Júlia, a suburbana, é a vibrante incultura a caminho de mais incultura, com todas as arrogâncias que surtem da empreitada, estrumadas por um temperamento de ventoinha. E isso é magicação desta hora da noite, noite escura, sem estrelas, longe dela. Diante

da sua nudez de vinte anos, com a marca redondinha de um furúnculo na espádua, muita coragem analítica pode se subverter, que a carne delirante se superpõe aos pensamentos, soterra crítica e lógica. (Rebelo, 1968, p.371; ver também, entre outros, os comentários que faz dela no dia 8 de dezembro de 1944)

O mais permanente na vida de Eduardo é o grupo de amigos: Francisco Amaro, Gasparini, Garcia, Adonias Ferraz e outros. Com eles, o protagonista convive, comemora, confessa, e todos compartem mutuamente as agruras pessoais. A roda de amigos pouco muda ao longo dos três volumes. Vistos desse prisma, os heróis de todos esses livros são profundamente "brasileiros", até a raiz dos cabelos. A pergunta que fica é: como poderia o autor de romance, dêem meio a tais costumes, tratar do amor elevado? Como o escritor brasileiro poderia desenvolver esse tema, tão caro à literatura européia do século XIX, sem cair na comédia ou derivar para a sátira dos costumes?

As relações colaterais eram um fato tão estrutural na vida familiar brasileira, particularmente na das elites, que, em 1912, a comissão encarregada de elaborar nosso primeiro Código Civil fez de tudo para derrubar uma emenda do Senado que suprimia o artigo que vedava o reconhecimento dos filhos incestuosos e adulterinos. Até um liberal como Afrânio de Melo Franco colocou-se contra a emenda que defendia o reconhecimento dos filhos naturais, pois a considerava atentatória "aos fundamentos da estabilidade da família, que não pode existir sem a tranquilidade moral indispensável pairando constantemente na consciência dos cônjuges". Como justificativa, Melo Franco dizia que os vínculos familiares não se assentavam exclusivamente nos laços de sangue, mas eram "regulados pelas normas da legislação de cada povo" – modo bem liberal de chamar os costumes patriarcais de leis. E assim foi redigido o Artigo 358 do nosso primeiro Código Civil: "Os filhos incestuosos e os adulterinos não podem ser reconhecidos" (Franco, 1976, p.605-6 e 835). Para estabilidade e tranquilidade dos senhores da casa-grande.

Referências bibliográficas

ANDRADE, O. de. *Memórias sentimentais de João Miramar / Serafim Ponte Grande*. Rio de Janeiro: Civilização Brasileira, 1978.
ASSIS, M. de. Singular ocorrência. *Obra completa*. Rio de Janeiro: José Aguilar, 1974. v.II.
BASTIDE, R. *Psicanálise do cafuné*. Sociologia do folclore brasileiro. São Paulo: Anhambi, 1959.
FRANCO, A. A. de M. *Um estadista da República*. Rio de Janeiro: Nova Aguilar, 1976.
REBELO, M. *A guerra está em nós*. São Paulo: Martins, 1968.
RONCARI, L. *O Brasil de Rosa*: o amor e o poder. São Paulo: Editora UNESP, 2004.

A tríade do amor perfeito
no *Grande sertão...*[1]

Este trabalho é uma tentativa de síntese, com algumas conexões e alguns desenvolvimentos conclusivos, do capítulo em que tratei do amor no *Grande sertão: veredas*, em meu livro *O Brasil de Rosa...* (Roncari, 2004). Ali usei como epígrafe um pequeno trecho do canto XXIX, do "Purgatório", da *Divina comédia*, de Dante Alighieri. Nele, o poeta descreve três damas que dançam ao lado da roda direita do carro puxado pelo Grifo, vestidas cada uma de uma cor: vermelho, verde e branco, em alegoria às três virtudes teologais, Caridade, Esperança e Fé, respectivamente. O trecho é este:

> Bailando, à destra roda, sobre a via,
> vinham três damas: uma que, encarnada,
> na luz flamante mal se percebia;

---

[1] Trabalho apresentado no III Seminário Internacional Guimarães Rosa, em Belo Horizonte, na PUC-Minas Gerais, em 27 de agosto de 2004, e publicado na revista *Scripta*, v.9, n.17, PUC-Minas Gerais, Belo Horizonte, 2° sem. 2005.

> e outra, de um verde vívido trajada,
> que lembrava a esmeralda fulgurando;
> nívea a de trás, qual súbita nevada.
>
> A branca parecia, em seu comando,
> alternar co'a vermelha: e ao canto desta
> os passos iam por ali ritmando. (Alighieri, 1976, p.537)²

E tomei também um outro trecho do canto seguinte, o XXX, do "Purgatório", no qual Dante descreve o vestido de Beatriz, que reúne as três cores antes separadas, encobrindo diferentes damas:

> sob alvíssimo véu, a que cingia
> um ramo de oliveira, e verde manto,
> em traje rubro, uma mulher surgia.
>
> Minha alma, há tanto tempo já do encanto
> da presença dulcíssima privada,
> que a fizera imergir em glória e pranto,
>
> antes de a face contemplar velada
> foi, por força de incógnita virtude,
> pelo fervor antigo dominada. (ibidem, p.541-2)³

Com essa dama, Beatriz, que tem em seu vestido as cores das três virtudes e assim alegoriza *o amor perfeito*, Riobaldo jamais se encontrará. Ele terá de se contentar em viver separadamente as três virtudes, seccionadas uma da outra, e com três mulheres diferentes: Nhorinhá, Diadorim e Otacília. Em vez de aspirar ao absoluto inalcançável de uma

---

2 "Tre donne in giro da la destra rota / venian danzando: l'una tutta rossa / ch'a pena fôra dentro al foco nota; / l'altr'era come se le carni e l'ossa / fossero state de smeraldo fatte; / la terza parea neve testé mossa; / e or parean da la bianca tratte, / or da la rossa; e dal canto di questa / l'altre toglien l'andare e tarde e ratte" (Alighieri, 1988, p.690).

3 "sovra candido vel cinta d'uliva / donna m'apparve, sotto verde manto / vestita di color di fiamma viva. / E lo spirito mio, che giá cotanto / tempo era stato ch'a la sua presenza / non era di stupor, tremando, affranto, / sanza de li ochi aver piú conoscenza, / per occulta virtú che da lei mosse, / d'antico amor sentí la gran potenza" (Alighieri, 1988, p.696).

Beatriz elevada, o herói preferirá seguir o roteiro da vivência do amor perfeito no paraíso colonial-patriarcal brasileiro, o éden do Buriti-Grande, onde o colonizador encontrou uma solução bastante prática para preencher suas carências: se não encontrava todas as virtudes reunidas numa só mulher, nada mais prático que vivê-las separadamente com pessoas diferentes, já que, em termos, o problema da realização do absoluto e da totalidade se colocava apenas para os homens.[4] Riobaldo, em vez de se opor aos costumes e procurar uma outra via, como seria próprio dos heróis, ainda que quixotescamente, amou, na travessia do sertão, a três pessoas, duas mulheres e um homem (além de outras namoradas), mas de modo diferente, usufruindo e sofrendo o que cada um lhe proporcionava.

Nhorinhá é a moça que ele encontrou na Aroeirinha, no portal de uma casa, rindo e "vestida de vermelho". No romance, ela representa a virtude da *Caridade*, contextualizada na história. Ela é uma daquelas prostitutas doadoras do amor sexual e sensível, sempre acessível e ao alcance de todos, como as frutas sem dono das beiras de estrada: "Nhorinhá – florzinha amarela do chão, que diz: – *Eu sou bonita!...*" e "Nhorinhá, gosto bom ficado em meus olhos e minha boca" (Rosa, 1963, p.356 e 96). Ela é representada como a Afrodite pandêmica, cujo nome reúne o

---

[4] O patriarcalismo brasileiro reproduzia de um modo próprio a tripartição que os gregos faziam, dividindo entre três mulheres as diferentes funções do amor: "Pelo menos no que se refere às mulheres decentes, a reclusão caseira era obrigatória, e mais ainda para as jovens, que não se viam fora de casa antes do matrimônio. É duvidoso que as mulheres pudessem assistir aos espetáculos públicos no teatro e estavam excluídas da política. As *heteras* jônicas gozavam de maiores liberdades, e Aspásia de Mileto, por exemplo, esposa de Péricles, tinha uma notável cultura, freqüentava reuniões intelectuais e ia dar, contra a frase citada [a de Menandro, de que 'não faz bem o que ensina as letras às mulheres'], muito o que falar. A divisão das mulheres segundo as suas funções na época clássica está bastante claramente expressa no conhecido fragmento do Pseudo-Demóstenes: 'Temos *heteras* para o prazer, concubinas (quer dizer, 'escravas') para o cuidado diário das nossas pessoas; e esposas para dar-nos filhos legítimos e para que sejam as seguras guardiãs dos nossos lares'" (Gual, 1972, p.55-6, tradução minha). Eu faço essa aproximação entre os dois patriarcalismos, porque é ela que permite a Guimarães uma acomodação orgânica muito peculiar, e não apenas retórica, das representações míticas gregas na vida social e política brasileira.

masculino e o feminino, um senhor, *nhor* ou *nhô*, e uma senhora, *nhá*, Nhor e nhá, *Nhorinhá*, simbolizando o feitiço do amor, do qual ninguém está livre, nem homens nem mulheres. Não é por acaso que ela sempre é referida como a filha de Ana Duzuza, a feiticeira, pois ela é a Afrodite filha de mulher, de Zeus e Dione, a vermelha, cor do cio, do "grosso rojo avermelhado" (ibidem, p.33), e não a dourada, a nascida do sêmen de Cronos nas ondas do mar, a celeste. E, como toda boa aprendiz de feiticeira, Nhorinhá sai-se melhor que a mãe, pois sabe se aproveitar do que lhe proporciona o sincretismo brasileiro: associar no seu feitiço os poderes do terreno e do celeste, do diabo e de Deus: "Nhorinhá. Depois ela me deu de presente uma presa de jacaré, para traspassar no chapéu, com talento contra mordida de cobra; e me mostrou para beijar uma estampa de santa, dita meia milagrosa. Muito foi" (ibidem, p.33-4).

Em oposição a Nhorinhá, está Otacília, a *Fé*, capaz de realizar milagres, a quem o herói vê por dois breves momentos, de baixo para cima: ele ao pé da varanda e ela "no enquadro da janela", como a pintura barroca de uma santa: "a Nossa Senhora um dia em sonho ou sombra que aparecesse, podia ser assim" (ibidem, p.151). No entanto, não é só a pureza da santidade que revela a brancura de Otacília. Em vários momentos, ela é vista assim, como a flor do canteiro da beira da alpendrada com a qual Riobaldo a associa, "era uma flor branca", e que ela lhe diz baixinho se chamar "Casa-comigo" (ibidem, p.181). É assim também que Otacília aparece na imaginação do herói, em uma de suas inúmeras projeções, "feito uma gatazinha branca, no cavo dos lençóis lavados e soltos, ela devia de sonhar assim" (ibidem, p.187). O próprio Diadorim, quando imagina Otacília, em tudo a enxerga branca, com um botão de bogari nos cabelos, a flor branca também chamada de "jasmim das arábias", e de branco se casando com Riobaldo: "Estou vendo vocês dois juntos, tão juntos, prendido nos cabelos dela um botão de bogari. Ah, o que as mulheres tanto se vestem: camisa de cassa branca, com muitas rendas... A noiva, com o alvo véu de filó..." (ibidem, p.356).

Os dois breves contatos entre Riobaldo e Otacília despertam nele a crença de que ela vinha para suprir, pelo casamento, todas as carências dele, das mais concretas às mais abstratas: ela lhe traria propriedades, família, filhos, conversão da vida guerreira à vida pacífica, remissão das faltas cometidas na jagunçagem e consideração social. Assim, para ele Otacília representa Ceres/Deméter, a deusa da agricultura e dos cereais cultivados, dos esponsais, da integração familiar e das virtudes da vida doméstica. O culto a ela e o respeito às exigências ritualísticas das bodas permitiriam que a pureza da noiva não fosse manchada pela vivência do amor sensual e terreno:

> Otacília penteando compridos cabelos e perfumando com óleo de sete-amores, para que minhas mãos gostassem deles mais. E Otacília tomando conta da casa, de nossos filhos, que decerto íamos ter. Otacília no quarto, rezando ajoelhada diante de imagem, e já aprontada para a noite, em camisola fina de ló. (ibidem, p.356)

Otacília cumpre aqui todas as funções da mulher oficial, a escolhida para o casamento, que traz para o marido, além das virtudes pessoais, bons dotes patrimoniais e filhos. Ela é, ao longo de todo o romance, altamente idealizada pelo herói como a destinada a ser a santa da casa e a mãe de seus filhos. Quando Riobaldo lhe conta de seu outro amor, ela se mostra compreensiva ou "resignada", como costumava dizer Machado de Assis de suas heroínas, entre outras, a "santa" e "boa Conceição", do conto "Missa do galo", que, na noite de Natal, fica só em casa enquanto o marido, o escrivão Menezes, passa-a na casa da amante.

Nhorinhá e Otacília podem ser claramente definidas como dois opostos complementares. Elas são unilaterais em seus extremos, nada permite confundir uma com a outra, e as funções diferentes que cumprem e as formas de suas participações na vida amorosa do herói estão delimitadas. Riobaldo até pode, em algum momento, almejar casar-se com Nhorinhá e sugerir alguma sensualidade na relação com Otacília, mas são breves passagens, que não quebram a distância entre elas nem deixam que os dois modelos se misturem. Tal univocidade já não acontece com Diadorim, ela é a própria representação do *humano*, da dificuldade de se definir em sua natureza heterogênea, sem a pureza da animal ou da divina, sobre as quais ninguém se engana. O amigo Reinaldo participa das duas naturezas, ora demonstra a selvageria da primeira, a ferocidade que o associa à cobra, à onça, ao veado, e ora mostra estar à altura de certas entidades míticas, inteiramente dedicadas à glória da luta guerreira ou à busca da vingança. A complexidade de Diadorim é dada por aquilo que é do humano: a oscilação entre natureza e cultura, entre natureza animal e divina, e a criação dessa zona de mistura em que todo bem é acompanhado de seu reverso.

Quando Riobaldo se encontra pela primeira vez com Diadorim, ainda menino, o primeiro traço ressaltado pelo interlocutor – e, supostamente, pelo próprio Riobaldo – são os olhos verdes: "Os olhos verdes, semelhantes grandes, o lembrável das compridas pestanas" (ibidem, p.132). Esses olhos verdes serão sempre lembrados e irão persegui-lo por toda a narrativa. Eles serão para Riobaldo uma fonte de enganos, a mulher travestida de jagunço, e a *Esperança* que nunca se realiza, como a que Pandora manteve no vaso, para a agonia dos mortais, quando espalhou pelo mundo os males que trazia dentro dele:

> A Esperança era incontestavelmente um *bem* no mito primitivo, e ela é ainda, num certo sentido, em Hesíodo: o Céu a fez, porque os mortais ignoram o futuro, e para que possam sempre esperar e, com isso, suportar a vida de trabalho e miséria. Mas, em realidade, esse bem é ilusório, uma isca pela qual os homens são pegos na armadilha da vingança divina. (Mazon, 1951, p.72, tradução minha)

A mesma ambigüidade do humano, do verde e da Esperança, Diadorim expressa em suas duas outras representações: de Ártemis e da Lua. Como a deusa dos confins, das florestas e das cristas áridas, das matilhas, como caçadora e protetora dos animais selvagens, segundo Jean-Pierre Vernant e Vidal-Naquet, seu espaço era, mais que o da completa selvageria, o "das zonas limítrofes em que o Outro se manifesta no contato mantido com ele, selvagem e civilizado lado a lado, para se oporem, é certo, mas para se interpenetrarem igualmente" (Vernant e Vidal-Naquet, 1991, p.36). É na forma dessa atração, que o poderia levar de volta à natureza, à selvageria, à perda da diferenciação com o outro, à perda dos limites do aceito socialmente e, sobretudo, à perda de si – do pouco a ultrapassar para ser o outro, o que gostaria de ser, ter a coragem e filiação de Diadorim –, que Riobaldo vive o *amor pelo amigo*, com traços misóginos e homossexuais. Esse amor não é por uma terceira mulher, como seria a da *hetera*, para os gregos, mas por um homem que vem suprir um vazio deixado pelos dois outros amores, que já cumpriam as funções da sexualidade: a do prazer, realizada por Nhorinhá, e a da reprodução e integração social, por Otacília. Portanto, esse vazio não é o da sexualidade nem o das carências sociais, ele é de certa forma gratuito e desinteressado e, estando entre os dois, não pode ser por eles preenchido. Nesse amor, cheio de perigos e ameaças, há de tudo e tudo se mistura, e nele o herói pode se perder. Risco vivido até o limite, quando o herói e Diadorim trocam de posições, um passando para o lugar do outro. E isso só foi possível depois do pacto, na segunda vez que tentaram atravessar o liso do Sussuarão. Riobaldo percebe que um está se transformando no outro, como o Sol se escondendo atrás da Lua e esta atrás daquele: "eu estivesse para trás da lua" e "hóstia de Deus no ouro do sacrário – toda alvíssima!" (Rosa, 1963, p.484). Como sabemos, na porta do sacrário sempre se estampa um Sol radiante.

É como a Lua, irmã do Sol, assim como Ártemis é irmã de Apolo, que Diadorim é representada também no romance, com as duas faces. Uma face clara, capaz de ensinar as delicadezas à Riobaldo, como o faz quando chama sua atenção para as belezas dos pássaros numa croa de areia amarela do rio, especialmente para aquele que está "sempre em casal", o manuelzinho-da-croa:

> Até aquela ocasião, eu nunca tinha ouvido dizer de se parar apreciando, por prazer de enfeite, a vida mera deles pássaros, em seu começar e descomeçar dos vôos e pousação. Aquilo era para se pegar a espingarda e caçar. Mas o Reinaldo gostava: – "É formoso próprio..." – ele me ensinou. ... O que houve, foi um contente meu maior, de escutar aquelas palavras. Achando que eu podia gostar mais dele. Sempre me lembro. De todos, o pássaro mais bonito gentil que existe é mesmo o manuelzinho-da-croa. (Rosa, 1963, p.137)

E outra face escura, oculta, que vem de uma fonte desconhecida, que assusta Riobaldo, como quando ele pega na mão de Diadorim e este chia como uma onça: "Diadorim chiou, por detrás dos dentes. Diadorim queria sangues fora de veias" (ibidem, p.341). O movimento de atração e repulsa vivido entre Riobaldo e Diadorim equivale aos movimentos do Sol e da Lua, astros que se aproximam e se distanciam, sem nunca realizar o impossível do encontro, sob pena de produzirem a indiferenciação e estabelecerem o caos, como acontece nos momentos de eclipse e o dia vira noite. Esse amor do amigo, feito de atrações inexplicáveis e carregado de riscos, sem nunca substituir ou aplacar os impulsos sexuais nem as aspirações integrativas, tende sempre a se aprofundar com novos laços, à medida que envolve vivências de combates lado a lado, confidências, segredos, como o nome "Diadorim", que só era revelado ao amigo, ou o simples gozo de apenas se estar junto. Ele supre o espaço da *intimidade*, que não é encontrado nem com a mulher sexual, como Nhorinhá, "eu *nem tinha começado a conversar* com aquela moça, e a poeira forte que deu no ar ajuntou nós dois, num grosso rojo avermelhado" (grifo meu), nem com a santa sublimada, Otacília:

> Minha Otacília, fina de recanto, em seu realce de mocidade, mimo de alecrim, a firme presença. Fui eu que primeiro encaminhei a ela os olhos. Molhei mão em mel, *regrei minha língua*. Aí, falei dos pássaros, que tratavam de seu voar antes do mormaço, aquele assunto de Deus, Diadorim é que tinha me ensinado. (ibidem, p.180, grifo meu)

Entre uma e outra, fica o amigo, que guarda a promessa de uma e de outra, sem nunca poder realizá-las, o que torna seu encanto incompreensível, como tudo o que é do humano. Por isso a necessidade do discurso, do muito se conversar e contar: "o que fui e vi, no levantar do dia. Auroras". E não é assim que termina a narrativa, em cujo centro está Diadorim e nenhuma outra: "Existe é homem humano. Travessia"? (ibidem, p.571).

Referências bibliográficas

ALIGHIERI, D. *A divina comédia*. Tradução e notas de Cristiano Martins. Belo Horizonte: Itatiaia/USP, 1976.
_____. *La divina commedia*. Firenze: Sansoni Editore, 1988.
GUAL, C. G. *Los orígenes de la novela*. Madrid: Istmo, 1972.
MAZON, P. Notice. *Hésiode: Théogonie, Les travaux e les jours, Le bouclier*. Paris: Les Belles Lettres, 1951.
RONCARI, L. *O Brasil de Rosa*: o amor e o poder. São Paulo: Editora UNESP, 2004.
ROSA, J. G. *Grande sertão: veredas*. 3.ed. Rio de Janeiro: José Olympio, 1963.
VERNANT, J.-P., VIDAL-NAQUET, P. *Mito e tragédia na Grécia antiga*. Trad. Berta Halpem Gurovitz. São Paulo: Brasiliense, 1991. v.II.

O lugar da história na obra de Guimarães Rosa[1]

Os pontos comuns

O ensaio de literatura comparada de Roberto Schwarz *"Grande sertão e Dr. Faustus"*, de 1960, que aproxima os romances de Guimarães Rosa e Thomas Mann, é bastante instrutivo no modo como toca em seus pontos comuns, para, na verdade, ressaltar suas diferenças. A comparação entre os dois autores, que trabalharam tão distintamente o mito de Fausto nas respectivas obras, tem função quase pedagógica: a de mostrar como certos caminhos antigos podem conduzir ao encantamento, o que é sempre uma forma de morte do ouvinte ou leitor, enquanto outros caminhos, mais modernos, podem conduzir ao esclarecimento, fundamental quando se trata daqueles momentos em que o

---

[1] Este trabalho foi apresentado no X Congresso da Fiealc, em Moscou, em junho de 2001, e uma primeira versão foi publicada no livro organizado por Edilene Matos, Neuma Cavalcante, Telê Ancona Lopez e Yedda Dias Lima, *A presença de Castelo*. São Paulo: Humanitas, 2003, p.555-66.

homem liberta forças terríveis contra a própria espécie. Nesse sentido, as diferenças aqui interessam mais que as semelhanças. O ensaio condiz bem com o título do livro em que se encontra, *A sereia e o desconfiado*: o desconfiado é o crítico, que, como Ulisses, perambula pelos mais diferentes textos, mas resiste à tentação de deixar-se levar pelos cantos das sereias. A aproximação entre os dois romances foi possível por ambos recorrerem ao mesmo mito medieval, o drama fáustico da venda da alma e do pacto com o diabo:

> O jagunço Riobaldo e o compositor Adrian Leverkuhen têm, cada qual a seu modo, uma tarefa a cumprir, tarefa que está para além de sua capacidade. Remédio é convocar a energia obscura por meio do pacto diabólico, trocar a alma pela força de levar a cabo a missão proposta. Realizado o que houvesse por realizar (a morte do bandido assassino Hermógenes ou a criação de grande música), os dois heróis se afastam da esfera que os fez grandes: Leverkuhen sofre um ataque de paralisia que o deixa idiota, enquanto Riobaldo, também após fortes doenças e delírios, vira um pacato caipira pensativo. (Schwarz, 1965, p.28-9)

Além do tema, os romances também partilham recursos técnicos próximos. As narrativas são feitas por personagens que haviam participado dos fatos – Riobaldo, o protagonista da própria história, e Serenus Zeitblom, o amigo íntimo que acompanhara toda a trajetória do herói – e agora recuperam o acontecido na memória, embora partindo de preocupações e inquietações muito distintas, e conduzindo-se por formas diferentes: um, retirado das atribuições da vida de jagunço, em momento de relativo repouso e distensão, encena oralmente a narração; o outro escreve na Alemanha, premido pelas circunstâncias, quando os acontecimentos da Segunda Guerra Mundial tornam-se mais intensos (ele inicia o livro em 1943). Segundo o crítico, nem um nem outro procura a glorificação do narrado, o que lhes extrai um dos tônus mais importantes do espírito épico; ambos têm em vista, antes, explorar a exemplaridade dos dois destinos. Para Riobaldo, a própria vida é exemplar, porque lhe permite, ao narrá-la, mostrar as ameaças, os perigos e, principalmente, as ambigüidades, cuja representação maior é Diadorim, a que o homem está sujeito na travessia deste mundo. Para Serenus

Zeitblom, o humanista narrador do *Dr. Faustus*, o exemplar da vida de Adrian, colocada em paralelo com o destino da Alemanha, está no modo como sua problemática, em parte, prefigura criticamente o que viria a ser "a desventura nacional do nazismo".[2] O fato de os dois autores não reproduzirem simplesmente o mito, mas o atualizarem e relativizarem sua vigência, torna possível o cotejo das soluções encontradas:

> Guimarães Rosa e Thomas Mann são homens eruditos, que se propõem utilizar um mito de origem medieval para estrutura de suas narrações. Ora, a incorporação da lenda ao século XX tem exigências, e é claro que nossos dois autores não se limitaram a uma reprodução ingênua. Se dão vigência ao mito com relatá-lo, não deixam de suspendê-lo em aspas, ao fornecer elementos para uma explicação racionalista do que se passa. É essa *existência com ressalvas* que dá o tom de ambigüidade aos dois livros, como deu, é provável, dor de cabeça aos romancistas. Não é fácil falar de mitos sem cair em extremos, isto é: desmascará-los (caso em que podem ser parodiados ou não servem para nada), ou crer neles simplesmente (caso de fascismo ou retrocesso mental). A solução de equilíbrio encontrada, por diversos que sejam os romances em aparência, é semelhante.

---

[2] O modo como os destinos do herói e da nação se articulam e se esclarecem mutuamente foi assim descrito por Georg Lukács: "Thomas Mann utiliza nele [no *Dr. Faustus*], com um refinamento artístico extraordinário, o momento do duplo tempo. Por um lado, desenvolve-se diante de nós a vida de Adrian Leverkühn, da sua juventude no período anterior à primeira guerra mundial até 1941, até sua morte no obscurecimento da atividade psíquica. Por outro lado, o seu amigo de juventude e biógrafo, o professor Serenus Zeitblom, faz-nos sempre sentir, com crescente intensidade, quais as circunstâncias em que está sendo redigida a biografia do amigo e mestre agora morto. O período do fascismo, que Adrian Leverkühn não chegou a viver em estado de lucidez, a segunda guerra mundial imperialista com as vitórias iniciais repentinas do nazismo e os seus espantosos reveses, tudo isto circunscreve neste mundo – poder-se ia dizer: coralmente – a tragédia do protagonista. O romance tem, portanto, duas medidas de tempo (aliás, dois cursos temporais) que influem sempre mutuamente um sobre o outro, em iluminação recíproca. ... O recíproco esclarecimento dos dois cursos temporais, portanto, indica o quanto existe em Adrian Leverkühn de acordo inconsciente com a época, o quanto ele é atingido pelos conteúdos da época, justamente quando, em sua altivez, acredita não manter qualquer contato com o mundo que o cerca. E as relações entre os dois cursos temporais não são iluminadas tanto pela análise e pela descrição de Serenus Zeitblom quanto, antes, pela própria existência de Zeitblom". (Lukács, 1965, p.218-9).

Tentaremos explicar. O relato, nos dois casos, *é feito a posteriori*. Não temos portanto *fatos*, mas *interpretações* dadas por quem tudo sentiu muito de perto. O mito desloca-se da realidade para a sua compreensão. Não tem a necessidade das seqüências físicas, é *apenas* um modo de consciência histórica ou das coisas. (ibidem, p.29)

De que o mito estava presente no *Grande sertão...*, era ponto pacífico, havendo mesmo quem reivindicasse para si a primazia da descoberta, como faz Franklin de Oliveira: "Abrindo a trilha da crítica conteudística, mostrei como o tema faustiano (o pacto com o Diabo) permeava todo o *Grande sertão* – tese que depois foi, para honra minha, endossada por um mestre da estirpe de Antônio Cândido e um crítico da categoria de Roberto Schwarz" (Oliveira, 1983, p.181). Porém, a verdadeira questão estava na especificação *do modo como o mito participava da narrativa*, justamente o que Roberto Schwarz tenta fazer. Como exemplo, ele analisa a forma da presença do diabo nos dois livros. Relembra a evolução do modo de sua representação ao longo da história: de entidade física, em carne e osso, no início, à simples manifestação psicológica e fisiológica, como na visão reducionista do naturalismo, atribuindo-a à histeria ou à epilepsia. Agora, seu aparecimento se devia em boa parte às interpretações dos fatos passados pelos narradores e leitores, derivadas de sugestões e induções disseminadas pelo texto, mesmo quando o narrador pretende negar sua existência, como o faz Riobaldo. Desse modo, o aparecimento do mito nos romances foi assim sistematizado pelo crítico:

> 1. produto da interpretação do leitor; sugerem-se tantos paralelos misteriosos que o leitor acaba estabelecendo ligações por conta própria, previstas ou não pelo autor; o procedimento é legítimo, pois responde à intenção das obras; 2. produto da interpretação do narrador, quando procura "tirar a moral" de seu relato; 3. produto do contato do próprio personagem principal com a realidade; é o *encontro* do demo em primeira mão. (Schwarz, 1965, p.30)

Especificar como o diabo é representado e o que ele representa antecede assim à pergunta sobre a sua existência. Desse modo, o crítico não deve ficar cativo das perguntas do herói, "o diabo existe ou não existe?".[3] Se o diabo não tem presença física concreta nos livros, também não foi reduzido à simples manifestação de fundo psicológico, como projeção e resultado da sífilis de Adrian ou da atração homossexual de Riobaldo (ou edipiana, projeções paternas, como o sugere Dante Moreira Leite nas suas leituras).[4] O diabo é um produto da realidade interpretada e seu modo de vigência é cultural, como uma realização que adquire as características próprias da tradição alemã e sertaneja:

> Resumindo: o mito, nos dois romances, não comporta milagres, em nenhum momento a causalidade é suspensa; o diabólico é produto da interpretação humana; esta não se esgota, contudo, em psicologia individual; transcende o homem isolado, é um produto de cultura. Do ponto de vista dos autores, o mito é usado (nesse *usar* localizamos sua modernidade) *como forma de compreender a relação entre tradição e psicologia individual.* (ibidem, p.31)

---

[3] Como orientação interpretativa, é interessante observar, até para a compreensão do diabo no *Grande sertão...*, a procura de diferenciação que empreende Lukács entre os demônios de Goethe, Dostoievski e Mann: "Tudo isto precisava ser ao menos rapidamente colocado, para que se compreendesse em toda a sua importância o contraste decisivo entre a essência e a função do demônio no *Faust* de Goethe e no *Faustus* de Thomas Mann. Não é, em nenhuma hipótese, um fato extrínseco que em Goethe o Mefistófeles pertença inteiramente à realidade objetiva, enquanto em Mann, como já em Dostoievski, o demoníaco seja apenas uma projeção do mundo interior do herói. Isso deriva daquela situação descrita inicialmente, a saber, do fato de que a tragédia deste Fausto manniano se desenvolva inteiramente no interior do seu estúdio. O velho Faust sai do estúdio para conquistar a realidade inteira: tanto o 'pequeno' quanto o 'grande mundo'. Por isto, o seu destino torna-se *destino da humanidade*, destino universal. As potências com as quais ele combate e que lutam pela posse da sua alma são forças objetivas da realidade objetiva, forças da sociedade humana; também Mefistófeles é um ser da própria natureza. A sua magia negra, o seu poder mágico, como mostrei alhures, é um poder só formalmente fantástico; mas, no que concerne ao conteúdo social, é um poder efetivo da objetiva realidade social, tal como o próprio Faust, tal como as suas ações e exatamente como os homens aos quais elas são dirigidas (homens que se tornam suas vítimas e dos quais ele mesmo se torna vítima)" (Lukács, 1965, p.205).

[4] Ver os estudos de Dante Moreira Leite, "*Grande sertão: veredas*" e "A ficção de Guimarães Rosa" no livro *O amor romântico e outros temas* (Leite, 1979).

Pelas explicações do crítico, devemos entender aqui por *tradição* a constituição de universos culturais e mentais ricos nesse tipo de representação, "episódios e aspectos clássicos da história alemã" e a "vasta casuística mágico-diabólica que enche o livro [*Grande sertão*...]", com os quais as manifestações demoníacas dos romances se familiarizam, um diabo muito alemão e outro bem brasileiro-sertanejo. Porém, fica um resíduo a ser explicado, que transcende os modelos da tradição de cada um dos heróis e fica por conta da espontaneidade individual, "princípio cósmico, de Goethe", "espírito da negação, interior ao homem", que ultrapassa as interpretações de narradores e leitores e os fatos de cultura: "É o núcleo imprevisível da espontaneidade humana, que não podendo ser simplesmente explicado pode ser descrito, levando os autores a narrar, em dois longos romances, a história de sua manifestação". Por *espontaneidade* podemos entender a liberdade e a capacidade do homem de negar a si mesmo, desde origem social e herança familiar até o conjunto das determinações vividas, processo de negação da necessidade e afirmação da liberdade humana, que se transformou num tema de grande interesse para a literatura moderna, em especial para Dostoievski.

As diferenças

Especificados os pontos comuns, devem-se agora procurar as diferenças, pois serão elas que permitirão melhor interpretar os livros. Apesar das variações, o desenvolvimento narrativo de ambos, a "precipitação narrativa", não obedece a uma determinação causal e cronológica, a qual acompanhamos curiosos até o desenlace. Na obra de Thomas Mann, os fatos recuperados na memória pelo biógrafo humanista e anti-hitlerista, Serenus Zeitblom, não adotam uma perspectiva puramente realista, de reconstrução da vida e obra do músico: "o problema central se desloca para a obra, a representação também deve se estender à gênese e à estrutura desta obra", como bem ressalta Lukács.[5] A guerra,

---

5 À pergunta do músico, "por que quase todas as minhas coisas devem se expressar pela paródia?", Lukács recupera a discussão em torno da atitude paródística adota-

como catástrofe final, parece o elemento provocador do esforço biográfico, cuja intenção última seria tentar chegar à origem do mal ou da "doença", que poderia ser conceituada como uma forma específica de relação entre indivíduo-mundo-obra, cujo sintoma se manifestava como a vontade de retirada do mundo e da vida social, a volta para dentro, de si e da Alemanha, "um Bildungsroman pelo avesso", diz Roberto Schwarz. Tendências que contaminam e impregnam todos os fatos narrados: "Em cada ponto particular comparece a problemática da história como todo". Essa relação, variando no tempo e historicizando-se, não escapa do mito, apenas o atualiza, como fatalidade, algo inexorável a determinar um destino trágico. Destino que vive igualmente a Alemanha no tempo do narrador e do escritor: "Em 27 [na edição alemã, 23] de maio de 1943 Serenus Zeitblom, narrador fictício da biografia de Leverkuhen, começa a escrever. Nessa mesma data, sabemos, Thomas Mann inicia a redação de seu romance ...". Se o narrador só começa a

---

da no próprio romance, como um tipo de postura acomodatícia diante do mundo e da música, que, de certa forma, isenta o criador de outros compromissos e responsabilidades além da sua afinação com os sentimentos dominantes na época: "A objetivação de tal atitude, visando canonizá-la como a única *hoje* adequadamente artística, é reforçada e sublinhada como social e artisticamente necessária, na resposta como o mestre de Adrian, um fanático da arte, dá ao seu aluno esta profissão de fé. Ele escreve: 'A arte tinha necessidade de pessoas precisamente como ele... A frieza, a *inteligência rapidamente saturada*, o sentido do mau gosto, a facilidade de enfastiar-se, a tendência ao tédio e à náusea: tudo isso servia precisamente para fazer do seu gênio uma vocação. Por quê? Porque se referia apenas parcialmente à sua personalidade privada e era, ao contrário, por outro lado, de natureza supraindividual, expressão de um sentimento coletivo de exaustão histórica e da completa exploração dos meios artísticos, do tédio decorrente, e da procura de novos caminhos'". Depois, e como continuidade da discussão, Lukács procura precisar no que residia o caráter inovador da biografia e do romance de Thomas Mann: "Até então, as tragédias da vida de artistas eram representadas quase que exclusivamente do ponto de vista da relação e do conflito entre o artista e a vida, entre a arte e a realidade; e era assim mesmo, essencialmente, que procedia o jovem Thomas Mann. Aqui, entretanto, onde o problema central se desloca para a obra, a representação deve se estender também à gênese e à estrutura desta obra e deve conduzir a uma expressão artística e formal[:] a insolúvel e trágica problemática da arte moderna com relação àquelas mesmas obras" (Lukács, 1965, p.199-200).

escrever a biografia após a morte do biografado e, por isso, já tem a conclusão da vida que conta, o autor não conhece ainda o final da guerra, não sabe de todas as conseqüências de seu desenrolar, circunstância que envolve o narrador e constitui-se num paralelo decisivo da biografia que narra. Desse modo, os fatos da guerra não deixam de repercutir no desenvolvimento do romance e, com isso, participam de sua conformação. Saber da fonte da "doença" que atinge Adrian, o pacto diabólico que apenas lhe dá energia para seguir uma determinação incubada desde o nascimento, como herança paterna ou predestinação, "a dádiva barganhada refere-se à energia de fazer a *própria* obra", ajuda-nos a compreender também a "doença" que está levando a Alemanha à catástrofe final, "compreender a relação entre tradição e psicologia individual":

> A preocupação psicanalítica, especialmente em Thomas Mann, faz que o herói traga no bojo, e *escolha*, as desgraças que estão por vir; e como de antemão sabemos delas, toma tudo um cunho inexorável, exemplar, convite para a substituição mítica: Dr. Faustus – Alemanha. (ibidem, p.32)

O desenvolvimento narrativo do *Grande sertão...*, sem obedecer à ordem cronológica nem, aparentemente, a um plano do autor,[6] seguindo apenas a vigência psicológica dos acontecimentos, como eles emergem e se fazem presentes na memória do narrador, deve-se ao fato de ele se orientar pela busca da resposta à pergunta, idéia fixa, se o diabo existe ou não existe:

> Mais que técnica de fazer avançar a trama, este saltitar no tempo (quantas vezes a narração pretérita é trazida ao momento do contador, por uma simples interjeição ou onomatopéia: "eu vinha, e brumbrum...") é o reflexo estrutural da intenção do romance: passado ou presente, em tudo está, atual, o seu problema: o demo vige ou não vige; desde a primeira página do livro. Variam tempo e aventuras, a questão permanece; é como um espartilho afilando a dança dos episódios. (ibidem, p.33)

---

[6] Sobre o assunto, ver o início da Parte 3, "O tribunal do Sertão", em *O Brasil de Rosa: o amor e o poder* (Roncari, 2004, p.261).

O elemento que instaura a dúvida para o narrador é a entrada de Diadorim em sua vida. O encontro dos dois e a atração despertada foram, para Riobaldo, um fato inusitado na vida do sertão, que o conhecimento e a sabedoria do lugar, a tradição, não eram suficientes para explicar. Tudo cabia ou era possível dentro das representações mentais do lugar, menos aquilo, que lhe revelava os seus avessos; e ali ele tinha de ficar, sem deixar nada transparecer, nem mesmo à pessoa responsável pelo fato. Assim atua Diadorim, como o motivo principal de desarranjo do destino que vai ser objeto da narrativa, fonte de inquietação e idéia fixa, "só pensava nele", anjo ou demônio? Anjo da guarda para Cavalcanti Proença, diabo para Roberto Schwarz: "traz a ambigüidade para o sertão", "fonte de desequilíbrio para o herói", "máscara e engano, rosto do diabo", "espetadela do destino que põe Riobaldo fora dos eixos". E é em função de Diadorim, ainda que à sua revelia, que ele faz o pacto:

> o destino toma Riobaldo nas mãos pelo encontro infantil com o menino-moça, que vai lhe abrir as portas do insólito e, posteriormente, assegurar a sua permanência na jagunçagem. Daí nasce também a tarefa que irá exigir o trato com o demo, trato cuja finalidade explícita, morte de Hermógenes, o assassino de Joca Ramiro, é estranha ao pactário. Resulta da luta a morte de Diadorim, e a revelação, pelo corpo nu, de sua feminilidade; prova-se desnecessária toda a aventura, sem que se anulem os efeitos: Riobaldo agora é o chefe respeitado que limpou o sertão. (ibidem, p.34)

A presença incômoda da história

A diferença mais substantiva, entretanto, entre os dois romances, além das variações relativas à composição narrativa e aos respectivos heróis, está no modo de integração ou compreensão do mito na história. Para Thomas Mann, entre o círculo das definições individuais do herói e seu significado universal, existe um outro plano, o da história, como uma camada ou um movimento que contém todas as particularidades e a qual a perspectiva realista ("instrumento de artista" ou ponto de vista) evita abstrair. Talvez tenha sido essa uma preocupação constante de Thomas Mann, e a elaboração possivelmente mais centrada nessa questão e mais bem desenvolvida seja *A montanha mágica*.[7] Os protagonistas, doentes retirados num sanatório isolado no alto dos Alpes, ainda vivem, a seu modo, as contingências da história e não escapam aos conflitos e às tensões do "grande mundo", da vida social que estabelece para os homens a pauta das suas preocupações materiais e espirituais. Como isso é realizado, diferentemente, no *Dr. Faustus* e no *Grande sertão...*, Roberto Schwarz descreve:

> [No *Dr. Faustus* a] minúcia na descrição de famílias, pessoas, casas, cidades, não é, entretanto, concessão. É maneira de dar ao livro uma dimensão precisa na História. Enquanto a relação de Riobaldo com seu meio é genérica, apontando para o universal, no caso de Leverkuhen temos a interposição de uma camada histórica. Em *Grande sertão* faz-se passagem direta do particular à consideração mais geral ...; em *Dr. Faustus* o itinerário para a universalidade passa pela dimensão de uma camada a mais, o destino da Alemanha. (ibidem, p.35)

No *Grande sertão...*, os fatos se passam no tempo próprio do lugar ou do sertão (de tal modo que o espaço aparenta ter importância muito maior que o tempo) e não no da história, ou seja, no plano de um todo mais complexo, do qual o sertão só aparentemente está isolado, e de cujos vínculos temos apenas algumas breves indicações, como a menção à Coluna Prestes. Nesse caso, talvez, a comparação com *A montanha mágica* (e com *Moby Dick*, de Herman Melville) fosse até mais ilustrativa de como as perspectivas são opostas: o isolamento no sanatório permite apreciar com mais clareza e definição a história, pois lá as tensões e os conflitos são filtrados e só se manifestam nos planos mais puramente intelectuais e espirituais. Em Guimarães Rosa, embora se faça presente, a história[8] parece pouco interferir nas ações e nos dilemas dos

---

[7] Sobre a relação entre os dois romances, ver a tese de doutoramento de Paulo Astor Soethe, que examina com muito cuidado os pontos de contato (Soethe, 1999).

[8] Por *história* devemos entender aqui a constituição de determinadas realidades e mediações, como as instituições jurídicas e políticas desenvolvidas com a formação das nações e dos Estados modernos, que possibilitam uma vida social distinta daquela das sociedades comunitárias e arcaicas. Desse modo, aparentemente, o homem de Guimarães está mergulhado no tempo, mas não na complexidade da vida

sujeitos, sendo os destinos apenas perturbados pelos fatos do tempo histórico, como uma das condições da "travessia". Aparentemente, há em Guimarães uma tentativa de abstração (que na verdade é uma sublimação) do histórico, assim como uma resistência a integrar o concreto-local a uma outra realidade mais complexa e historicamente constituída, que acaba apreciada como um artifício da precariedade humana.

Essa perspectiva é encontrada em um episódio do conto "Minha gente", de *Sagarana*, embora ele só a confirme aparentemente. A narrativa se dá durante o percurso a cavalo, da estação de trem até a fazenda, feito pelo primo-narrador, pelo inspetor escolar Santana e pelo guia José Malvino. No fim da subida de uma serra, quando se descortina uma bela vista, o primo a aprecia como uma composição de elementos justapostos, reduzidos às formas mais simples e sintéticas, cuja descrição lembra muito as telas de Guignard das paisagens interiores de Minas Gerais. Ele, que é um homem capaz de reunir ao intelecto – como adversário no xadrez à altura do cerebrino Santana – a sensibilidade e a capacidade de contemplação da variedade e beleza do mundo externo, expressa assim sua visão:[9]

---

histórica moderna. Se isso fosse verdade, confirmaria, embora *apenas em parte* – pois o trânsito pelo mundo é também tudo ou, pelo menos, só o que tem interesse narrativo –, um fundamento cristão da visão de Guimarães da história, que Benedito Nunes está mais propenso a negar quando diz: "... o significado final desse motivo [da viagem] afasta-se da idéia cristã do *homo viator*, segundo o qual o homem apenas transitaria no mundo, que não corresponde nem à sua origem nem ao seu verdadeiro destino" (Nunes, 1976, p.179).

9 Como o próprio primo é o narrador do conto, é pela sua visão que a paisagem é percebida e representada. Ela aglutina os diferentes elementos da natureza e da cultura numa composição de formas simples, coloridas, alegres, geométricas e móveis, que em si também reúnem natureza e cultura, criando com isso a impressão de um mundo igualmente harmonizado pelas mãos do homem e do Demiurgo. E envolve a todos eles, não como simples pano de fundo, mas como a velatura de uma atmosfera igualmente construída, uma neblina cinzenta e fria: "Estalava em redor de nós uma brisa fria, sem direção e muito barulhenta, mas que era uma delícia deixar vir aos pulmões. E a vista se dilatara: léguas e léguas batidas, de todos os lados: colinas redondas, circinadas, contornadas por fitas de caminhos e serpentinas de trilhas de gado; convales tufados de mato musgoso; cotilédones de outeiros verde-crisoberilo; casas de arraiais, igrejinhas branquejando; desbar-

Ali, até uma criança, só de olhar ficava sabendo que a Terra é redonda. E eu, que gosto de entusiasmar-me, proclamei:
– Minas Gerais... Minas principia de dentro para fora e do céu para o chão... [Minas Gerais!]

Santana é o inspetor escolar e enxadrista que o acompanha até certa parte da estrada. Ele é descrito como sujeito "encaramujado", voltado para si, para dentro, um tipo puramente intelectivo, incapaz de apreciar as coisas sensíveis do mundo externo, e que o primo considera quase um chato, a estragar-lhe o gosto da viagem. Diante de sua exclamação, Santana intervém, como se o estivesse corrigindo:

– Por que você não diz: o Brasil [!]?

O primo-narrador concorda, mas tacitamente e sem o entusiasmo do inspetor, e, no texto, só menciona seu assentimento, silenciosamente:

E era mesmo. Concordei.

Essa passagem está mais enfática na primeira edição de *Sagarana*, que inclui as partes entre colchetes, tendo sido suavizada nas edições subseqüentes. Nela, quando o primo diz, "Minas Gerais... Minas principia de dentro para fora e do céu para o chão...", ele conclui exclamando novamente "Minas Gerais!", o que foi expurgado junto com a exclamação que acompanhava a interrogação do Santana: "– Por que você não diz o Brasil [!]?". Para o protagonista-narrador da estória, e com quem mantemos a empatia, ficavam claras as possibilidades de integração do local, Minas Gerais-paisagem, ao cósmico, "Terra redonda", assim como a integração do celeste à região, "do céu para o chão"; porém, a aceitação dessa esfera intermediária histórica, a organização institucional do Estado e da nação, o Brasil, como uma criação artificial do esforço humano, parecia algo apenas suportado, embora não se pudesse negar sua

---

rancados vermelhos; restingas de córregos; pincaros azuis, marcando no horizonte uma rosa-dos-ventos; e mais pedreiras, tabuleiros, canhões, canhadas, tremembés e itambés, chãs e rechãs" (Rosa, 1946, p.169-70).

existência (Rosa, 1946, p.170).[10] No entanto, o primo-narrador, desde sua chegada à fazenda até quase o fim do conto, em momentos diversos, vai descrevendo em detalhes as práticas políticas do tio Emílio do Nascimento, seu jogo de alianças e disputas pelo poder com outros coronéis. Com isso, ele elabora uma representação muito completa e realista das formas de atuação na esfera pública, seja na política, como na jurídica e religiosa, que não se restringia apenas à realidade local. Ela implicava também a busca de alianças e pactos típicos do coronelismo com os poderes estaduais, do Presidente do Estado, e com os nacionais, pelo poder que tinham de eleição de deputados federais. Isso permite reconhecer que os vícios costumeiros e institucionais da região eram os mesmos de todo o país, e característicos de um determinado tempo, o da Primeira República. Na medida em que o narrador se esmera na descrição, ele cria um terreno cultural intermediário entre as duas esferas naturais, a paisagem local e o céu universal, agora essencialmente nacional, aquele que se convencionou chamar de "ordem coronelista" e "política dos governadores". Como conseqüência para a narrativa, queira-se ou não, a vida social e realização afetivo-espiritual das personagens não ficam alheias às injunções do histórico, do particular de um tempo e lugar, assim como seus destinos.

---

10 Alberto Torres, um dos autores fundamentais na formulação das idéias sobre o Brasil e a organização política e institucional na Primeira República, o tempo da ação das novelas de *Sagarana*, e influente ainda no tempo do autor, quando escreve esse livro, nos anos do Estado Novo, observa como entre nós a percepção de uma dimensão nacional pertencia ainda às altas esferas da abstração, contrastando fortemente com a percepção imediata do local e concreto: "As idéias de sociedade política, de nação e de Estado quebraram os moldes das definições jurídicas, e os jurisconsultos fazem prodígios de esforço para encontrar fórmulas que correspondam às feições que os novos agrupamentos dos povos sobre os territórios vão dando a essas classificações da doutrina. Essas idéias são correlatas à idéia moral e política de Pátria. Mas a idéia moral e política de Pátria não pode viver *a vida abstrata de sua imagem subjetiva*. Seria isso uma vesânia, uma psicose passional. *Dedicada ao território, ao quadro do céu e da terra, à adoração contemplativa da paisagem, deixaria de ser o mesmo sentimento, humano e concreto, vivo e ativo, dinâmico e animador,* seria um culto, uma crença, uma religião – uma dessas absorções inebriantes dos orientais, alienados na realidade. Essa forma de 'naturalismo' religioso não teria a grandeza sequer da adoração do Sol, dos Incas, ou o mistério e êxtase, solene de paixão, das visões bramânicas" (Torres, 1978, p.108, grifos meus).

Isso sugere que era também um dos propósitos do autor criar uma representação das deformações da vida social e político-institucional do país, como elemento integrante da composição literária. A intenção fica mais clara quando identificamos uma das fontes dessa passagem. Para quem imagina que Guimarães só reescreve *Os sertões*, de Euclides da Cunha, será instrutivo reparar como ele reelabora, em outro registro e em outra forma, toda a literatura brasileira, das manifestações maiores às menores, em particular aquelas que medeiam os dois autores e são dominantes na época de sua formação. Como exemplo didático e para melhor entendê-la, podemos observar o quanto a cena descrita acima está calcada em outra, de Hugo de Carvalho Ramos. Nesta também dois membros muito distintos de um grupo de cavaleiros, depois de galgarem a fralda de uma serra, combinam e contrastam com uma visão pitoresca da paisagem, capaz de motivar um pintor acadêmico, uma apreciação das mazelas do país, do governo e de suas populações:

> Reflexões que nos vinham, fragmentariamente, acudindo ao espírito, à medida que galgávamos a fralda da serra no "Pachola", e o Neco Gonçalves na "Mimosa", animais de gado do tabaréu, que aventava o passeio. Animara-o, certo, a perspectiva do freguês "carioca" que lhe fosse adquirindo os artigos do comércio – ovos, frango, queijos –, frutos de suas mascateações nas redondezas. ...
>
> Estávamos a uns mil e trezentos metros sobre o mar, num dos mais altos contrafortes da Mantiqueira, abrangendo o olhar vinte léguas de redondeza. A temperatura, frigidíssima, açulava o apetite, convidando a um breve descanso. Gorgulhando, um olho d'água barranquia abaixo. Milharais verdeluzindo, além; mudas barrentas de fumo, e bois lavrando as encostas para o plantio de feijão de fevereiro. Longe, acachapada entre cerros, a vila da Virgínia; e, olhando para o lugar de onde viéramos, o povoado de Itanhandu, numa altitude de novecentos metros, parecia metido em funda buraqueira, de onde, apenas, uma casinhola, a melhor situada, alvejando à distância.
>
> E o Neco, súbito anuviado: – Olha, patrão, olha o estrago da gripe!
>
> Olhamos. A princípio não se distinguiu bem naquele mar ondulante senão o verde dos carreiros de milho, o lourejamento trêmulo das espigas ao sol. Mas o companheiro foi apontando, aqui, ali, por entre o apendoamento das franças.

Longas manchas, amareladas, pardacentas, terrosas, faziam coroas quadradas, recortes de terras maninhas, em meio à cabeleira interminável das plantações.

– Veja, patrão, foi o milho que não espigou. Os donos tiveram a "espanhola", o matapasto e o "gordura" ganharam a plantação. Sem capina nem aterro o milho não espiga, o pouco que emboneca não engrana. Só ali, naquela baixada, há uns oitenta alqueires perdidos.

– Mas aqui por esta encosta abaixo há muito milho viçoso; pelo que vejo, a epidemia poupou muita gente nestas alturas.

– Nhor não. Ninguém aqui escapou. Mas não deu de pancada. O vingado que está vendo, é dos donos das terras. O perdido, dos pequenos lavradores, arrendatários da terra. Os proprietários, assim caíam uns, empreitavam outros jornaleiros para a capina. Os pobres não tiveram quem os substituíssem; perderam toda a trabalheira do ano. Mete pena, patrão, mete pena ver tanta colheita perdida! – Ah! Se o governo olhasse p'ra isso, se desse em tempo um pequeno adjutório, que fartão de milho teria o município este ano! (Ramos, 2004, p. 207-8)

História e realismo

Roberto Schwarz não vê na falta do histórico um defeito, antes uma virtude, mas faz uma ressalva, se tal fato for apreciado "dentro das proposições do livro", segundo ele, sem compromissos com o realismo:

> Em *Grande sertão* a História quase não tem lugar – o que não é defeito; dentro das proposições do livro é virtude. Enquanto em *Dr. Faustus* a trama, no seu caminho para os valores universais, passa detidamente pelo destino alemão, em Guimarães Rosa a passagem da *região* para o destino humano, tomado em sentido mais geral possível, é imediata. *O sertão é o mundo*, mostra Antônio Cândido (*in Diálogo*, n.8); o que se passa no primeiro é elaboração artística das virtualidades do segundo. Esta ligação direta desobriga o autor de qualquer realismo, pois o compromisso assumido pouco se prende à realidade empírica. (Schwarz, 1965, p.35-6)

Paulo Eduardo Arantes, no livro *Sentimento da dialética*, pondera sobre o fato de Roberto Schwarz ter considerado "virtude" e não "defeito" esse trânsito direto do local ao universal, explicando a falha da apreciação pelo fato de o crítico ter escrito o ensaio em 1960, e entende que, se o fizesse hoje, talvez visse aí mais problemas, no modo como um jagunço, especulando idéias, justapunha "Heidegger e buriti".[11] Entretanto, se levamos em conta o quanto pesa a favor de Thomas Mann a comparação feita e a restrição colocada pelo crítico, quando afirma que tal só era virtude se apreciado "dentro das proposições do livro", parece-me que deixa claro uma carência no *Grande sertão...*, uma falta imperceptível (pelo menos enquanto durassem os efeitos do encanto e da sedução), mas que poderia comprometê-lo ao tornar-se mais sensível com o distanciamento no tempo.

No entanto, e vão aqui algumas interrogações e afirmações, sobre as quais só poderei discorrer num outro lugar: e se o tempo revelar o contrário, que o *Grande sertão: veredas* é em tudo história, que ele não só trata da história como é todo penetrado pela história, que seu universo de representações são realidades sublimadas, integradas a figurações míticas, e portanto com dimensão mimética e realista mais forte do

---

[11] "Veja-se ainda o caso do *Grande sertão*. Comparando-o ao *Dr. Faustus* – onde o realismo do Bildungsroman é retomado em chave irônica –, Roberto observava que no romance de Guimarães Rosa a passagem do particular à consideração mais geral é direta, ao contrário do primeiro, cujo caminho na direção do universal não pode dispensar a interposição de uma camada histórica. Como entretanto a intenção original do livro brasileiro não é realista, a passagem imediata do regionalismo para o destino humano não é defeito mas virtude. Isso em 1960. Hoje é provável que visse problemas nesse curto-circuito, no modo de um jagunço 'especular idéias', justapondo Heidegger e buriti, isto é, iria quem sabe bulir com um dos pontos de honra do pensamento literário nacional, nosso quinhão de universalidade direta" (Arantes, 1992, p.54-5). O interessante é observar como Antônio Cândido, comparando *O cortiço*, de Aluísio Azevedo, com o *L'assomoir*, de Émile Zola, aprecia a existência dessa mediação não em termos de virtude ou defeito, mas como algo contraditório, que comporta ao mesmo tempo vantagens e desvantagens: "O fato de ser brasileiro levou Aluísio a interpor uma camada mediadora de sentido entre o fato particular (cortiço) e o significado humano geral (pobreza, exploração). Em *L'assomoir*, a história de Gervaise nos conduz diretamente à experiência mental da pobreza, sendo o cortiço e o bairro ingredientes graças aos quais ela é particularizada e determinada. Mas no livro de Aluísio, entre a representação concreta particular (cortiço) e a nossa percepção da pobreza se interpõe o Brasil como intermediário. Essa necessidade de representar o país por acréscimo, que não se impunha a Zola em relação à França, diminui o alcance geral do romance de Aluísio, mas aumenta o seu significado específico" (Cândido, 1993, p.152).

que se tem visto? Do meu ponto de vista, esse universo possui também como camada importante de sustentação uma alegoria histórica dos dilemas do trânsito do Brasil de uma vida costumeira arcaica e desordenada (Ricardão, Hermógenes, Nhorinhá, Diadorim, Jiní etc.) para uma vida institucional moderna ordenada (Joca Ramiro, Zé Bebelo, Otacília, Rosalina etc.).[12] E é justamente isso que Guimarães parece ter querido representar no *Grande sertão...*: o drama do Brasil, na vida pública e privada, captado num momento de grandes indefinições, quando ainda os dois ventos contrários, o da tradição dos costumes e o da civilização das instituições importadas, trombavam com a mesma força, criando a imagem do redemoinho e do diabo no meio, que podia pôr tudo a perder. E disso nós só começaremos a nos dar conta se situarmos os fatos do livro historicamente, na Primeira República, e lembrarmos que foi escrito durante os anos dos governos Dutra e Getúlio (em 1937, Rosa já escrevera *Sagarana*, que sai só em 1946; em 1954, já anuncia *Corpo de baile* e *Grande sertão...*, publicados em 1956, pouco tempo depois do suicídio de Getúlio), quando a vida político-institucional brasileira sofria ainda sérios transtornos, ainda que não tão violentos e traumáticos quanto os da Alemanha, nos anos em que foi escrito o *Dr. Faustus*, um tanto próximos daqueles em que foi escrito o *Grande sertão...* Sendo assim, não teríamos de repensar os significados e os pesos das representações locais, nacionais e universais na literatura de Guimarães Rosa? É esta a hipótese a ser confirmada, a de que, no caminho de *Sagarana* ao *Grande sertão...*, a história, que parecia um artifício a ser transcendido no primeiro, ganha proporções e centralidade no segundo, e com isso o destino humano, na sua luta pelas formas e pela ordem da inteligência, torna-se condicionado também pelo destino histórico da nação.

Referências bibliográficas

ARANTES, P. E. *Sentimento da dialética*. São Paulo: Paz e Terra, 1992.
CÂNDIDO, A. De cortiço a cortiço. *O discurso e a cidade*. São Paulo: Duas Cidades, 1993.

---

12 Ver, a respeito, o mesmo estudo de minha autoria (Roncari, 2004).

LEITE, D. M. *O amor romântico e outros temas*. 2.ed. São Paulo: Companhia Editora Nacional/EDUSP, 1979.

LUKÁCS, G. Thomas Mann e a tragédia da arte moderna. *Ensaios de literatura*. Trad. Carlos Nélson Coutinho. Rio de Janeiro: Civilização Brasileira, 1965.

NUNES, B. A viagem. *O dorso do tigre*. 2.ed. São Paulo: Perspectiva, 1976.

OLIVEIRA, F. de. Revolução roseana. In: COUTINHO, E. de F. *Fortuna Crítica 6: Guimarães Rosa*. Rio de Janeiro: Civilização Brasileira/Pró-memória/INL, 1983.

RAMOS, H. de C. Populações rurais. In: SANTOS, R. S. dos. *O triunfo do conto*: em Hugo de Carvalho Ramos e Bernardo Élis. São Paulo, 2004. Tese (Doutorado em Literatura Brasileira) – Faculdade de Filosofia, Letras e Ciências Humanas, Universidade de São Paulo.

RONCARI, L. *O Brasil de Rosa*: o amor e o poder. São Paulo: Editora UNESP, 2004.

ROSA, J. G. Minha gente. *Sagarana*. Rio de Janeiro: Universal, 1946.

SCHWARZ, R. *A sereia e o desconfiado*. Rio de Janeiro: Civilização Brasileira, 1965.

SOETHE, P. A. *Ethos, corpo e entorno*: sentido ético na conformação do espaço em *Der Zauberberg* e *Grande sertão: veredas*. São Paulo, 1999. Tese (Doutorado) – Faculdade de Filosofia, Letras e Ciências Humanas, Universidade de São Paulo.

TORRES, A. *A organização nacional*. 3.ed. São Paulo: Companhia Editora Nacional, 1978.

Parte II
Machado de Assis

O bom diabo e a *marinha* de Fidélia

> *O meu amor faísca na medula,*
> *pois que na superfície ele anoitece.*
> Carlos Drummond de Andrade,
> "Os poderes infernais"

> *porque eu amo a minha terra,*
> *apesar das ruas estreitas e velhas*

> *a alma de uma pessoa pode ser estreita*
> *para duas afeições grandes.*
> Conselheiro Aires

Um lencinho de linho

Quem esboçou a melhor imagem do *Memorial de Aires* foi Salvador de Mendonça, cônsul do Brasil em Nova York e amigo de Machado de Assis. Em carta que escreveu ao autor, reproduzida no livro muito bem documentado de Hélio de Seixas Guimarães, Mendonça comparou o romance ao trabalho de uma exímia rendeira de sua terra, Itaboraí, da qual conta como, ao chegar à idade de Machado, sessenta e nove anos, e sentindo "que já lhe iam faltando os olhos, resolveu deixar de si melhor cópia em alguma obra de primor que desse aos vindouros testemunho de seu mérito". Assim, a rendeira esmerou-se por anos nessa obra, que só foi descoberta bem mais tarde, no enxoval de uma netinha. O que se supunha ser uma peça grande era apenas "um lencinho de linho de forma redonda, no qual se combinava a mais fina renda de almofada e o mais excelente lavor de agulha". O lencinho só tinha um palmo de diâmetro e era tão fino que cabia numa das mãozinhas fechada da dona, sem que ficasse um só fio para fora, e, segundo diziam, podia mesmo caber num dedal. No entanto, quem cuidasse de olhá-lo detidamente, descobriria ali um mundo, que Mendonça passa a descrever:

> A composição tinha originalidade, posto não encerrasse cousa alguma que fosse nova. O fundo ou textura do lenço compunha-se de uma espiral formada de arabescos delicados, que apareciam e se desenvolviam do centro para as bordas.
> Sobre este fundo estavam lavradas à agulha figuras belíssimas e de rara perfeição artística. Bem no centro da espiral uma lebre metia-se pela terra adentro. Após ela, seguia-se uma longa matilha de lebreus e atrás da matilha, uma longa fila de caçadores, donas e cavaleiros montados em ginetes com cabeças e pescoços tão distendidos que dir-se-ia voarem para a frente, enquanto as plumas dos chapéus voavam para trás. Nos quatro quadrantes do círculo em que a espiral se alargava havia outras figuras e maiores; no primeiro quadrante um casal de cavaleiros, jovens, seguia em fogosos ginetes, ele com uma besta ao ombro, ela com um açor no punho, e ambos a olharem para cima, como quem andava à caça de aves do céu. No segundo quadrante o mesmo casal, em ginetes ricamente ajaezados, ele com longa barba e cetro e ela com uma coroa de rainha iam seu caminho com os olhos para frente. No terceiro quadrante, o cavaleiro era um só, e o mesmo das barbas grandes, já sem o cetro, vestido de burel e olhando ambos, ele e o ginete, para o chão. No último quadrante, a figura da Morte, metida no burel do cavaleiro, empunhava uma trompa de caça, cuja volta era formada pelo arabesco que servia de borda ao lenço todo, como se chamara, por lhe pertencerem todos, a caça e os caçadores. O debuxo do lenço fora evidentemente copiado de alguma velha gravura Renana composta por algum discípulo de Durer a que os dedos inspirados da velha haviam ressuscitado numa obra-prima de arte. (Guimarães, 2004, p.465-6)

Na comparação entre o romance e o lencinho de linho, Mendonça salientou, entre outros aspectos, como a aparente simplicidade de ambos enganava, escondendo em seu interior um mundo riquíssimo de "verdadeiras miniaturas", a ser descoberto e apreciado pelos olhos atentos do observador. Entretanto, se a descrição cuidadosa do lenço chama a atenção para o apuro do trabalho na composição das figuras e deixa claro como elas pedem uma leitura alegórica, o comentário acerca do *Memorial...* destaca, além do mesmo fino lavor, o aspecto realista: "Da praia da Saudade a Retiro Saudoso, da Gávea à Tijuca, há muitos casais Aguiar, muita Fidélia e muito Tristão e mais de um diplomata encostado, mas quem os ponha por obra, e obra imorredoura, digo-te que até agora só conheço certo morador do Cosme Velho". O que tentarei mostrar aqui é como o romance pede os dois tipos de leitura, a alegórica e a realista. Se as duas perspectivas são difíceis de se combinarem, as mãos habilíssimas do autor souberam enfrentar o problema: ao lado de uma das mais agudas críticas ao espírito estreito da vida social brasileira, voltado por inteiro para as ninharias da esfera privada, as representações de Machado procuraram reescrever, pelo prisma da inversão, uma história do *Fausto*.

Outro fato observado por Mendonça é como o *Memorial...* e o lencinho estão circunscritos pela morte, o que lhes confere uma atmosfera de melancolia. Ao mesmo tempo ele percebe que, se no lencinho isso é um fato unívoco, no romance ele é ambíguo, configura uma esperança subjacente, a qual justificaria a ação demoníaca. A melancolia decorrente da presença ubíqua da morte agora deixa de pertencer à condição humana para ser particularizada e atribuída às estreitezas da vida social e mental do lugar, onde os valores "modernos", como a igualdade cidadã, ainda pertencem ao campo do sonho e da utopia. Na carta, a esperança aparece como uma consolação do missivista à situação pessoal do autor, que vivia a dor da perda da esposa, Carolina, e sentia já o seu fim; no romance, porém, a esperança é mais que isso, ela diz também que, no final de tudo, não está somente a morte. O fim do indivíduo pode ser tudo, ou pode não ser, se para além da morte houver uma continuidade, muito terrena e nada metafísica, que sobreviveria em uma esfera mais ampla e significaria a renovação, possivelmente em outro lugar, quando ainda não se percebem seus sinais nem se reconhece um terreno propício a ela nas vizinhanças:[1]

> Desde o começo sente-lhe o perfume da tristeza. Folheando-o mais adiante vê desprenderem-se de suas páginas as borboletas azuis da saudade. No final, sob o adejar de grandes azas brancas, ouve um chamado vindo de muito longe, a que responde do fundo da cantiga do rei trovador, e, discreto como Aires, para não perturbar o mudo colóquio de dous corações amantíssimos, retira-se sem rumor de passos, porque quem te chama é a tua Musa companheira, a mais consoladora, a Esperança. (ibidem, p.468)

Neste trabalho procurei deter-me na análise e leitura de algumas cenas e alguns "quadros" do romance, como "miniaturas" do lencinho, mas que considerei decisivos para a compreensão e o entendimento do que Machado tinha de mais importante a nos dizer. Nesse sentido, tomei o romance também como testamental. Há porém passagens que deixei de lado, pois, como disse acima, atrás da simplicidade do livro se esconde um mundo grande e complexo, e fica ainda muito para ser descoberto.

A questão do ponto de vista do autor

Acredito que, sendo o *Memorial de Aires* o último romance de Machado e tendo o próprio autor consciência disso (o que afirma com

---

1 Sobre esse aspecto, a ambigüidade do processo civilizatório, acrescido da precariedade de sua vigência na vida brasileira, concordo muito com a posição e as palavras de Helen Caldwell. As razões disso serão vistas mais à frente: "... 'a civilização é um passeio'. O contexto dessa citação [de Machado de Assis] indica que ele não acredita que a civilização sempre caminha para a frente, mas por vezes regride, ou anda em círculos. Por isso, não encontramos em sua obra muita coisa no que respeita a satisfação janota com seu próprio século e país; e alguns de seus críticos têm tomado essa ausência como sinal de um pessimismo profundamente enraizado; contudo, sempre o encontramos olhando para o século seguinte com esperança, e não é muito usual associar esperança com pessimismo. É a sua própria época e país que ele espelha e critica em sua ficção" (Caldwell, 2002, p.157-8; v. tb., em especial, p.210-1).

insistência em sua correspondência[2]), abriram-se-lhe algumas possibilidades de difícil realização nos livros anteriores. Por ser o derradeiro, o *Memorial...* pôde explicitar muito do que ficara oculto ou dito de forma apenas indireta nos romances passados. Para aproveitar a oportunidade, Machado inovou, alterando radicalmente seu ponto de vista: deslocou-se da posição de proximidade com o leitor para uma mais tradicional. Agora, voltando a colocar-se junto ao narrador, ele se expunha como nunca o fizera antes.[3] Se os narradores das *Memórias póstumas de Brás Cubas* e do *Dom Casmurro* eram, de certo modo, o seu "outro", os filhos da família patriarcal, que se expunham nas confissões do narrador em primeira pessoa, e o autor podia colocar-se mais próximo da posição do leitor, para junto dele formar um juízo daqueles que se apresentavam como os juízes céticos e melancólicos da condição humana e dos vícios do homem vivendo em sociedade, agora tudo se invertia. Em seu último romance, era o autor quem se expunha e confessava, com o narrador, o alto preço que pagava em termos humanos e pessoais para tornar possível a convivência naquele inferno terreno: na vida familiar brasileira, num dos momentos mais cruciais da história do país, nos anos de 1888 e 1889, quando ocorriam a substituição do trabalho escravo pelo trabalho livre e do Império pela República – com a destituição da família Bragança do trono, punha-se fim ao último liame simbólico do passado colonial, e todos deveriam tornar-se igualmente *cidadãos*, conceito relevante para a compreensão do *Memorial...*

Se a posição do autor se desloca, então os valores veiculados no romance também devem entrar em questão, de um modo distinto da-

---

2 Como nesta carta a Mário de Alencar: "Repito o que lhe disse verbalmente, meu querido Mário, creio que esse será o meu último livro" (Assis, 1942, p.277, carta de 22 de dezembro de 1907). Quando ainda pensa na elaboração do livro, pouco depois da morte de Dona Carolina e sofrendo muito as dores da perda, ele já diz isso numa carta a José Veríssimo, que o instava a escrever as próprias memórias: "Apesar da exortação que me faz e da fé que ainda põe na possibilidade de algum trabalho, não sei se este seu triste amigo poderá meter ombros a um livro, que seria efetivamente o último" (Assis, 1942, p.221, carta de 4 de fevereiro de 1905).

3 Márcia Lígia Guidin, embora com uma perspectiva diversa e com conclusões diferentes da minha, demora-se na discussão desse aspecto do romance de Machado, que ela considera um "retorno à convenção" (Guidin, 2000, em especial p.108).

quele dos dois outros romances citados, ou seja: se em ...*Brás Cubas* e *Dom Casmurro* o que parecia uma coisa bem poderia ser outra, algumas vezes seu contrário, agora tanto poderia ser outra como ser, de fato, o que o autor afirmava. Por exemplo, a ação demoníaca de Aires tanto pode ser má – e é o mais razoável de esperar de um diabo interessado – quanto ser boa e justa; assim também o idílio familiar pintado por ele pode ser colocado em questão e revelar uma verdade infernal; ou então o suspeito Tristão pode ser um justo de fato; e o insuspeito casal Dona Carmo e Aguiar, a manifestação de grande mesquinharia. Tais hipóteses levam-me a concordar só em parte com a perspectiva de John Gledson, que vê em Aires um narrador não-confiável e cujas análises do romance deveriam "ensinar-nos a desconfiar de Aires como narrador" e, mais do que isso, "[no *Memorial*...] é perigoso acreditar na identidade entre autor e narrador" (Gledson, 1986, p.218). Nesse sentido, Gledson, colocando Aires em suspeição, como a crítica já havia feito com os narradores de ...*Brás Cubas* e *Dom Casmurro*,[4] distancia-se daquela posição mais freqüente dos estudos machadianos, que procura identificar Aires com o próprio Machado:

> Um crítico, Eugênio Gomes, sugeriu que a atração de Aires por Fidélia pode torná-lo um observador não exatamente ideal da história dela. Esta é uma interpretação muito plausível, apoiada por um paralelo (traçado pelo próprio Gomes), com *Casa Velha*, narrado por um padre cuja atração pela jovem Lalau é clara, e claramente doentia. ...
> É muito possível – e acredito que seja necessário – tratar a relação entre narrador e enredo, em *Memorial de Aires*, da mesma maneira como deve ser tratado – e tem sido – em *Dom Casmurro*. Ou seja, como resultado de uma saudável desconfiança em relação ao narrador, devemos ser capazes de reelaborar o enredo, e reconstruir outro diferente daquele que Aires conta. (ibidem, p.224)

Em conseqüência, minhas hipóteses me aproximam da visão de Alfredo Bosi, que vê Aires mais próximo do autor, como "uma figura

---

4 Ver, sobre Brás Cubas e Dom Casmurro, os estudos de Roberto Schwarz, nos quais me apoio para caracterizá-los (Schwarz, 1990; 1997).

machadiana".[5] No entanto, isso acontece apenas em um primeiro momento, quando Bosi coloca estas questões, muito justas e que me forneceram pistas importantes para o estudo, e procura ele mesmo respondê-las:

> O compasso de Aires será a figura ideológica do último Machado? O disfarce estratégico (e, afinal, definitivo) de uma aturada consciência social e política? Na longa travessia que o escritor fez pela vida brasileira entre o Império e a República, o baile de máscaras, que desde cedo observou, foi perdendo o caráter de mero episódio romanesco. Visto de baixo, do ângulo de quem conhece os meandros da ascenção social, o baile se confunde com a trama inteira de um cotidiano cíclico. O que se dança é a música, no fundo monótona, da autoconservação. Nesse mundo, a máscara não é exceção, não foi feita apenas para tapar a cara da personagem mais vilã. É a regra. É o selo da necessidade. Está esculpida na roda do Destino que, diz Aires, rima com *divino* e "poupa-me a cogitações filosóficas". A naturalização ou a sagração às avessas da História, que se dá no delírio de Brás Cubas, pode ser também uma linguagem mascarada que mal esconde o discurso da suspeita.
>
> A obra final de Machado, sentida às vezes como o amaciamento de todos os atritos, parece, antes, desenhar em filigrana *a imagem de uma sociedade (ou, talvez, melhor, de uma classe) que, tendo acabado de sair de seus dilemas mais espinhosos (a abolição da escravatura, a queda do Império), quer deter e adensar o seu tempo próprio, fechando-se ciosamente nas alegrias privadas, que o narrador percebe valerem mais que as públicas.* Aires, visitando a casa dos Aguiares, no dia 14 de maio de 1888, vê no ar um grande alvoroço e julga que a comoção só pode vir da Lei Áurea recém-promulgada; mas engana-se, vem da notícia de que está para chegar o afilhado Tristão. (Bosi, 1999, p.140-1, último grifo meu)[6]

---

[5] É esta também a posição de Lúcia Miguel Pereira (1936) e Helen Caldwell (2002).

[6] Esse mesmo aspecto, certa obtusidade de visão despreocupada com a dimensão pública dos fatos, foi notado por Valquiria Wey, no prólogo que escreveu para a tradução espanhola do romance: "Os personagens que cruzam pelas suas páginas, absortos com o futuro das próprias vidas, um tanto alheios ao mundo exterior, estão, para o narrador e para o leitor, no centro de um debate 'moderno', digamos, sobre os valores morais, sociais e políticos que são proclamados abertamente, como a fidelidade, o desinteresse e a causa abolicionista, e aqueles que na realidade marcam a pauta do que se vive na vida real, no dia-a-dia" (Assis, 2001, p.8, tradução minha).

Todavia, afasto-me da interpretação de Bosi em pelo menos dois pontos. Se, por um lado, os narradores Brás Cubas e Aires se assemelham, por estarem aparentemente retirados da vida ativa, um morto e o outro aposentado, por outro apresentam sérias distinções, sendo a mais relevante o ponto de vista do autor com relação a eles, que eu vejo em posições opostas: em desacordo com o primeiro, o "defunto-autor", em acordo com o último, o memorialista. Também interpreto o comportamento de Aires de um modo distinto deste do crítico: "Como Brás Cubas, o Conselheiro põe-se a escrever na situação privilegiada de quem já pode dispensar-se de intervir no duro jogo da sociedade" (ibidem, p.129). O que tentarei mostrar neste trabalho é o contrário, que Aires intervém sim, embora de modo muito sutil, como requer a um bom diabo, e tomando por base um julgamento preciso e explícito de nossa vida social e mental. E volto a me aproximar do crítico quando ele diz: "Mas o que importa a ambos os memorialistas é exercer um poder raro e terrível, o poder de dizer o que se pensa" (ibidem, p.129-30). Vejo nisso, porém, sentidos inversos. Brás Cubas não tem consciência de si nem do outro quando diz o que pensa, pois o mundo para ele é naturalizado: natureza e cultura, tempo natural e tempo histórico se confundem em seu delírio; tanto a vida dos elementos físicos da Terra e do Universo quanto as diferentes fases das civilizações humanas são fruto da mesma determinação inexorável, que não pode ser evitada ou modificada. Enquanto Aires tem consciência de si e do outro e também do tempo histórico: para ele, o mundo é história resultante das ações humanas e, queiram ou não queiram os homens, eles vivem um constante processo de mudanças, para o bem ou para o mal, dependendo do ponto de vista de cada um. É essa consciência que o levará a amar Fidélia, mesmo sabendo da inviabilidade desse amor, e a procurar salvá-la, aceitando o desafio da irmã Rita e atuando como um bom demônio.

O desafio

Quem é Aires? O que pensa e até que ponto se harmoniza com o mundo social em que vive? Ao longo do diário, encontramos uma série de pistas claras, por incrível que pareça na literatura de Machado, sobre a formação do nosso memorialista, diplomata e conselheiro. Ele é um homem que teve toda a vida dedicada às funções públicas do Estado, seja no exterior, representando o país, seja internamente, como conselheiro do Império, função que continuava exercendo mesmo aposentado. Como não teve filhos, sua vida familiar ficou restrita à mulher, já falecida, e à irmã, Rita, freqüentadores um da casa do outro. Dois bons exemplos, para apreendermos como se desenha o perfil de suas afinidades conceptivas (*ideológicas*, enquanto definição de valores) e como se combinam na narrativa o explícito e o implícito, são estes fragmentos sobre a escravidão, fato nada irrelevante nem para o autor nem para o livro. No primeiro trecho, Aires, precisando até o nome dos bois, faz uma das condenações mais diretas e duras da tentativa de se apagar a memória da escravidão com a queima dos documentos oficiais relativos a ela, como propunha Rui Barbosa:

> Ainda bem que acabámos com isto. Era tempo. Embora queimemos todas as leis, decretos e avisos, não poderemos acabar com os actos particulares, escrituras e inventários, nem apagar a instituição da história, ou até da poesia. A poesia falará dela, particularmente naqueles versos de Heine, em que o nosso nome está perpétuo. Neles conta o capitão do navio negreiro haver deixado trezentos negros no Rio de Janeiro, onde "a casa Gonçalves Pereira" lhe pagou cem ducados por peça. Não importa que o poeta corrompa o nome do comprador e lhe chame Gonzáles Perreiro; foi a rima ou a sua má pronúncia que o levou a isso. Também não temos ducados, mas aí foi o vendedor que trocou na sua língua o dinheiro do comprador. (Assis, 1977, p.96-7)[7]

No segundo fragmento, ao falar das vantagens de ele e a irmã Rita morarem separados, cada um em uma casa, ele encontra um modo velado de dizer como os chefes dos reinos africanos nunca deveriam ter confiado nas boas intenções dos colonialistas portugueses, como havia alertado um rei sábio dentre eles:

---

[7] Todas as citações do romance foram transcritas da edição crítica organizada pela Comissão Machado de Assis (Assis, 1977) e cotejadas com a terceira edição (Assis, 1923). Só atualizei a ortografia quando não modificava os traços idiossincráticos do estilo do autor.

Quando eu lia clássicos, lembra-me que achei em João de Barros certa resposta de um rei africano aos navegadores portugueses que o convidaram a dar-lhes ali um pedaço de terra para um pouso de amigos. Respondeu-lhes o rei que era melhor ficarem amigos de longe; amigos ao pé seriam como aquele penedo contíguo ao mar, que batia nele com violência. A imagem era viva, e se não foi a própria ouvida ao rei de África, era contudo verdadeira. (ibidem, p.191)

Sobre a formação e as escolhas político-ideológicas de Aires, temos outros dados cruciais. Em 24 de fevereiro de 1888, ele escreveu:

A data de hoje (revolução de 1848) lembra-me a festa de rapazes que tivemos em São Paulo, e um brinde que eu fiz ao grande Lamartine. Ai, viçosos tempos! Eu estava no meu primeiro ano de direito. Como falasse disso ao desembargador, disse-me este:
– Meu irmão crê que também aqui a revolução está próxima, e com ela a República. (ibidem, p.90)

Aires fala da revolução republicana e democrática de fevereiro de 1848, que depôs Luiz Filipe I. O episódio foi também muito significativo por ter possibilitado o encontro da *política* com a *literatura*, tema que não é estranho a esse romance, como veremos. Dela participaram ativamente poetas e escritores, entre eles não só Lamartine, o porta-voz inflamado da "bela" revolução de fevereiro, a quem Aires faz um brinde, mas também Charles Ribeyrolles. Ele foi um dos revolucionários, depois proscrito e condenado à deportação, em 1949, que continuou ativo no exílio, freqüentou o círculo de Victor Hugo na ilha de Jersey e veio para o Brasil, em 1858. Aqui, ele se tornou amigo de Manuel Antônio de Almeida e de Machado de Assis. O importante do ideário dessa revolução foi o fato de ela ultrapassar o marco liberal, tendo sido também igualitária e socialista, na medida em que tomaram a frente dos fatos o operariado e o povo pobre parisiense. Quando isso ocorreu e a plebe começou a ser percebida como efetivo sujeito histórico, com reivindicações e propostas próprias, e não como simples massa de manobra, a burguesia, temerosa, recuou e passou para o lado da reação, apoiando o golpe de Luís Napoleão, em 1851. A repressão e o massacre de milhares de revolucionários que se seguiram marcou fundo também a vida intelectual e literária francesa.[8] A lembrança do fato, brindado por Aires e pela rapaziada do curso de direito de São Paulo, provoca um comentário do desembargador Campos sobre a crença de seu irmão, o barão de Santa-Pia, o qual dissera pressentir que também aqui estava próxima uma "revolução" e o estabelecimento da República. Ele certamente pensava na abolição da escravidão pelo Império, que todos achavam próxima, e o que tinha por "revolução" seria a deposição da monarquia, como revanche ao ato abolicionista. Desse modo, a revolução não era motivo de brindes, mas de ressentimentos, uma "revolução" como vingança à abolição promovida pelo Império.

Um pouco mais adiante, na anotação de 19 de abril do mesmo ano, Aires começa falando da volta à fazenda do barão de Santa-Pia, "com a alforria dos escravos na mala". Isso não porque Santa-Pia fosse abolicionista, mas simplesmente por capricho, como veremos, para se adiantar à abolição oficial, que tinha como certa. Esta era outra manifestação de ressentimento, de afirmação pessoal do seu desagrado com

---

8 Esta pequena síntese do significado da Revolução de 1848 para a literatura e o papel nela de Lamartine creio que nos ajuda a matizar o sentido do brinde feito por Aires: "Sartre, Barthes e muitos outros viram aí o momento inaugural da modernidade, mas também o ponto de partida de um impasse social e literário que perdurou até eles. Só para lembrar, a revolução de 1848 foi de início uma revolução bem sucedida e eufórica, cuja atmosfera é abundantemente evocada por Flaubert na *Educação sentimental*: em três dias, os 22, 23 e 24 de fevereiro, a monarquia de julho foi abalada; burgueses republicanos, conduzidos por Lamartine, e operários socialistas, conduzidos por Louis Blanc, aliam-se para proclamar a República e engajar, no mesmo impulso, consideráveis reformas políticas e sociais: supressão da pena de morte, sufrágio universal, liberdade de imprensa e liberdade de reunião, direito ao trabalho e à instrução, abolição da escravidão etc. As jornadas de 1848 são assim vividas como o prolongamento e a realização da revolução de 1789: burgueses e operários unidos apresentam os fundamentos de uma sociedade mais justa e mais igual, que corresponde muito precisamente ao grande sonho de reconciliação e de progresso do romantismo social (o que explica a presença no centro desses acontecimentos, de Lamartine e de George Sand, e, indiretamente, de Hugo, do qual se disse que a virada à esquerda datava de 48, e mais ainda, do golpe de Estado de 51, graças ao qual ele tornou-se a grande figura do proscrito republicano que se conhece)" (Denis, 2002, p.199). Ver sobre o assunto, além do *Manifesto comunista*, *A guerra civil na França* e *O 18 brumário de Luís Napoleão*, de Karl Marx, os dois livros de Dolf Oehler (1997 e 1999).

a política do Império, como era o seu republicanismo referido acima. Porém, de novo, contrasta com a atitude de Aires, que procura associar o ato abolicionista às realizações do ideário de Lincoln e de Tiradentes, duas figuras que encarnam na época o que havia de mais importante a se realizar para a modernização da vida política e social brasileira: a abolição e a República.[9]

> Lá se foi o barão com a alforria dos escravos na mala. Talvez tenha ouvido alguma cousa da resolução do governo; dizem que, abertas as câmaras, aparecerá um projeto de lei. Venha, que é tempo. Ainda me lembra do que lia lá fora, a nosso respeito, por ocasião da famosa proclamação de Lincoln: "Eu, Abraão Lincoln, presidente dos Estados Unidos da América..." Mais de um jornal fez alusão nominal ao Brasil, dizendo que restava agora que um povo cristão e último imitasse aquele e acabasse também com os seus escravos. Espero que hoje nos louvem. Ainda que tardiamente, é a liberdade, como queriam a sua os conjurados de Tiradentes. (Assis, 1977, p.95-6)

A duas referências – a da mocidade, o brinde quando estudante de direito ao poeta porta-voz da Revolução de 1848, e a da velhice, a boa lembrança das figuras elevadas de Lincoln e Tiradentes –, que o opõe ao patriarca escravocrata, digno representante do conservadorismo agrário brasileiro, o barão de Santa-Pia, só aparentemente são ocasionais, pois na verdade unem as duas pontas da vida de Aires. Elas revelam a mesma continuidade e fixidez de sua formação ideológica (num sentido amplo, como concepção político-social), que já havia demonstrado enquanto vocação: do espírito nada belicoso, "alma em compasso", na escola de meninos, como a descreve no dia 18 de setembro de 1888, aos mais de trinta anos de diplomacia, ainda que gostasse mesmo de música e não se considerasse um diplomata exemplar. Essa estabilidade tem pouco que ver com a mobilidade vocacional de um Brás Cubas. O mais interessante é que sua adesão a um ideário moderno no plano político-social, republicano e abolicionista, não se traduz no apego in-

---

[9] Sobre o engrandecimento de Tiradentes no período e sua adoção como a figura simbólica do movimento republicano, ver "Tiradentes: um herói para a República" (Carvalho, 2005, p.55).

gênuo aos aspectos mais superficiais da modernização técnica. Isso fica claro no episódio no qual se encontra com o desembargador Campos no trem de ferro, na subida para Petrópolis. Quando este elogia as vantagens da viagem no novo meio de transporte e exclama "Só o tempo que a gente poupa!", Aires diverge e pensa consigo sobre o "tempo que se perde". A divergência revela duas concepções de tempo, da mesma forma que duas concepções de modernidade. Vale a pena transcrever toda a passagem:

> Ao subir a serra as nossas impressões divergiram um tanto. Campos achava grande prazer na viagem que íamos fazendo em trem de ferro. Eu confessava-lhe que tivera maior gosto quando ali ia em caleças tiradas a burros, umas atrás das outras, não pelo veículo em si, mas porque ia vendo, ao longe, cá em baixo, aparecer a pouco e pouco o mar e a cidade com tantos aspectos pitorescos. O trem leva a gente de corrida, de afogadilho, desesperado, até à própria estação de Petrópolis. E mais lembrava as paradas, aqui para beber café, ali para beber água na fonte célebre, e finalmente a vista do alto da serra, onde os elegantes de Petrópolis aguardavam a gente e a acompanhavam nos seus carros e cavalos até à cidade; alguns dos passageiros de baixo passavam ali mesmo para os carros onde as famílias esperavam por eles.
> Campos continuou a dizer todo o bem que achava no trem de ferro, como prazer e como vantagem. Só o tempo que a gente poupa! Eu, se retorquisse dizendo-lhe bem do tempo que se perde, iniciaria uma espécie de debate que faria a viagem ainda mais sufocada e curta. Preferi trocar de assunto e agarrei-me aos derradeiros minutos, falei do progresso, ele também, e chegamos satisfeitos à cidade da serra. (ibidem, p.79)

Claro que quem relata os acontecimentos é Aires e que todas as nossas afinidades tendem a ele e a suas preferências. Porém, como diplomata e devido a sua "alma em compasso", nesse episódio, ele faz parecer que o que os une, "falei do progresso, ele também", é justamente aquilo em torno do que divergem: diferentes concepções de "progresso". *Progresso* é uma imagem positivista do tempo, que o representa como uma constante evolução e desprovida de contradições. Assim, para essa escola de pensamento, as inovações científicas e tecnológicas só vinham em benefício do desenvolvimento da humanidade. O indivíduo contava pouco, pois era ele que deveria servir ao progresso, e não o contrário, existir este em seu benefício, como um sujeito particular. O desembargador Campos aprecia o moderno, o trem de ferro, "o veículo em si", como fator de economia de tempo e aceleração da vida, do que tira vantagem e prazer: "como prazer e vantagem". À primeira vista, Aires parece um passadista, ao comparar os veículos, o trem de ferro e a caleça, pois se preocupa mais com o que a troca de um pelo outro significava como perda de humanidade, possibilidade de fruição e contemplação: a vista das paisagens, o gosto das paradas para o café e a água da fonte, e as alegrias do encontro e convivência entre os que chegam e os que aguardam, que fazem da espera também um motivo de passeio. Com isso, parece existir uma contradição entre a concepção político-social de Aires, moderna, e sua concepção de tempo, ultrapassada, por apreciá-lo como oportunidade de fruição e não de valor econômico, "o tempo que se ganha". Nesse sentido, Aires está perfeitamente afinado com o sentimento mais fundo da literatura pós-junho de 1848, a contrapartida funesta da revolução de fevereiro, o da incongruência entre o "progresso" do humano com o "progresso" mecânico e tecnológico, devendo ser colocados ambos entre aspas.[10] Contudo, as duas atitudes aparentemente contraditórias de Aires têm em comum a subjacência de um mesmo sentimento: a aspiração de realização do humano e do indivíduo, do universal e do particular, e é o que as harmoniza, como se isso só se efetivasse com a ultrapassagem de suas respectivas contradições internas.

O que parece *utópico*, a criação de um espaço no qual se realizasse um ideário igualmente coletivo e individual, que reunisse o universal ao particular, é para Aires muito *terreno*, pois, para ele, a utopia não se representa como um lugar de abundância, onde correm rios de leite e mel. Por incrível que pareça, a *utopia* se manifesta a ele como algo muito razoável e possível, como um desejo burguês e conciliador, como o fora na revolução de fevereiro de 1848: surge-lhe num sonho no qual crian-

---

[10] "a linguagem de 1848 é talvez a expressão mais pura do espírito de que a modernidade crítica quer desvencilhar-se: o espírito de século XIX sentimental, em toda sua contradição inconsciente entre a pretensão humanista e a vontade de progresso industrial" (Oehler, 1999, p.19). Desse espírito, parece que podemos dizer que Machado (ou Aires?) já estava livre.

ças que brincam e gozam e crianças que trabalham e sofrem se dão as mãos e fazem justamente o que se espera de crianças: sorriem e brincam de roda, formando um único círculo. Ele tem esse sonho depois de cruzar com um grupo de crianças que brincam e, em seguida, com outro de crianças que trabalham, carregando cestas que lhes pesam às costas. Quando chega à casa, depois de surpreender o criado José enganando-o e de tolerar as mentiras deste sem ralhar, vai dormir antes do jantar e sonha que as crianças haviam se reunido num círculo, o qual punha fim ao fosso que as separava e permitia que brincassem juntas:

> Dormi pouco, uns vinte minutos, apenas o bastante para sonhar que todas as crianças deste mundo, com carga ou sem ela, faziam um grande círculo em volta de mim, e dançavam uma dança tão alegre que quase estourei de riso. Todas falavam "deste moço que ria tanto". Acordei com fome, lavei-me, vesti-me e vim primeiro escrever isto. (ibidem, p.141)

Essa utopia burguesa cria uma nova incongruência ideológica, talvez só possível no mundo que se mira e anda a reboque daquele onde ocorrem as grandes transformações: a conciliação do desengano pós-junho de 1848, a percepção da incompatibilidade do progresso técnico com a realização do humano, com os sonhos conciliatórios da revolução de fevereiro, as mãos dadas no mesmo círculo dos que gozam e dos que trabalham.

O inferno familiar

Se havia algo a ser feito para o bem de Fidélia, era salvá-la da teia de relações que a enredavam, tricotada pelas mãos caprichosas de Dona Carmo e Aguiar. Eram estes que, como duas aranhas feiticeiras, construíam um círculo familiar pegajoso, um ninho de afetos que restringia a perspectiva de um destino a uma rotina de visitas, chás, conversinhas cordiais e cuidados com a própria vida e a alheia, que secavam o sujeito e o tolhiam de uma vida mais ampla, artística ou política.[11] É esse infer-

---

11 Esse trecho nos mostra Dona Carmo como uma fonte inesgotável de afetos de todos os tipos, que ela desfia como uma baba pegajosa, formando uma teia de

no que Aires descreve e, quando se decide à ação, inverte as funções do diabo: seu papel passará a ser então o de salvador da alma de Fidélia daquele "idílio" fantasioso, em que ela poderia se perder. É o próprio Aires que pinta um dos quadros mais fortes desse abismo da vida familiar burguesa, com suas armadilhas viscosas a enredar o sujeito. Composto de um misto de ironia e crueza, seu final é de extrema crueldade:

> Relendo o dia de ontem fiz comigo uma reflexão que escrevo aqui para me lembrar mais tarde. Quem sabe se aquela afeição de Dona Carmo, tão meticulosa e tão serviçal, não acabará fazendo dano à bela Fidélia? A carreira desta, apesar de viúva, é o casamento; está na idade de casar, e pode aparecer alguém que realmente a queira por esposa. Não falo de mim, Deus meu, que apenas tive veleidades sexagenárias; digo alguém de verdade, pessoa que possa e deva amar como a dona merece. Ela, entregue a si mesma, poderia acabar de receber o noivo, e iriam ambos para o altar; mas entregue a Dona Carmo, amigas uma da outra, não dará pelo pretendente, e lá se vai embora um destino. Em vez de mãe de família, ficará viúva solitária, porque a amiga velha há de morrer, e a amiga moça acabará de morrer um dia, depois de muitos dias...
>
> A reflexão é verdadeira, por mais que se lhe possa dizer em contrário. Não afirmo que as coisas se passem exatamente assim, e que os três, – os quatro, contando o velho Aguiar, – os cinco e seis, juntando o tio e o primo, – não façam com o noivo adventício, *uma só família de afeição e de sangue*; mas a reflexão é verdadeira. A afeição, o costume, o feitiço crescente, e por fim o tempo, cúmplice de atentados, negarão a bela viúva a qualquer namorado trazido pela natureza e pela sociedade. Assim chegará ela aos trinta anos, depois aos trinta e cinco e quarenta. Quando a esposa Aguiar morrer não se contentará de a chorar, lembrar-se-á dela, e as saudades irão crescendo com o tempo. O pretendente terá desaparecido ou passado a outras alegrias.

---

relações que envolve e prende a todos: "Dona Carmo possuía todas as espécies de ternura, a conjugal, a filial, a maternal. Campos ainda lhe conheceu a mãe, cujo retrato, encaixilhado com o do pai, figurava na sala, e falava de ambos com saudades longas e suspiradas. Não teve irmãos, mas a afeição maternal estaria incluída na amical, em que se dividia também. Quanto aos filhos, se os não teve, é certo que punha muito de mãe nos seus carinhos de amiga e de esposa" (Assis, 1977, p.82). Coincidentemente ou não, são as iniciais da aranha e a incidência da tônica sobre elas, o *ar*, o ponto em comum entre os nomes *Carmo* e *Aguiar*.

Reli também este dia de hoje, e temo haver-lhe posto (principalmente no fim) alguma nota poética ou romanesca, mas não há disso; antes é tudo prosa, como a realidade possível. Esqueceu-me trazer um elemento para a viuvez definitiva da moça, a própria lembrança do marido. Daqui a cinco anos, ela mandará transferir os ossos do pai para a cova do marido, e os conciliará na terra uma vez que a eternidade os conciliou já. *Aqui e ali toda a política se resume em viverem uns com outros, no mesmo que eram, e serão para nunca mais*. (ibidem, p.136-7, grifos meus)

O melhor exemplo desse destino foi descrito a Machado pelo amigo Salvador de Mendonça, quando cônsul em Nova York, numa carta excelente, de 7 de março de 1876. Ela mereceria um trabalho à parte, para se apreciar e contrastar a condição da mulher nos Estados Unidos e no Brasil da época. Nela, Mendonça descreve Mary Redman, sua futura esposa, que conheceu em Augusta, pequena cidade do Maine. A descrição dela deixa entrever todas as qualidades físicas, morais, intelectuais e familiares. Além de ser culta e considerada "a mais esperançosa escritora norte-americana", ela ainda desenhava, "faz aquarelas admiráveis", e cantava, "uma voz velada e doce como nunca ouvi". Porém, o que o amigo mais parecia admirar nela era a autonomia e liberdade; apesar de solteira, podia decidir o que fazer: viajar, sair pelas ruas de Nova York, sozinha ou com ele, e freqüentar todos os lugares. Condição que, a seus olhos e a de outros, não a desabonava, ao contrário, ela reunia as virtudes domésticas com as públicas, como "um *cidadão* ativo". A descrição é preciosa:

> Mary é essencialmente doméstica; tem a educação americana para usar d'ela em benefício do nosso futuro, e do futuro de minhas filhas, que está ansiosa por ver chegar do Brasil; pelos extremos com que trata o Mário, avalio o que vai ser para os meus anjinhos. Ao vê-la dir-se-á que tem a certeza de dominar ao próprio marido; mas o que é real é que mais suave e meiga criatura não deparei ainda. Vou diariamente buscá-la e saímos a comprar mil cousas para o arranjo de nossa futura casa; era preciso ver, para acreditar, as mil *infantilidades* desse caráter na aparência varonil: procura adivinhar-me a vontade, e já me declarou que abdicou de querer. Define a mulher perfeita na América do Norte como "um cidadão ativo até que outra ação maior que a sua a dispense de tratar da causa de todos para tratar de si e de seu coração": o seu ideal é ter muitos filhos e educá-

los todos com utilidade para a pátria: durante a guerra civil ninguém trabalhou mais do que Mary nos *clubs* de Boston contra os escravocratas: ela mesma diz-me que tinha tanto ardor no seu discurso e na sua obra, que foi a de todas as senhoras do Norte, como tem hoje no seu amor por mim, e ao dizê-lo cora como uma colegial. (Assis, 1942, p.360-1)[12]

No entanto, não era como *cidadã* que Mendonça a queria, realizada nas duas faces que essa condição implicava, a pública e a privada, e como alguém capaz de desenvolver as suas qualidades intelectuais. Se o que nela o atraía era esse lado inusitado e inviável na mulher brasileira, as virtudes cidadãs e intelectuais, isso parecia só se dar na medida em que lhe permitiam afirmar seu poder de reduzi-la a uma fonte de afetos e de prendas domésticas. É o que confessa ao amigo:

> A verdade é que achei o amor da minha idade viril: não porque Mary foi até pouco tempo *mais cidadão do que mulher*, mas exatamente porque agora traz todo o carinho e meiguice de sua alma, que se abre ao amor, para acordar a minha, que se julgava em tempo de fechar-se para ele e dele fugir. – Sabes que ela toma excelentes pontos nas meias, repondo-as como novas, ao conversar junto da lareira? Pois toma-os. E entende de cozinha que é uma delícia: ainda ontem jantamos em casa da família, e figurou uma omelete, da sua composição e feitura. Vão lá poder com uma rapariga d'estas! pois não! (ibidem, p.362-3, grifo meu)

Machado, na carta em resposta, de 15 de abril de 1876, faz o seguinte comentário:

> só o amor é tão eloqüente, só ele podia inspirar tanta cousa ao mais sério dos rapazes e ao mais jovial dos cônsules. – Reli a carta, não só porque eram letras tuas, mas também porque dificilmente podia ver melhor retrato de uma jovem americana. Tudo ali é característico e original. Nós amamos e casamos aqui no Brasil, como se amam e se casam na Europa; nesse país parece que estas cousas são uma espécie de compromisso entre o romanesco e o patriarcal. Acrescem os dotes intelectuais de Miss Mary Redman, – talvez a esta hora Mrs. Mendonça. Casar assim, e com

---

12 Procurei atualizar a ortografia das cartas e só deixei alguns traços que dão as características do português usado no Brasil no final do século XIX.

tal noiva, é simplesmente viver, na mais ampla acepção da palavra. (ibidem, p.365)

Apesar dos cumprimentos de Machado na carta ao amigo, para o memorialista Aires, do último romance, parece não haver nada pior para Fidélia que cair na armadilha do universo familiar brasileiro. Aires já a ironizara em conversa com a irmã, Rita, e pintara a hipocrisia que eram suas vidas postiças, como se formassem um quadro de anjos: "Pelo que ouço, enquanto eu andava lá fora, a representar o Brasil, o Brasil fazia-se o seio de Abraão. Você, o casal Aguiar, o casal Noronha, todos os casais, em suma, faziam-se modelos de felicidade perpétua" (Assis, 1977, p.77). Depois, quando o romance entre Tristão e Fidélia torna-se relativamente público e recebe a aprovação de todos, tudo indica que o quadro desolador viria a ser enriquecido com um novo casal. Os dois agora ficariam juntos com os pais postiços, havendo mesmo a possibilidade de os pais do moço se transferirem de Lisboa para o Rio de Janeiro. Aires ironiza essa versão ampliada do "seio de Abraão", que antes de tudo realizaria as aspirações de Dona Carmo e Aguiar, e chama essa rede de casais em harmonia, "de acordo uns com outros, e todos consigo", de "quadro de Teócrito".

O espadim de Brás Cubas

A vivência inteiramente voltada para o pessoal, para o âmbito das relações familiares e privadas, com um quase total alheamento dos fatos e problemas mais gerais da vida pública, a não ser quando estes tangessem os próprios interesses, não estava restrita ao círculo de convivência de Aires, do qual trata o romance-diário. Ao contrário, ele procura mostrar que é esse o espírito generalizado, que atravessa de ponta a ponta a sociedade, de conhecidos ou próximos, dos pequenos aos grandes. A singularidade do casal Aguiar está apenas no modo exacerbado com que vive essa inversão geral de valores ao sobrepor os interesses privados aos públicos. Quem lê as crônicas de Machado escritas nos anos de 1888 e 1889, justamente quando as questões abolicionista e republicana agitavam a vida do país, nota que a maior parte delas discute temas políticos e questões que envolvem a vida na cidade. O que o humor ácido de que são portadoras destaca é o ar de "teatralidade" dos debates e das ações também nesse campo, como bem observa John Gledson (ver Gledson, 1986, 1990 e 1996).[13] Isso porque as opiniões se dividiam em torno de minúcias, e não dos pontos realmente importantes, já que as dissensões se davam entre homens socialmente semelhantes. Liberais ou conservadores, republicanos ou monarquistas, em substância pouco tinham de diferentes, por isso são representados divergindo sobre tabuletas e chapéus. Entretanto, se prestarmos atenção às preocupações e aos assuntos das conversas dos membros que formam o universo familiar do diário de Aires, perceberemos que não há nada mais contrastante com os assuntos das crônicas: todos estão absolutamente voltados apenas às questões da vida privada, da sua e da dos próximos, sem perderem todavia o mesmo ar de "teatralidade", pela hipocrisia necessária para a convivência, a máscara social que todos são obrigados a usar. O pior é que esses homens, do campo ou da cidade, grandes ou pequenos, só se ocupam com as questões mais gerais e públicas na medida em que estas interferem diretamente nos próprios interesses. É isso que pretende Aires mostrar em dois momentos muito próximos do diário e relacionados com algo decisivo para a vida social do país: a abolição da escravidão. O primeiro momento se dá quando o pai de Fidélia, o barão de Santa-Pia, liberta voluntariamente seus escravos, fazendo-o apenas como represália, para não permitir que um ato público do Império interfira na sua propriedade e contrarie

---

13 John Gledson observa muito bem como a "falta de espírito público" é uma das tônicas de suas crônicas, como escreve na Introdução ao volume de *A Semana*: "Machado usa este retrato de uma sociedade grega a 1.800 anos de distância para definir a descaracterização, a falta de ordem e tradição, que ele encontrou na sua própria cidade, a sua completa falta de 'espírito político, ou até municipal'. É óbvio que ele próprio não sabe decidir: esta é a cidade, personificada pela Rua do Ouvidor, na qual ele tinha vivido durante mais de cinqüenta anos, e que, como os seus leitores, ele apreciava tal como era ou tinha sido. Como veremos, tem uma relação íntima com o tom e o estilo das próprias crônicas, que dependem do mesmo tom de 'tagarelice', que ele menciona aqui. Mas, apesar disso, ele não pode deixar de ver os defeitos reais que acompanham esta simpática familiaridade: a falta de espírito público é a mais lamentável de todas" (Gledson, 1996, p.26).

sua vontade, as quais ele tem como soberanas. Ele considera abusivo que os interesses gerais da sociedade sobrepujem os individuais:

> Grande novidade! O motivo da vinda do barão é consultar o desembargador sobre a alforria coletiva e imediata dos escravos de Santa-Pia. Acabo de sabê-lo, e mais isto, que a principal razão da consulta é apenas a redação do acto. Não parecendo ao irmão que este seja acertado, perguntou-lhe o que é que o impelia a isso, uma vez que condenava a idéia atribuída ao governo de decretar a abolição, e obteve esta resposta, não sei se subtil, se profunda, se ambas as cousas ou nada:
> – Quero deixar provado que julgo o acto do governo uma expoliação, por intervir no exercício de um direito que só pertence ao proprietário, e do qual uso com perda minha, *porque assim o quero e posso*. (Assis, 1977, p.93, grifo meu)

Não se discute aqui o mérito do ato do Estado, se é justo ou não, mas sua soberania, que, pela ótica do barão, deve subordinar-se ao direito do proprietário privado e de sua vontade e poder. À pergunta que fazem ao desembargador Campos, se o irmão fazia aquilo por ter certeza na abolição, ele responde:

> Não, disse ele, meu irmão crê na tentativa do governo, mas não no resultado, a não ser o desmantelo que vai lançar às fazendas. O acto que ele resolveu fazer exprime apenas a sinceridade das suas convicções e o seu gênio violento. Ele é capaz de propor a todos os senhores a alforria dos escravos já, e no dia seguinte propor a queda do governo que tentar fazê-lo por lei. (ibidem, p.93-4)

O "gênio violento", que não é só do irmão, mas de toda a camada de proprietários, manifesta-se na arrogância de não permitir que seu poder e sua vontade sejam contrastados e subordinados pelos interesses públicos, ainda que estes sejam também os gerais da sociedade. A prepotência e o desejo de vingança pela vontade contrariada iriam a tal ponto que nada deveria contê-la. Nem as instituições, pois, no dia seguinte à Abolição, proporiam "a queda do governo", nem os prejuízos que poderiam advir à própria filha herdeira, Fidélia, já que "o que era seu era somente seu". E ele não se importa em ser contraditório. Se, por um lado, diz que o resultado da abolição seria "o desmantelo que vai lançar às fazendas", subentendendo que os escravos abandonariam a lavoura; por outro, aposta que os escravos permanceriam nela, até sem salário nenhum, "pelo gosto de morrer onde nasceram". Quem estuda os efeitos da abolição no Vale do Paraíba pode constatar que nem a lavoura se arruinou mais do que já estava, nem era "morrer onde nasceram" a maior aspiração dos escravos.

O segundo momento do diário, significativo ao assunto, se dá pouco depois, no dia mesmo da Abolição, em 13 de maio. Aires não esconde seu contentamento junto à alegria geral que contagia a população da cidade. Quando o convidam para participar da comemoração em carro aberto, entretanto, ele sente que não seria conveniente a demonstração efusiva de regozijo e recusa, depois confessa como se sentiria acanhado caso aceitasse o convite: "meteria a cara entre os joelhos". Ele fornece várias razões para isso, mas talvez a principal delas seja a de se tratar de uma comemoração sem a presença dos diretamente beneficiados, os ex-escravos. Pela cena que lhe descreveram e que ele registrou no diário, "os manifestantes erguiam-se nos carros, que iam abertos, e faziam aclamações, em frente ao paço, onde estavam também todos os ministros", parecia haver ali só gente importante, de certo modo os que antes haviam se beneficiado por quatro séculos da escravidão, porém não se percebia nenhum traço da presença de ex-escravos. O que o acanha talvez seja participar também dessa "teatralidade", de se colocar no lugar do outro, de quem deveria de fato estar festejando. Como se houvesse algo a festejar, pois a situação de abandono em que se veriam os antigos escravos, sendo substituídos no trabalho pelos imigrantes, já era de muito prevista e discutida.

No dia seguinte, estando em casa dos Aguiar, encontra lá muita animação. A princípio, atribui a alegria ao fato de estarem todos reunidos e ao grande acontecimento de interesse público: a abolição dos escravos. Por isso os felicita; porém, os convivas estranham que ele já saiba do fato de interesse muito particular que comemoram: a chegada de uma carta de Tristão, que há muito não se correspondia com o casal de velhos. Agora é ele que estranha que a alegria privada se sobreponha à pública, e escreve no diário, quando retorna à casa: "Não há alegria pública que valha uma boa alegria particular". À primeira vista, não se nota a ironia que a observação contém, mas ela é mais bem percebida se contrastarmos a cena com outro episódio, relatado por Brás Cubas, que veremos adiante. Por enquanto, interessa notar que, aos olhos de Aires, isso é uma anomalia, que inverte sua escala de valores, e, por isso, é um motivo do ceticismo que ele expressa com profunda ironia:

> Compreendi. Eis aí como, no meio do prazer geral, pode aparecer um particular e dominá-lo. Não me enfadei com isso; ao contrário, achei-lhes razão, e *gostei de os ver sinceros*. Por fim, estimei que a carta do filho postiço viesse após anos de silêncio pagar-lhes a tristeza que cá deixou. Era devida a carta; como a liberdade dos escravos, ainda que tardia, chegava bem. Novamente os felicitei, *com ar de quem sabia tudo*. (ibidem, p.97, grifos meus)

Se, na comemoração em carro aberto, ele vê mais teatralidade que sinceridade, encontra agora compensação à reprovada inversão de valores na "sinceridade" dos convivas, que sobrepõem a alegria privada à pública; contudo, fica difícil dizer o que é pior, se a teatralidade de uns ou a sinceridade de outros. Ele os felicita "com ar de quem sabia tudo", fingindo já saber da chegada da carta de Tristão – é ele quem veste então a máscara da hipocrisia, para que não entendam que sua alegria se deve ao fato público, à libertação dos escravos, e não ao privado.

O tratamento irônico do motivo da inversão de valores e da sobreposição dos interesses privados aos públicos contrasta com o que Machado assumiu nas *Memórias póstumas de Brás Cubas*. No capítulo XII, "Um episódio de 1814", Brás Cubas narra as comemorações no Rio de Janeiro pela derrota de Napoleão e como ele viveu ali certos sentimentos que não terminaram com a infância, ao contrário, nele se perpetuaram, como as heranças sociais que formavam a espinha dorsal fixa de sua volubilidade. Por isso, ele os percebe como um fato que não lhe era exclusivo, mas generalizado, como a verdade mais funda que subjazia a toda teatralidade disseminada nos discursos e nas letras, o que o levava sempre a exclamar quando as apreciava na boca do outro: "– Vai-te embora, tu só cuidas do espadim". O que para Aires é motivo de ironia, para Brás Cubas é a sua realidade, e com a qual todos comungam. Esses episódios, que ajudam a perceber bem a distância, senão a oposição, entre Aires e Brás Cubas, permitem-nos ver com maior simpatia o conselheiro e aproximá-lo de Machado.

> Chegando ao Rio de Janeiro a notícia da primeira queda de Napoleão, houve naturalmente grande abalo em nossa casa, mas nenhum chasco ou remoque. Os vencidos, testemunhas do regozijo público, julgaram mais decoroso o silêncio; alguns foram além e bateram palmas. A população, cordialmente alegre, não regateou demonstrações de afeto à real família; houve iluminações, salvas, *Te Deum*, cortejo e aclamações. Figurei nesses dias com um espadim novo, que meu padrinho me dera no dia de Santo Antônio; e, francamente, interessava-me mais o espadim do que a queda de Bonaparte. Nunca me esqueceu esse fenômeno. *Nunca mais deixei de pensar comigo que o nosso espadim é sempre maior do que a espada de Napoleão*. E notem que eu ouvi muito discurso, quando era vivo, li muita página rumorosa de grandes idéias e maiores palavras, mas não sei por que, no fundo dos aplausos que me arrancavam da boca, lá escoava alguma vez este conceito de experimentado:
> – Vai-te embora, tu só cuidas do espadim. (Assis, 1971, p.529, grifo meu)

Parece, porém, que há exceções; nem todos participam dessa vida familiar rançosa, cheia de fantasias e simulações que tanto cansam o velho Aires, "Já acho mais quem me aborreça do que quem me agrade". Penso que é também para dizer isso que o conselheiro conta, logo a seguir, o caso do leiloeiro Fernandes, um homem que exercia muito dignamente sua pequena função pública. Quando Rita pede ao irmão informações a respeito do leiloeiro, ele, sem o saber, diz que o homem havia morrido, para não ser incomodado nem pela irmã: "Preciso me lavar da companhia dos outros". No dia seguinte, ao abrir os jornais, fica sabendo que de fato ele morrera, o que lhe inspira um perfil rápido do leiloeiro, no qual ressalta uma qualidade que o fazia muito distinto dos homens da sua convivência, a de ele ser um "excelente cidadão": "Chamava-se Fernandes. Sucumbiu a não sei que moléstia grega ou latina. Parece que era bom chefe de família, honrado e laborioso, e excelente *cidadão*; a *Vida Nova* chama-lhe grande, mas talvez ele votasse com os liberais" (Assis, 1977, p.99, grifo meu). Acredito que não por acaso Aires usa o termo "cidadão"; os fatos aparentemente desimportantes que relata a respeito do leiloeiro na verdade vêm comprovar a apreciação de alguém que gozava do respeito público. Por um lado, o número de carros que acompanharam o enterro, contados por Rita, "trinta e sete ou trinta e oito carros", era vultoso para um leiloeiro e davam a medida da estima que tinham por ele. E, por outro, ele cumpria com correção a pequena função pública, pois a irmã encontra no seu armazém todos os objetos que havia deixado a seus cuidados: "notados e vendidos, e o dinheiro à espera da dona. Pouco é; recebê-lo-á oportunamente. Talvez não houvesse necessidade de escrever isto; fica servindo à reputação do finado" (ibidem, p.98-101).

Do jardim de casa à *marinha* do Flamengo

Como disse antes, a tarefa de Aires, como o bom diabo, no desafio fáustico travado com a irmã, não é a de perder, mas a de salvar Fidélia da armadilha dos Aguiar. Todavia, esse inferno familiar rançoso não deixa de ser atraente quando se consideram suas promessas de acomodações, sossego e quietude de orações no altarzinho de casa. Para a salvação, entretanto, só há dois caminhos: o da *arte* e o da *política*. Estas seriam as formas de ação que possibilitariam ao sujeito dar as costas a um universo mesquinho e vislumbrar um mundo maior: o das realizações humanas espirituais e materiais que permitem o verdadeiro florescimento individual. A função demoníaca de Aires, portanto, é atrair a vista da heroína para esse mundo mais amplo, onde ela vislumbre outros horizontes e outros futuros. É justamente isso que Aires faz, utilizando-se dos meios disponíveis: a arte e a política adicionados ao amor, já que este, por si, não basta, desde que oferece o risco de radicá-la ainda mais na teia familiar. Este seria o caso, por exemplo, se Fidélia se casasse com Osório, o funcionário e advogado do banco de Aguiar, que sabia "casar o zelo com a tristeza", ou com o próprio Tristão, se ele abdicasse da política e ficasse no Rio de Janeiro. Desse modo, para a salvação da viúva Noronha, Aires divide os trabalhos com Tristão, que de concorrente é transformado em auxiliar.

Tudo começa no dia de seu aniversário de sessenta e três anos, em 17 de outubro, numa hora propícia às forças infernais, à meia-noite, depois de um jantar com sua desafiante, Rita, que lhe dá notícias dos Aguiar, de Tristão e de Fidélia. É então que Aires tem "uma idéia", uma iluminação, que o leva a atuar. E escolhe para sua ação o caminho das artes, permeado de sutilezas, como é próprio delas e dos atos de um bom diabo, que nunca anda em linha reta e procura sempre as vias transversas. É nesse momento que Aires deixa de ser uma "vontade sem ação", como quando se sentiu um intrigante impotente, que gostaria de falar mal de Fidélia ao pai, o barão de Santa-Pia, "com o fim secreto de acender mais o ódio" e, com isso, tornar impossível a reconciliação deles; e de falar mal à filha do pai, devido à atitude revanchista deste com relação à abolição. Não tendo feito nem uma coisa nem outra, definiu-se como uma "Vontade sem ação, veleidade pura". Ele reconhecia que seria um mal fazer a intriga de um com o outro, mas que viria para o bem, porque ela não voltaria para a fazenda e ele não perderia seu "objeto de estudo". Também, ao dizer toda a verdade sobre o espírito arrogante e mesquinho do pai, Aires a tiraria do engano em que vivia, como quando falava só bem do pai e de como ele era "bom senhor, eles bons escravos" e outras anedotas. O mais complicado é que Fidélia fazia isso "com tal desinteresse e calor", que Aires tinha vontade de beijá-la, mas não o fazia, e voltava a se definir como uma "Vontade sem ação". Somente depois, naquela hora de passagem, na noite de seu aniversário, ouvindo os relatos da irmã, tem a revelação que o faz dissociar *destino* de *divino* e mudar a si mesmo em direção a uma vontade ativa:

> Ouvi todas essas minúcias e ainda outras com interesse. Sempre me sucedeu apreciar a maneira porque os carateres se exprimem e se compõem, e muita vez não me desgosta o arranjo dos próprios factos. Gosto de ver e ante-ver, e também concluir. *Esta Fidélia foge a alguma cousa, se não foge a si mesma.* Querendo dizer isto a Rita, usei um conselho antigo, dei sete voltas à língua, primeiro que falasse, e não falei nada; a mana podia entornar o caldo. Também pode ser que me engane. (ibidem, p.162, grifo meu)

No dia seguinte, a primeira idéia que tem ao acordar é aquela que anota no diário: "ontem, à meia noite: 'Esta Fidélia foge a alguma coisa, se não foge a si mesma'". O que Rita lhe contara na noite anterior, sobre a viúva Noronha, fora o cuidado e capricho com que a viúva encomendara, numa "fábrica de flores", as que levaria no dia dos mortos à sepultura do marido. O voltar-se para os mortos e o passado era uma das formas pelas quais Fidélia fugia a si mesma. Mas havia outras. Ela deixa de ir ao Flamengo e, Dona Carmo, ao procurá-la, encontra-a pintando, coisa que praticara quando ainda menina, e o que ela começara a pintar era "um trecho do jardim da própria casa". Nesse mesmo dia, Tristão, indo almoçar na casa de Aires, conta a este o fato e comenta que a viúva Noronha "podia ter em pintura talento igual ao da música" (já graças ao moço ela havia voltado a tocar piano). O conselheiro, por sua vez, acrescentaria a seguinte observação ao registrar o fato no diário: "e não sei se lho chamou grande" (quando Tristão se referira ao talento de Fidélia). Durante o almoço, voltam a tocar no assunto, e o moço lhe conta a sugestão que fizera à madrinha e que esta foi propor a Fidélia. A sugestão de Tristão tinha um tanto de demoníaco também, não só por ter sido feita por via indireta, com o uso da madrinha como mensageira, mas também porque deslocava o motivo da pintura e desviava o olhar da pintora do mundo doméstico, "do jardim da própria casa": que ela se voltasse para fora, para o mar, que se abrisse para um horizonte mais amplo e desconhecido:

> – Se ela sabe pintar pareceu-me que, melhor quadro que o seu jardim, é um trecho marinho do Flamengo, por exemplo, com a serra ao longe, a entrada da barra, alguma das ilhas, uma lancha, etc. A madrinha concordou logo, e foi propor à amiga a troca do quadro. Agradou-lhe este outro, prometeu vir ao Flamengo desenhá-lo, e não veio.[14] (ibidem, p.163)

Ao ouvir Tristão, Aires tece um comentário não isento de subentendidos: "– É que está *namorada* do seu jardim. Geralmente os artistas sentem melhor as próprias imaginações. Ela ainda saberá pintar, como diz que pintou em menina?" (ibidem, p.163, grifo meu). A conversa

---

14 Segundo a edição crítica, Machado havia usado de início "assumpto", no lugar de "quadro": "melhor assumpto que o seu jardim", "a troca do assumpto. Agradou-lhe".

continua sobre "as graças da viúva", e Aires, que já acompanhava a atenção do jovem pelos talentos da moça, põe mais lenha na fogueira e discorre sobre seus olhos, que Tristão acha "lindos e graves". Como este fale que são lindos também os olhos de suas patrícias, o conselheiro tem outra "idéia" – são as idéias agora que guiam suas ações esclarecidas, em oposição às forças cegas do destino, mesmo que divino –, a qual o ajuda a dar mais um passo em direção à salvação de Fidélia. Como a música levara Tristão a notar Fidélia, o da pintura poderia agora obrigá-la a prestar atenção nele:

> No meio da conversação *tive uma idéia*; disse-lhe que Dona Carmo, que lhes queria tanto, em vez de propor à amiga a simples tela da praia, devia propor-lha com alguma figura humana. A dele ficaria bem para lhe lembrar, quando ele partisse, *a pessoa do filho pintada pela filha*. Tristão ouviu sorrindo isto que lhe disse; depois repetiu, como quem pensava:
> – A pessoa do filho pintada pela filha... (ibidem, p.164, grifos meus)

A repetição por Tristão das palavras "a pessoa do filho pintada pela filha", assim como o indício "como quem pensava", sugere que a idéia, que de certo modo atiça um fundo incestuoso, repercute no moço com intensidade. A semente está enfim plantada, e trata-se agora de cultivá-la, justamente o que o bom diabo fará. Em posterior visita de Aires a Dona Carmo, entre outros assuntos, ela encontra um modo de lhe dizer que aprova a idéia "do filho pintado pela filha, ouvida ao Tristão". Para Aires, isso significa que a idéia está plantada e já repercute e produz seus efeitos; porém nada acontece de imediato. Somente alguns dias depois, o conselheiro sabe, por intermédio de Aguiar, que Fidélia começará a marinha, e, a 11 de novembro, ele vai ao Flamengo ver a viúva pintando. Estando Dona Carmo ali ao lado, ele, por vias indiretas, "lembrou-me insinuá-la", procura corrigir os rumos da pintora. Para disfarçar, sugere agora à viúva que pinte Dona Carmo, e não Tristão, como fizera antes. O que leva "a boa amiga" a lembrar que ela mesma já havia sugerido à Fidélia que pintasse Tristão.

> Olhei, prestava. Está ainda em começo, e não será obra prima; a polidez obrigava-me a achá-la excelente, e disse-lho, com um gesto de admiração; mas, em verdade, presta. O fundo, serra e céu, faz bom efeito; a

água creio que terá movimento e boa cor. Faltava Tristão; não vi nem sombra do "filho pintado pela filha". Posto não estranhasse a ausência, *lembrou-me insinuá-la*. Disse-lhe que podia pôr na praia a figura da boa amiga, que ali estava a acompanhá-la com os seus dous olhos amigos. Esta ia a dizer alguma cousa, mas Fidélia replicou:

– Não me atrevi, por não conhecer bem a arte de figura; no colégio pintava flores e paisagens, algum pedaço de mar ou de céu. Se não fosse isso, tirava o retrato de Dona Carmo.

Dona Carmo confirmou:

– Eu pedi-lhe que pintasse Tristão neste quadro, e ela respondeu-me a mesma cousa. (ibidem, p.168-9, grifo meu)

Quando Tristão se reúne a eles, Aires percebe como os olhos da pintora tocam os do moço e neles permanecem. Porém, o que ele nota de mais importante é que a viúva agora dá as costas não só ao jardim da própria casa, como também aos mortos, e ele percebe como o passado e o velho começam a cansar. Coisa que Dona Carmo só pressente, mas já vive por isso uma inquietação, "certo alvoroço como de alma que soletra uma felicidade nova":

Quem parecia contente de tudo, palavras e silêncios, era a dona da casa. Posto me desse a principal atenção, não o fazia em maneira que esquecesse a tela e os filhos. Mirava a tela e falava aos filhos *com a ternura velha que já estou cansado de notar*, e talvez a ternura fosse agora maior que de outras vezes; pelo menos, trazia certo alvoroço como de alma que soletra uma felicidade nova ou inesperada; não digo tudo para me não arriscar a engano. (ibidem, p.170, grifo meu)

Para Aires não há mais dúvida, Fidélia, assim como desiste do "jardim da própria casa" e concentra-se toda, fixamente, em sua marinha, "com tanta atenção que era como se nós outros não falássemos de nada", ela abandona também o marido morto e caminha para Tristão, começando a trocar o velho amor pelo novo. Com isso, Aires se dá conta de que a primeira etapa de sua tarefa fora cumprida: como ação do bom diabo, a tentação dera resultado e os dois moços haviam "mordido" a maçã, o fruto proibido da árvore do amor, que reunia as outras duas, a da vida e a do "conhecimento". "Mordido", é esse o termo que usa, com as devidas conotações carnais, que ele escolhe para falar do novo amor da viúva:

> Fiz mal em não pôr aqui ontem o que trouxe de lá comigo. Creio que Tristão anda namorado de Fidélia. No meu tempo de rapaz dizia-se *mordido*; era mais enérgico, mas menos gracioso, e não tinha a espiritualidade da outra expressão, que é clássica. Namoro é banal, dá idéia de uma ocupação de vadios ou sensuais, mas namorado é bonito. "Ala de namorados" era a daqueles cavaleiros antigos que se bateram por amor das damas... Ó tempos! (ibidem, p.171, grifo do autor)

"Namorado" fora o termo usado por Aires em referência à primeira pintura da viúva, "*namorada* do seu jardim", acentuando o apego doméstico; agora ele se lembra de um termo do tempo de rapaz, "mordido", que considera "mais enérgico", "menos gracioso", e sem "a espiritualidade" do outro, talvez por lembrar a polpa da maçã, o que torna esse destino bem mais humano e menos idílico. Quando Tristão e Aires conversam sobre os dotes da viúva, eles concordam com "todas prendas *morais e físicas*" de que era portadora. Entretanto, o estabelecimento desse primeiro laço entre os dois é apenas a primeira tarefa, o primeiro passo, nada está de fato resolvido, pois eles podem se amar e continuar no Rio de Janeiro, ao lado do casal Aguiar, o que só daria sangue novo ao velho ninho de aranhas. Ocorrem ainda muitas oscilações até Aires se convencer do equívoco de sua interpretação inicial, acerca de a viúva fugir "a si mesma", quando notava que ela evitava a casa dos Aguiar: "tinha em mira o afastamento em que ela vinha estando da casa da amiga" (ibidem, p.173). Ele se apercebia agora de que o verdadeiro destino de Fidélia não estava com os mortos, a volta para eles é que seria de fato a fuga de si: "foge a si mesma, é que tem medo *de cair* e prefere a viuvez ao outro estado" (ibidem, p.180). A salvação estava pois *na queda*, no "medo de cair", e era para o que trabalhava o bom diabo, com a ajuda das artes. Porém, era preciso ainda que um aceitasse o amor do outro, tomassem o destino nas próprias mãos, "nenhuma *lei divina* impede a felicidade de ambos, se ambos a quiserem ter juntos" (ibidem, p.177, grifo meu), vencessem as resistências, o interesse de Dona Carmo, como desconfiava Rita, que "casando-os, teria assim um meio de prender o filho aqui", e partissem daquela harmonia. Para isso a arte não bastava, ela precisava do socorro da política:

Cá me acordava a afirmação de mana Rita. Que Fidélia não casa. Que não casará nunca. A situação de ambos, *a vida que chama Tristão para fora daqui, a morte que prende a viúva à terra e às suas saudades*, tudo somava o interesse da aventura, não contando que a esses motivos de separação, eu próprio ia-me a outros de união possível dos dous. (ibidem, p.176, grifo meu)

Entre a saudade e "uma página da história"

Quem é Tristão, afinal? Penso que está nele, talvez mais que em Aires, a chave de compreensão do romance. A figura de Aires até que é relativamente fácil de ser apreendida, na medida em que temos dele mais elementos para pensá-lo. Como é ele quem escreve, diz muito também de si, e assim nos dá mais material para análise. Creio ser possível aproximá-lo do universo ideológico e crítico do autor, mais do que das identidades pessoais ou biográficas, como as da velhice e proximidade da morte.[15] Estas apenas criam a oportunidade de uma maior exposição, porém, o que mais interessa está no plano das idéias e dos valores que no dos sentimentos pessoais. O fato mais notável do conselheiro penso ser seu desdobramento em sujeito com duas faces muito distintas: uma com a máscara da hipocrisia, que lhe delineia um rosto angelical, pelo esforço necessário para realizar-se como diplomata e conselheiro no duro exercício da vida profissional e social daquele mundo provinciano; e outra face sincera, que lhe confere um aspecto demoníaco, como memorialista, podendo dizer o que pensa na intimidade e revelando o ser mais verdadeiro. Em outro trabalho, quando só começava a estudar Machado, e com o qual concordo ainda em parte, procurei justamente observar essa consciência de Aires do próprio dilaceramento, no item do capítulo "O véu da graça" que chamei de "Pobre diabo" (Roncari, 1980, p.151).[16] O que penso agora é ser esse roman-

---

[15] Confrontar, por exemplo, o trabalho de Márcia Lígia Guidin (Guidin, 2000).
[16] Com o que não concordo mais desse meu trabalho anterior é com a tese que defendia, de haver no romance uma oposição entre o *amor* e a *política*, na medida em que o primeiro unia e a segunda separava. Assim, resumidamente, o amor unia Tristão,

ce, de certa forma, também a revelação da plena consciência de Aires/Machado do preço que pagava para realizar-se como indivíduo, dotado de particularidade e universalidade.

Sobre Tristão, temos menos dados, e o traço dominante do que ele é ou parece ser é, antes de tudo, o de um suspeito. Perto já do final do romance, Aires procura resumir, em duas referências muito próximas e complementares, o perfil *pessoal* e *ideológico* de Tristão. Quanto ao primeiro, ele observa a maleabilidade, o "versátil", é o termo que usa para falar da facilidade de mudança e adaptação às situações. Esse traço seria perigoso aos propósitos de Aires de usar Tristão para a salvação de Fidélia, pois o amor por ela poderia vir a ser um novo cativeiro, caso trouxesse consigo o repúdio à política e, "cativo do mais recente encanto", o enredasse junto aos Aguiar:

> Curta e lúcida. Tristão pode acabar deitando ao mar a candidatura política. Pelo que ouvi e escrevi o ano passado da primeira parte da vida dele, não se fixou logo, logo, em uma só cousa, mudou de afeições, mudou de preferências, a própria carreira ia ser outra, e acabou médico e político; agora mesmo, vindo a negócios e recreios, acaba casando. Nesta parte hão há que admirar; o destino trouxe-lhe um feliz encontro, *e o homem aceitará algemas*, se as houver bonitas, e aqui são lindas.
>
> Já me fala menos de partidos e eleições, e não me conta o que os chefes lhe escrevem. Comigo, ao menos, só me fala da viúva, e não creio que com outros seja mais franco, nem mais extenso, dizendo as suas ambições políticas, próximas e remotas. Não; todo ele é Fidélia, e *pode bem mandar a cadeira das Cortes ao Diabo, se a noiva lho pedir*. Dir-se-á que é um versátil, *cativo do mais recente encanto*? Pode ser; *tanto melhor para os Aguiares*. Se assim acontecer, lerei esta página aos dous velhos, com esta mesma última linha. (Assis, 1977, p.202, grifos meus)

Um pouco depois, o conselheiro traça o perfil ideológico externo de Tristão, quer dizer, uma definição que não tem por base os princípios

---

Fidélia, Dona Carmo, Aguiar etc., e a política ameaçava separar Tristão de Fidélia e depois afasta os dois filhos postiços de Dona Carmo e de Aguiar. Agora eu os vejo com funções diferentes no romance. O amor, a vida dos afetos, é um fato que no contexto pode perder o sujeito que só se deixar levar por ele; e a política, o interesse público, como o que pode salvar, e é o que de fato faz com Fidélia e Tristão.

e crenças do rapaz, mas seu posicionamento maleável diante da situação política do lugar em que se encontrava. Agora, porém, essa flexibilidade permitia pressupor uma estrutura interna fixa, sobre a qual ele se definia, com relação ao outro e às situações, como "conservador" ou "liberal", o que era próprio da política, "vê-se que nasceu em terra dela e vive em terra dela", diz Aires. Com isso, a política impedia que as convicções se transformassem num rótulo vazio ou numa tabuleta fixa. Esse traço indicava que era a ação na esfera da vida social privada que se aproveitava da experiência adquirida na vida pública, e não o contrário, como no caso do barão de Santa-Pia, para quem o interesse privado norteava as opções da vida pública:

> Outro assunto que nos prendeu também, menos que ela, foi a política, não a de cá nem a de lá, mas a de além e de outras línguas. Tristão assistiu à Comuna, em França, e parece ter temperamento conservador fora da Inglaterra; em Inglaterra é liberal; na Itália continua latino. Tudo se pega e se ajusta naquele espírito diverso. O que lhe notei bem é que *em qualquer parte gosta da política. Vê-se que nasceu em terra dela e vive em terra dela*. Também se vê que não conhece a política do ódio, nem saberá perseguir; em suma, um bom rapaz, não me canso de o escrever, nem o calaria agora que ele vai casar; todos os noivos são bons rapazes. (ibidem, p.203, grifo meu)

Tristão, assim definido, como um sujeito político, se fosse apreciado só pela razão *romântica* ou *realista*, como alguém movido pelo amor ou pelo interesse, surgiria como o sujeito que tanto poderia ser como não ser, simplesmente um justo ou um injusto, o que as tornava insuficientes para apreciá-lo. Da mesma forma se a discussão da trama romanesca se restringisse às reais intenções do moço, como desinteressadas ou interessadas. Esta é uma falsa trama, não é ela que realmente interessa, pois Machado tinha perfeitamente bem em mente em que mundo o sujeito vivia e deveria realizar-se ou não. Aires se mostra muito sábio nos relatos que faz de Tristão, e sua estratégia para apreendê-lo e revelá-lo é, principalmente, a do contraste. Como não pode saber com precisão o que ele é, o conselheiro diz o que não é, ressaltando as qualidades por negativas: "não me desagrada", "não é mau", "não é mau rapaz". Ao mesmo tempo, escolhe as situações nas quais o moço, vindo do exterior, contrasta com os costumes internos. As tônicas mais importantes do contraste estão entre o pobre e o círculo das relações, o dentro e o fora, o velho e o novo, a vida privada familiar e a política. Algumas dessas polaridades, como o dentro e o fora, o morto e o vivo, estruturais na composição do romance, foram muito bem notadas e estudadas por José Paulo Paes (Paes, 1985, p.27). Um primeiro fato que nos chama a atenção é o interesse de Tristão em ir procurar o velho padre Bessa no subúrbio onde este morava. O mesmo padre que, antigo agregado de seus pais, o havia batizado. Depois, Tristão irá escolhê-lo para casá-lo e, para isso, terá de dar-lhe uma batina nova, de modo que estivesse vestido adequadamente para a ocasião. A descrição de Aires deixa bem claro como o padre, por sua pobreza, destoava dos homens da convivência dos Aguiar:

> E lá foi, e lá andou, e lá descobriu o padre, dentro de uma casinha – baixa. Bessa, que fora comensal dos pais dele, não o conheceu logo, mas às primeiras notícias recompôs o passado e adivinhou o menino a quem dera batismo. Aguiar fé-lo convidar e vir à casa dele, a ver o moço e visitá-lo, sempre que quisesse. É uma boa figura de velho e de sacerdote, disse-me o desembargador, calvo bastante, cara magra, e expressão plácida, apesar das misérias que terá curtido; chega a ser alegre. (Assis, 1977, p.121)

Nesse mesmo sentido, com o intuito de demonstrar como a visão de Tristão não se restringia aos horizontes da de seus iguais, quando ele visita a fazenda Santa-Pia, herdada por Fidélia, Aires registra como sua atenção é surpreendente, pelo que tem de sintética e globalizadora. E nisso Tristão destoa inteiramente da visão restrita dominante. Ele acha a fazenda "interessante como documento de costumes", porém não pelo que seria esperado, o que tivesse de pitoresco e exótico ou como um conjunto de detalhes curiosos, mas como um mundo orgânico, integrativo do alto e do baixo, do espaço do conforto e do trabalho, da produção material e espiritual.[17] Em poucas palavras, ele fala de um mundo composto de contrários, fechado em si mesmo e com uma vida própria:

---

17 Embora a grande propriedade rural brasileira se integrasse num extenso sistema mercantil e capitalista, no plano das relações sociais imediatas a sua vastidão gerava um microcosmo de vida aparentemente isolada e autônoma. Essa é uma visão

Passei lá uma boa meia hora de conversa, e o principal assunto foi a visita de Tristão a Santa Pia, que ele achou interessante como documento de costumes. Gostou de ver a *varanda*, a *senzala* antiga, a *cisterna*, a *plantação*, o *sino*. Chegou a desenhar algumas cousas. Fidélia ouvia tudo com muito interesse, e perguntava também, e ele lhe respondia. (ibidem, p.161, grifos meus)

Quando Aires se encontra pela primeira vez com Tristão e este lhe diz que "está encantado com o que tem visto" da cidade do Rio de Janeiro, o conselheiro pensa consigo, com quem se permitia a ironia: "porque eu amo a minha terra, apesar das *ruas estreitas e velhas*" (ibidem, p.119, grifo meu). A ironia está no quanto são também metafóricas estas "ruas". Entretanto, só entenderemos melhor o significado um pouco depois, quando o conselheiro volta a se encontrar com Tristão, na barca para Niterói, nos contrastes que estabelece entre ambos. É por suas diferenças e pelo diálogo que travam que apreendemos a dialética da atração entre o velho e o novo, o dentro e o fora, o privado e o público, no sentido em que um comprime e o outro amplia os horizontes, tanto física como espiritualmente, na medida em que um chama para o doado pela natureza e o outro para as possibilidades da ação humana. Aires percebe que, como Tristão, ele mesmo saiu do país e voltou, mas para ficar, enquanto o moço também saiu e voltou, mas ainda oscila entre ficar e partir, o que lhe permite, como bom diabo, jogar com a situação e fazer suas provocações:[18]

Indo a entrar na barca de Niterói, quem é que encontrei encostado à amurada? Tristão, ninguém menos, *Tristão que olhava para o lado da barra,*

---

difundida na época, e um bom exemplo dela é a descrição que faz Oliveira Vianna da fazenda Santa Fé, do Rio de Janeiro (Vianna, 1938, p.152).

18 José Paulo Paes lê como opostos o roteiro dos dois, enquanto que para mim ele tem similitudes, porém que a experiência e ação do bom diabo não deixará que se igualem: "Por exemplo, o itinerário de Tristão, o jovem, é simetricamente oposto ao de Aires, o velho. Este faz seus estudos em São Paulo, vive a maior parte da vida fora do país, mas vem morrer aqui. Aquele, brasileiro de nascimento, vai estudar na Europa, acaba por naturalizar-se português, anda pelo Brasil só por uns tempos e, depois de seu casamento com Fidélia, regressa definitivamente à pátria de adoção, onde vai iniciar uma nova vida, ingressando na política como deputado" (Paes, 1985, p.28).

como se estivesse com desejo de abrir por ela fora e sair para a Europa. Foi o que eu lhe disse, gracejando, mas ele acudiu que não.

– Estou a admirar estas nossas belezas, explicou.

– Deste outro lado são maiores.

– São iguais, emendou. Já as mirei todas, e do pouco que vi lá fora é ainda o que acho mais magnífico no mundo.

O assunto era velho e bom para atar conversa; aproveitamô-lo e chegamos ao desembarque, depois de trocadas muitas idéias e impressões. Confesso que as minhas não eram mais novas que o assunto inicial, e eram curtas, as dele tinham sobre elas a vantagem de evocações e narrativas. Não estou para escrever tudo o que lhe ouvi acerca dos anos de infância e adolescência, nem dos de mocidade passados na Europa. Foi interessante, de certo, e parece que sincero e exacto, mas foi longo, por mais curta que fosse a viagem de barca. Enfim, chegamos à Praia-Grande. Quando eu lhe disse que preferia este nome popular ao nome oficial, administrativo e político de Niterói, dissentiu de mim. Repliquei-lhe que a razão do dissentimento vinha de ser eu velho e ele moço. "Criei-me com a Praia-Grande; quando o senhor nasceu a crisma de Niterói pegara". Não havia nisto agudeza alguma; ele, porém, sorriu como achando fina a resposta, e disse-me:

– Não há velhice para um espírito como o seu.

– Acha? perguntei incredulamente.

– Já meus padrinhos mo haviam dito, e eu reconheço que diziam a verdade.

Agradeci de cabeça, e, estendendo-lhe a mão:

– Vou ao palácio da presidência. Até à volta, se nos encontrarmos.

Uma hora depois, quando eu chegava à ponte, lá o achei. Imaginei que esperasse por mim, mas nem me cabia perguntar-lho, nem talvez a ele dizê-lo. A barca vinha perto, chegou, atracou, entramos. Na viagem de regresso tive uma notícia que não sabia; Tristão, alcunhado *brasileiro* em Lisboa, como outros da própria terra, que voltam daqui, é português naturalizado.

– Aguiar sabe?

– Sabe. O que ele ainda não sabe, mas vai saber, é que nas vésperas de partir aceitei a proposta de entrar na política, e vou ser eleito deputado às cortes no ano que vem. Não fosse isso, e eu cá ficava com ele; iria buscar meu pai e minha mãe. Sei que ele me hade querer dissuadir do plano; meu padrinho não gosta de política, menos ainda de política militante, mas eu estou obrigado pelo gosto que lhe tenho e pelo acordo a que cheguei com os chefes do partido. Escrevi algum tempo num jornal de Lisboa, e dizem que não inteiramente mal. Também falei em comícios. (ibidem, p.123-5, o primeiro grifo é meu)

Quando Aires surpreende Tristão olhando para fora, "para o lado da barra", "para a Europa", pressente que o moço está comparando um mundo com o outro, o das "nossas belezas" naturais e o das nações européias modernas, e oscilando em sua escolha.[19] É isso que, mais tarde, ele ajudará Tristão a fazer com Fidélia, com as sugestões para que ela pinte uma marinha, de modo que, através da arte, ela olhe para o mar e enxergue outros horizontes.[20] Se a arte será o caminho de salvação de Fidélia, a política será o de Tristão, o que permite antecipar esta conclusão: *a arte* e *a política* são as duas vias que possibilitam ao casal a visão de um horizonte mais amplo. Para ele, mais importante do que ser naturalizado, o que não impedia que o alcunhassem de "brasileiro", eram seu sangue e sua ação, ambos políticos. O que o moço diz no trecho acima é que não era político por acaso, mas "por gosto", e que sua ação não se restringia à esfera institucional, era uma prática integrante da sua pessoa como cidadão: "Escrevi algum tempo num jornal de Lisboa", "Também falei em comícios". Era fundamentalmente nesse aspecto que Tristão destoava da paróquia carioca, toda ela de homens voltados para os interesses privados, inclusive na ação política, como o republicanismo do barão de Santa-Pia e da sua classe, enquanto a preocupação de Tristão era com a esfera pública ou "a marcha das coisas públicas". Dias depois, quando almoça com Aires, a primeira parte da conversa gira em torno da "afeição, o carinho e a bondade" de

---

19 A tensão entre natureza e cultura na apreciação crítica que Machado faz do país foi perfeitamente captada por Helen Caldwell: "[Machado de Assis] Admirava escritores como Alencar, que exaltou as belezas naturais de seu país; ele mesmo estava longe de ser insensível a essa beleza. Mas considerava a alma do carioca ainda mais bela que a Baía de Guanabara, as realizações dos luso-brasileiros ainda mais admiráveis que os feitos dos tupis. Considerava o culto ao passado e às belezas naturais do Brasil um empecilho ao crescimento da alma brasileira que ele sentia ser essencialmente européia e portuguesa" (Caldwell, 2002, p.212-3).
20 Seria interessante verificar como o que seria a salvação dos moços para Machado era a da perda dos Miramares e Pontes-Grandes para Oswald de Andrade. Outros tempos e outras formas de apreciação crítica da vida social do país apenas?

Dona Carmo, que o memorialista anota no diário muito rapidamente. Porém, quando descreve a segunda parte, toda ela ocupada com o tema da política, ele se demora no registro:

> Depois confessou que as impressões da nossa terra fazem reviver os seus primeiros tempos, a infância e a adolescência. O fim do almoço foi com o naturalizado e o político. A política parece ser grande necessidade para este moço. Estendeu-se bastante sobre a marcha das coisas públicas em Portugal e na Espanha; confiou-me as suas idéias e ambições de homem de Estado. Não disse formalmente estas três palavras últimas, mas todas as que empregou vinham a dar nelas. Enfim, ainda que pareça algo excessivo, não perde o interesse e fala com graça.
> Antes de sair, tornou a dizer do Rio de Janeiro, e também falou do Recife e da Bahia; mas o Rio foi o principal assunto.
> – A gente não esquece nunca a terra em que nasceu, concluiu ele com um suspiro.
> Talvez o intuito fosse compensar a naturalização que adotou, – um modo de se dizer ainda brasileiro. Eu fui ao deante dele, afirmando que a adoção de uma nacionalidade é acto político, e muita vez pode ser dever humano, que *não faz perder o sentimento de origem, nem a memória do berço*. Usei tais palavras que o encantaram, se não foi talvez o tom que lhes dei, e um sorriso meu particular. Ou foi tudo. A verdade é que o vi aprovar de cabeça e repetidas vezes, e o aperto de mão, à despedida, foi longo e fortíssimo.
> Até aqui um pouco de fel. Agora um pouco de justiça.
> A idade, a companhia dos pais, que lá vivem, a prática dos rapazes do curso médico, a mesma língua, os mesmos costumes, tudo explica bem a adoção da nova pátria. Acrescento-lhe a carreira política, a visão do poder, o clamor da fama, as primeiras provas de uma página da história, lidas já de longe por ele, e acho natural e fácil que Tristão trocasse uma terra por outra. Ponho-lhe, enfim, um coração bom, e *compreendo as saudades que a terra de cá lhe desperta, sem quebra dos novos vínculos travados*. (ibidem, p. 128-9, grifos meus)

O que Aires chama "de fel" não é mais que o estímulo que dá a Tristão para confirmar suas opções: pela nacionalidade adotiva e pela política. Ardilosamente, Aires aplaina-lhe o terreno ao dizer-lhe ser conciliável o que lhe parecia inconciliável: viver a saudade e buscar "a página da história". Ele diz justamente o que o moço queria ouvir, que uma coisa não se opõe à outra, e por isso poderia alimentá-las igualmente. É o que leva Tristão aos gestos repetidos de aprovação e ao aperto de mão "longo e fortíssimo" dados a Aires na despedida. Se, na barca para Niterói, o conselheiro chamara sua atenção para "estas nossas belezas" naturais, quando ele olhava para a Europa, agora ele punha relevo na adoção da nova nacionalidade, como "acto político" e "dever humano". Onde estaria o "fel" ou a maldade? Estaria no sentido de desviar ou corrigir uma ação, já que nosso diabo é bom e seu papel é o inverso do de Mefistófeles, que era o de perder e não o de salvar? A maldade estaria na sua mudança de atitude para com o moço – ainda que pudesse considerar para si sem muita relevância as opções pela nacionalidade e pela política – ou na saída conciliatória com que o ajuda a enfrentar os dilemas, com vistas a reforçar suas escolhas? Quando diz que vai fazer agora "um pouco de justiça", ele compreende que aquelas opções, como atos da vontade, não eram superficiais, mas estavam profundamente enraizadas na vida de Tristão no seu novo contexto, Portugal, e eram condizentes com ele. Isso fica muito claro no modo como ele as circunstancia. E também diz que elas poderiam conviver com "um coração bom", que lhe doava, onde ficavam "as saudades" e os "vínculos" afetivos do passado. Aparentemente ele repete a mesma idéia, só que uma com "fel" e outra com "justiça". A diferença está em que, na primeira, quando fala ao moço, ele quer influenciá-lo e confirmá-lo nas suas opções, para que o velho não atrapalhe o novo. E, na segunda, quando registra no diário, espelho mais sincero e verdadeiro de si, ele separa e localiza o que é da esfera da vontade e escolha do que é da dos sentimentos e afetos. Uma aponta para o futuro, "a página da história", e a outra para o passado, os pesos que carregamos dele, "saudades" e "vínculos". Entretanto, Aires, que não por acaso vivera trinta anos no exterior, sabia, por experiência própria, que essas duas esferas da constituição do sujeito existiam sempre num contexto, e este agia como força de atração que poderia levar à dominância de uma ou de outra, por isso se tornava importante o lugar onde o indivíduo se "nacionalizava": ser *brasileiro* em Portugal ou *português* no Rio de Janeiro, "das ruas estreitas e velhas". Não havia como escapar ou querer se salvar através da conciliação, a saída era uma só. Mais adiante, quando se pergunta se Fidélia, depois de casada com Tristão, teria voltado ao cemitério, ele diz muito significativamente:

> Possivelmente sim; possivelmente não. Não a censurarei, se não: a alma de uma pessoa pode ser estreita para duas afeições grandes. Se sim, não lhe ficarei querendo mal, ao contrário. Os mortos podem muito bem combater os vivos, sem os vencer inteiramente. (ibidem, p.214)

Aqui se esclarece a real diferença entre eles, Aires e Tristão, e pelo que o bom diabo trabalhava: salvar os moços dos mortos-vivos. O conselheiro voltou como cativo do passado e condenado a vivê-lo, o que ele certamente não queria para Fidélia e Tristão, uma vez que este se projetava conscientemente para o futuro. Podem parecer crédulas as opções do moço, porém elas serão mais ou menos, dependendo do lugar onde se as considere.

O que convence Aires de como o moço destoa do lugar é a confissão que este lhe faz do amor que tem à viúva no alto das Paineiras. Esse encontro "no alto" é emblemático, ele representa a aliança ou o pacto que se firma entre os dois, como uma espécie de crisma de uma proteção já firmada anteriormente. Em sua confissão, Tristão põe seu amor a Fidélia em termos inteiramente esclarecidos, quer dizer, tira dele o ranço de romantismo e de impulso instintivo. Ele declara ser seu amor também uma escolha, independente da cegueira da paixão que houvesse, "vejo claro que a escolha é perfeita", diante de "todas as prendas morais e físicas" da moça. Depois, ele relata como o aprofundamento dos laços com a viúva se dá pela interlocução; por três vezes ele repete o modo pelo qual isso acontece, "a ouvir falar", "lhe comunicar" e "nossas conversas", como se o acordo estabelecido entre eles fosse de fato entre duas pessoas e através do diálogo:

> Senti que lhe achava alguma cousa, mas a austeridade de viúva e a minha próxima volta não deixavam entender bem o que era. Poderia ser dessas preferências que se dão a mulheres, não havendo plano nem possibilidade de as receber na vida. Além dessa *cousa*, gostava de a ouvir falar, de lhe comunicar idéias e observações, e todas as nossas conversas eram interessantes. Os seus modos, aquele gesto de acordo manso e calado, tudo me prendia. Um dia entrei a pensar nela com tal insistência que desconfiei. (ibidem, p.175-6)

Quando Aires e Tristão observam lá em cima os "dous grandes pássaros negros" que "cortavam o ar, um atrás do outro. Podia ser um casal, ele que a perseguia, ela que negava" (ibidem, p.176), o conselheiro provoca o moço e sugere-lhe "a idéia de que a bela Fidélia estivesse a fazer o mesmo gesto da ave fugitiva; talvez já gostasse dele". A sugestão elimina da relação justamente aquilo que Tristão mais enfatizara: a interlocução, a troca de idéias, a penetração espiritual entre as duas pessoas, o que fazia o moço apreciar em Fidélia o seu "talento de pianista, que ela não levava nas saias" (ibidem, p.177), e não apenas nos dedos. Para Aires, no entanto, o mais importante da confissão era a percepção de que cada um dos jovens ainda tendia para universos opostos, que se auto-excluíam, o que reafirmava, agora que se tornava duplamente padrinho de Tristão, sua tarefa já em andamento, negar o morto e afirmar o vivo:

> A curiosidade ia-me fazendo deslizar da discrição, e acaso da compostura; nem só a curiosidade, um pouco de temperamento também. Tem-se visto muito rapaz falar de damas amadas, e muita viúva sair da viuvez ou ficar nela. Naquele caso os dous personagens davam interesse especial à aventura. Cá me acordava a afirmação de mana Rita. Que Fidélia não casa. Que não casará nunca. A situação de ambos, a vida que chama Tristão para fora daqui, a morte que prende a viúva à terra e às suas saudades, tudo somava o interesse da aventura, não contando que a esses motivos de separação, eu próprio ia-me a outros de união possível dos dous. (ibidem, p.176)

Os aspectos aqui examinados revelam como o amor de Tristão por Fidélia tem algo de novo; ele foge ao estereótipos dominante na literatura machadiana (e brasileira) da figura da santa, como "a santa Aguiar"[21] e Rita, e também do estereótipo da puta. Tristão ama Fidélia como pessoa íntegra, "todas as prendas morais e físicas", o que justifica as fortes alusões eróticas sobre o "conhecimento" dos dois que veremos adiante, além dos talentos artísticos da moça.

---

21 O que Fidélia disse a Rita e depois esta repetiu ao irmão talvez fosse com naturalidade, mas, quando Aires registra no diário, destila ironia na tinta da ênfase: "Repetiu-me as palavras que Fidélia lhe disse de Dona Carmo, chamando-lhe boa e santa, 'a santa Aguiar'" (Assis, 1977, p.214).

O idílio de Teócrito

Finalmente, Fidélia e Tristão se reconhecem, se amam, se declaram, enfrentam as próprias resistências e os poucos obstáculos; porém, nem tudo está resolvido. As duas aranhas velhas já tecem nova teia para enredá-los e integrá-los ao mundo velho e caduco da convivência familiar, do qual Dona Cesária é a expressão máxima, exacerbando e maliciando, naquilo que todos fazem: cuidar, com maldade ou bondade, da própria vida e da alheia, principalmente da dos vizinhos. Nisso todos se igualam e tornam-se espias um do outro: Aires, Tristão, Osório, um surpreende o outro espionando a viúva, como todos ali sabem da vida de todos e se espionam. Aires percebe a falsidade do "idílio" que o casal Aguiar arquiteta e o ironiza, chama-o de "quadro de Teócrito" e diz isso ao próprio velho. Os idílios de Teócrito, que podem ter chegado a Machado pela tradução poética de Leconte de Lisle, falam de pastores e cabreiros vivendo misturados a entidades divinas e semidivinas, como Afrodite, Eros, Ninfas, Pan, Adônis e gênios. Eles tocam a *syrinx* e passam o tempo ocupados em querelas e desafios sobre os gozos e as dores dos amores (Hesíodo/Teócrito/Anacreonte, s/d). Como, no romance de Machado, os traços que compõem esse idílio de uma louça de porcelana estão um tanto dispersos, poderemos percebê-lo melhor juntando os cacos. Com isso, acentua-se o tom irônico, que perdia sua força quando diluído, com o qual Aires comenta aquela "harmonia" universal-privada:

> Agora me lembra que amanhã faz um ano das bodas de prata do casal Aguiar. Lá estive naquela festa íntima, que me deu prazer grande. Também lá esteve Fidélia, e fez o seu brinde de filha à boa Carmo, tudo correu *na melhor harmonia*. (ibidem, p.188, grifo meu)

> Tínhamos razão na noite de 24. Os namorados estão declarados. A mão da viúva foi pedida naquele mesmo dia, justamente por ser o 26º. aniversário do casamento dos padrinhos de Tristão; foi pedida em Botafogo, na casa do tio, e em presença deste, concedida pela dona, com assentimento do desembargador, que aliás nada tinha que opor a dous corações que se amam. Mas tudo neste *negócio* devia sair assim, *de acordo uns com outros, e todos consigo.*

Dona Carmo e Aguiar, que haviam abraçado Tristão com grande ternura antes e depois do pedido, estavam naquela noite em plena *aurora de bem-aventurança*. Valha-me Deus, pareciam ainda mais felizes que os dous. A viúva punha certa moderação na ventura, necessária à contigüidade dos dous estados, mas esquecia-se algumas vezes, e totalmente no fim. Nada se sabia então da novidade, e agora mesmo creio que só eu a sei (assim mo disse hoje o noivo); alguns poderiam supô-la, como a mana Rita, que já sabia metade dela; os menos sagazes terão dito consigo, ao vê-los, que é bom que Fidélia vá aliviando o luto do coração.

Referindo-me o que se passou há cinco dias, Tristão explicou esta comunicação nova: sentia-se obrigado a contar-me o final de *um idílio*, cujo princípio me confiara em forma elegíaca. Usou dessas mesmas expressões, *quase me citou Teócrito*. Eu apertei-lhe a mão com sincero gosto, e prometi calar. (ibidem, p.188-9, grifos meus)

Mandei saber do Aguiar; amanheceu bom; não sai para se não arriscar, mas está bom. Escreveu-me que vá jantar com eles. Respondi-lhe que a doença foi um pretexto para passar o dia de hoje ao pé da esposa, e por isso mesmo não me é possível *ir contemplar de perto esse quadro de Teócrito*. (ibidem, p.192, grifo meu)

"*Quadro de Teócrito*, escreveu-me Aguiar em resposta à minha recusa, quer dizer alguma cousa mais particular do que parece. Venha explicar-mo amanhã, entre a sopa e o café, e contar-me-á então os planos secretos da Bélgica. Tristão diz-me que jantará também, se Vossa Excelência vier. Veja a que ponto chegou *este ingrato, que só janta conosco, se houver visitas*; se não, some-se. Virá, conselheiro?"

Respondi que sim, e vou. A frase final do bilhete traz uma afetação de mágoa, *algo parecido com prazer que se encobre*; por outras palavras, sabe-lhes aquela ausência do rapaz, *uma vez que tudo é amarem-se duas criaturas que os amam, e a quem eles amam também*. Heide ver que, acabado o jantar, os primeiros que remetem para Botafogo são eles mesmos. (ibidem, p.193, grifos meus)

Como o papel do diabo é apenas o de plantar a semente da discórdia, que no nosso caso invertido é a da concórdia, e depois gozá-la observando-a germinar e crescer, o que Aires faz nesse jantar é justamente isso, acompanha a distância os moços que "davam por si pendentes um do outro, e ambos do céu". Eles agora se amam, mas o conselheiro percebe também, e isto lhe era o mais importante, que, em vez de tenderem a completar o "quadro de Teócrito" projetado pelos Aguiar, trincam a porcelana daquele idílio e começam a se afastar dele: "Não me pareceu menos que o céu os animava e que eles nos mandavam a todos os diabos" (ibidem, p.193). O que não o desagrada, ao contrário, daqui para a frente ele pode voltar a seu velho papel de observador e acompanhar os movimentos de afastamento do casal de moços, até que a política chamasse Tristão e ele trocasse os "negócios" privados, "de acordo uns com outros, e todos consigo", pelos públicos.

O conselheiro conclui as anotações desse dia num texto carregado de alusões eróticas, falando de como os dois já se "conheciam" tão profundamente, que parecem vir dar razão à remontagem da trama do romance, nos termos propostos por John Gledson: "devemos ser capazes de reelaborar o enredo" (1986, p.229):

> *Sabiam tudo*. Parece incrível como duas pessoas que se não viram nunca, ou só alguma vez de passagem e sem maior interesse, parece incrível *como agora se conhecem textualmente e de cor. Conheciam-se integralmente*. Se alguma célula ou desvão lhes faltava descobrir, eles iam logo e pronto, e *penetravam um no outro*, com uma luz viva que ninguém acendeu. *Isto que digo pode ser obscuro*, mas não é fantasia; foi o que vi com estes olhos. E tive-lhes inveja. Não emendo esta frase, tive inveja aos dous, porque *naquela transfusão desapareciam os sexos diferentes para só ficar um estado único*. (Assis, 1977, p.193-4, grifos meus)

Com isso, não há mais o que fazer, falta apenas que os moços se separem "do extinto e do caduco", ainda que o desembargador Campos não concorde; porém disso a política dos homens e o gosto por ela do próprio Tristão se encarregarão. A tarefa do bom diabo está concluída com sucesso, e uma nova versão do Fausto e da perda do paraíso, acabada, só que de forma inteiramente invertida: o diabo salva os pobres moços que o paraíso de Teócrito perde. Assim, a última história de Machado estava contada, como sua recomendação testamentária:

> Não há como a paixão do amor para fazer original o que é comum, e novo o que morre de velho. Tais são os dous noivos, a quem não me canso de ouvir por serem interessantes. Aquele drama de amor, que parece haver nascido da perfídia da serpente e da desobediência do homem, ainda

não deixou de dar enchentes a este mundo. Uma vez ou outra algum poeta empresta-lhe a sua língua, entre as lágrimas dos espectadores; só isso. O drama é de todos os dias e de todas as formas, e novo como o sol, que também é velho. (ibidem, p.200)

Referências bibliográficas

ASSIS, M. de. *Memorial de Aires*. 3.ed. Rio de Janeiro/Paris: Garnier, 1923.
_____. *Correspondência*. Rio de Janeiro/São Paulo/Porto Alegre: W. M. Jackson, 1942.
_____. *Obra completa*. Rio de Janeiro: José Aguilar, 1971. v.I.
_____. *Memorial de Aires*. Edição crítica. 2.ed. Rio de Janeiro: Civilização Brasileira/INL/MEC, 1977.
_____. *Memorial de Aires*. Tradução para o espanhol de Antelma Cisneros. México: Difusión Cultural UNAM, 2001.
BOSI, A. Uma figura machadiana. *O enigma do olhar*. São Paulo: Ática, 1999.
CALDWELL, H. *O Otelo brasileiro de Machado de Assis*. Trad. Fábio Fonseca de Melo. São Paulo: Ateliê, 2002.
CÂNDIDO, A. Música e música. *Brigada ligeira e outros escritos*. São Paulo: UNESP, 1992.
CARVALHO, J. M. de. *A formação das almas*. São Paulo: Companhia das Letras, 2005.
DENIS, B. *Literatura e engajamento*: de Pascal a Sartre. Trad. Luiz Dagobert de Aguirra Roncari. Bauru: EDUSC, 2002.
GLEDSON, J. *Machado de Assis*: ficção e história. Trad. Sônia Coutinho. Rio de Janeiro/São Paulo: Paz e Terra, 1986.
_____. *Machado de Assis*: bons dias! São Paulo: Hucitec/ UNICAMP, 1990.
_____. *Machado de Assis*: A Semana. São Paulo: Hucitec, 1996.
GUIDIN, M. L. *Armário de vidro*: velhice em Machado de Assis. São Paulo: Nova Alexandria, 2000.
GUIMARÃES, H. de S. *Os leitores de Machado de Assis*. São Paulo: Nankin/EDUSP, 2004.
HESÍODO/TEÓCRITO/ANACREONTE. *Hymnes orphiques/Bion. moskhos/Tyrtée / Odes anacréontiques*. Trad. Leconte de Lisle. Paris: Alphonse Lemerre, s/d.
OEHLER, D. *Quadros parisienses*. Trad. José Marcos Macedo e Samuel Titan Jr. São Paulo: Companhia das Letras, 1997.
_____. *O Velho Mundo desce aos infernos*. Trad. José Marcos Macedo. São Paulo: Companhia das Letras, 1999.
PAES, J. P. Um aprendiz de morto. *Gregos & Baianos*. São Paulo: Brasiliense, 1985.
PEREIRA, L. M. *Machado de Assis*: estudo crítico e biográfico. São Paulo: Companhia Editora Nacional, 1936.

RONCARI, L. D. de A. *Machado Manifesto, O nacional e a utopia em Machado de Assis*: um estudo sobre a cultura brasileira. São Paulo, 1980. Dissertação (Mestrado em História Social) – Faculdade de Filosofia, Letras e Ciências Humanas, Universidade de São Paulo.

SCHWARZ, R. *Um mestre na periferia do capitalismo*. São Paulo: Duas Cidades, 1990.

_____. *A poesia envenenada de* Dom Casmurro. Duas meninas. São Paulo: Companhia das Letras, 1997.

VIANNA, O. *Populações meridionais do Brasil*. 4.ed. São Paulo: Companhia Editora Nacional, 1938. v.I.

Machado de Assis
O aprendizado do escritor e o esclarecimento de Mariana[1]

Os primeiros contos

A realização da primeira parte deste estudo beneficiou-se da publicação recente, pela Editora da Universidade Federal de Juiz de Fora, dos dois primeiros tomos dos cinco previstos de *Contos completos de Machado de Assis*, organizados por Djalma Cavalcante (Assis, 2003). Tudo indica, até aqui, que a edição é de fato completa, incluindo tanto os contos reconhecidos de Machado quanto os atribuídos a ele;[2] traz as duas versões de um conto que o autor reescreveu, com alterações para mim significativas e que comentarei mais adiante; estabelece os textos tomando por base as publicações originais e optando, nos casos de

---
1 Este trabalho foi apresentado no I Simpósio Internacional Eça-Machado, PUC-São Paulo/Unicamp, em 17 de setembro de 2003; e publicado em *Teresa*, revista de literatura brasileira, n.6-7, São Paulo: Editora 34/USP, 1º sem. 2006.
2 Sobre as dificuldades dessa distinção e outras questões que levantarei neste estudo, ver o livro *A juventude de Machado de Assis*, muito preciso e rico em informações, de Jean-Michel Massa (Massa, 1971).

republicação em livros, pela versão da última edição revista pessoalmente por Machado, ou, quando não, pelo texto original do periódico, corrigindo apenas os erros tipográficos e fazendo a atualização ortográfica; por fim, e para mim o mais importante, essa edição apresenta os contos de Machado, nas palavras do organizador, "em rigorosa seqüência cronológica da publicação original", sempre acrescentando uma nota ao final de cada um, que o situa em que órgão da imprensa e quando foi publicado, e, quando é o caso, a que livro foi incorporado. A possibilidade de acompanhar a seqüência cronológica, que reproduz mais ou menos a da produção dos contos, ofereceu-me a oportunidade de detectar os problemas, literários e não-literários, que o autor enfrentava e as soluções que foi dando a eles. Como disse acima, até o momento só foram lançados dois tomos, comportando basicamente os contos reunidos no primeiro livro de Machado, *Contos fluminenses*, e os dos volumes organizados postumamente com o título de *Histórias românticas*, da W. M. Jackson Editora, e das várias coletâneas organizadas, em 1956 e 1958, por Raimundo Magalhães Jr. para a Editora Civilização Brasileira. Essa circunstância, portanto, impõe limites ao trabalho, ao qual pretendo dar continuidade um dia.

Quase tudo o que Machado escrevia, antes de ganhar o formato de livro, passava pela imprensa, na forma de artigos, crônicas, críticas, poesias, contos e romances-folhetins publicados em jornais e revistas. A publicação imediata, se por um lado estimulava a produção do autor e contribuía para a ampliação de seu público, por outro impunha limites, estabelecidos pelo próprio leitor a quem se destinavam as publicações, sobretudo pelas mulheres da família burguesa brasileira da segunda metade do século XIX. Todavia, as restrições maiores talvez não viessem dessa parcela de seu público, pois, como tentarei mostrar, o ponto de vista crítico feminino, em relação a boa parte dos contos, era mais favorável que o dos homens. Sobre a visão aguda que Machado tinha da condição feminina, John Gledson já nos chamou a atenção, na apresentação de sua antologia de contos do autor (Gledson, 1998). Todo o esforço de Machado, desde os primeiros contos, parece ter sido no sentido de apreender a mulher em sua integralidade, e não a mulher romântica altamente idealizada, etérea e espiritualizada, ou a Eva dominada pela densidade corporal, e por isso mesmo mais sujeita às tentações demoníacas ou aos impulsos fisiológicos. Integrando corpo e alma em um único ser, Machado procurava fugir dos dois estereótipos da época, o romântico e o naturalista, que estão simbolicamente representados nos ícones da casa de Conceição, personagem do conto "Missa do galo": os quadros da sala, do espaço entre o público e o privado, "Um representava 'Cleópatra'; não me recordo do assunto do outro, mas eram mulheres. Vulgares ambos", os quais presidem a forte atração erótica entre Conceição e Nogueira, o jovem hóspede da casa; outro ícone era a escultura de Nossa Senhora, provavelmente resguardada no quarto da personagem, "Eu tenho uma Nossa Senhora da Conceição, minha madrinha, muito bonita; mas é de escultura, não se pode pôr na parede, nem eu quero. Está no meu oratório" (Assis, 1974, p.610). Era para esta que Conceição deveria orar na solidão, como naquela noite de Natal, uma festa familiar por excelência, mas na qual o marido estava na casa *da outra*. Entre a puta cultuada no espaço mais visível da casa, na sala, e a santa parideira (como a própria personagem Conceição era chamada, "a santa", além do seu nome), escondida no recôndito do oratório, a mulher de Machado parece procurar um lugar impossível, que está fora, pelo menos da visão e da cabeça dos homens. Por essa razão, a vigilância censória maior de suas publicações talvez viesse dos pais e maridos, atentos à forma de tratamento não só dos assuntos da moralidade familiar como também de qualquer tema mais sério, em especial os da vida política e institucional, campos exclusivos das preocupações masculinas, e objeto igualmente da crítica do autor.[3] Os leitores que escreviam aos periódicos reclamando dos assuntos e da abordagem escolhidos por Machado eram quase exclusivamente homens, como aquele que assinava "Caturra" e acusava de imoralidade o conto "Confissões de uma viúva moça".

---

3 Esta observação é feita por Jean-Michel Massa, mas ele restringe seu alcance aos aspectos da moralidade familiar: "O *Jornal das Famílias*, submetido à constante vigilância dos maridos e dos pais, que fiscalizavam as leituras de suas esposas e de suas filhas, devia além disso agradar às leitoras e alimentar as suas fantasias" (Massa, 1971, p.541).

Talvez o elemento mais significativo da vida político-institucional da época fosse a vigilância censória do poder Imperial e a dependência dos intelectuais da proteção e tutela dessa esfera, o que tornava sempre conveniente a manutenção do seu agrado (infelizmente, isso não se restringiu ao Império; quem viveu aqui nos anos recentes da década de 1990 sabe de quanta maldade o Estado é capaz aos desafetos e de quantos benefícios aos afetos). Sobre o tema, é muito interessante apreciar uma alegoria que Machado fez do Segundo Império; bastante explícita, ela se esboça sobre forte fundo crítico e irônico, tanto que o autor não a reeditou em livro. A alegoria de que falo encontra-se no conto "A vida eterna", de 1870, no qual o autor procura também contextualizar o tema fáustico, com Mefistófeles encarnando num Estado e num regente caricatos.[4] A associação é tão veemente que, a certa altura, uma personagem se corrige e se refere ao próprio Estado ali representado: "– O Tobias não podia encontrar melhor genro, nem que andasse com uma lanterna por toda a cidade, que digo? por todo o *império*" (grifo meu). O Império é alegorizado como um palacete de velhos, "eram todos velhos, como o mordomo e o lacaio, e o meu próprio sogro; finalmente velhos como eu também", regido por um tal de Tobias. Este aparece como uma figura ridícula e demoníaca, um monarca fantasiado com as cores da nacionalidade, em cujo retrato o autor dissemina uma série de indicativos do Segundo Império brasileiro, que vale a pena apreciar:

---

4 É interessante notar que esse conto foi publicado num momento em que Machado começava a ser agraciado (e, com isso, também, aparentemente cooptado) pelo Estado Imperial, o que deveria serenar seu espírito liberal e combativo, em prol de uma atitude mais conciliatória. Era assim que Jean-Michel Massa interpretava a mudança de sua ação jornalística e literária nesses anos. Tentarei mostrar aqui que sua atitude foi na verdade outra; ele mudava sua literatura para poder centrar o foco justamente naquilo que deveria ser evitado, tornando a crítica, porém, mais subterrânea: "Na verdade, o pacto de reconciliação com o poder estava assinado. Algumas semanas antes da sua nomeação para o *Diário Oficial*, em 16 de março de 1867, Machado de Assis foi agraciado com o título de cavaleiro da Ordem da Rosa. Pudemos consultar, no Arquivo Nacional, os documentos que se vinculam a essa ordem. Desde 1865, os que se distinguiam no campo de batalha recebiam a Ordem do Cruzeiro, que recompensava os feitos da guerra, enquanto que a Ordem da Rosa era de preferência atribuída aos civis" (Massa, 1971, p.568).

Já disse que vinha embrulhado em um capote; ao sentar-se, abriu-se-lhe o capote, e vi que o homem calçava umas botas de couro branco, vestia calça de pano amarelo e um colete verde, cores estas que se estão bem numa bandeira, não se pode com justiça dizer que adornem e aformoseiem o corpo humano.

As feições eram mais estranhas que o vestuário; tinha os olhos vesgos, um grande bigode, um nariz à moda de César, boca rasgada, queixo saliente e beiços roxos. As sobrancelhas eram fartas, as pestanas longas, a testa estreita, coroando tudo uns cabelos grisalhos e em desordem. (Assis, 2003, v.1, t.2, p.716-7)

Esse reduto, para onde eram conduzidos os escolhidos, tinha como guardiães de seu portal justamente as figuras de Mercúrio e Minerva, ou seja, *a união do comércio com a inteligência*, estando esta subordinada ao primeiro:

Subimos eu e ele, por uma magnífica escada de mármore, até o topo, onde se achavam duas pequenas estátuas representando Mercúrio e Minerva. Quando chegamos ali o meu companheiro disse-me apontando para as estátuas.
– São emblemas, meu caro genro: Minerva quer dizer Eusébia, porque é a sabedoria; Mercúrio, sou eu, porque representa o comércio. (ibidem, p.719)[5]

Eusébia, filha de Tobias, é apresentada como uma jovem deslumbrante, com quem o velho escolhido para fazer parte da irmandade senil deveria se casar, como uma espécie de recompensa pela adesão ao clube imperial. Porém, ela era apenas um engodo, usado para atração e

---

5 O tema da mercantilização da inteligência (assim como o do teatro e o da literatura) é mais freqüente do que parece em Machado de Assis. Em outro trabalho, já analisei como o autor o embute numa cena do "Conto de escola" (Roncari, 2003). Em uma das "aquarelas" que Machado escreveu para *O Espelho*, que ele chama de o *fanqueiro literário*, ele observa: "O fanqueiro literário é uma individualidade social e marca uma das aberrações dos tempos modernos. Esse moer contínuo do espírito, que faz da inteligência uma fábrica de Manchester, repugna à natureza da própria intelectualidade. Fazer do talento uma máquina, e uma máquina de obra grossa, movida pelas probabilidades financeiras do resultado, é perder a dignidade do talento, e o pudor da consciência" (Massa, 1971, em especial p.267).

sacrifício da vítima. O Estado Imperial é representado como uma grande águia falsa, "uma grande águia de madeira fingindo ser bronze", que portava um espelho no bico. Ocupando o alto e o centro do salão do edifício, a falsa águia, com seus olhos agudos e vigilantes, pairava acima de todos, e era para onde todos deveriam olhar e se reconhecer, sendo esta a função do espelho: cada particular se ver representado na universalidade, e a universalidade vista como a suma das particularidades. Não seria demasiado dizer que se tratava de um simulacro do Estado hegeliano-napoleônico (sem querer entrar em toda controvérsia a respeito), pois ele não era representado como o Estado de um senhor dos senhores (como o fora o de Frederico, o Grande, e que, segundo se diz, Bonaparte relegara ao museu), mas um "hieróglifo da razão", que realizava a síntese do particular com o universal, na medida em que espelhava o conjunto das particularidades e em que cada indivíduo se identificava na universalidade.[6] A falsidade da águia residia em ela imitar a universalidade apenas para alguns poucos anciãos eleitos, os velhos, portanto uma universalidade muito particular:

> Nunca me há de esquecer a vista da ala apenas se me abriram as portas. Tudo ali era estranho e magnífico. No fundo, em frente da porta de entrada, havia uma grande águia de madeira fingindo bronze, encostada à parede, com as asas abertas, e preparando-se como para voar. Do bico da águia pendia um espelho, cuja parte inferior estava presa às garras, conservando assim a posição inclinada que costuma ter um espelho de parede. (ibidem, p.720)[7]

---

6 "Na medida em que o Estado é que é o Espírito objetivo, o indivíduo propriamente dito somente tem objetividade, verdade ética e social, *Sittlichkeit*, enquanto membro do Estado. A união enquanto tal é ela própria o conteúdo e o fim verdadeiros, e a destinação dos indivíduos é levarem uma vida universal. Todas suas outras satisfações particulares, suas atividades, seus tipos de comportamento, etc., têm essa realidade substancial e universal ao mesmo tempo como ponto de partida e como resultado" (Lefebvre & Macherey, 1999, p.129, comentando os *Princípios da filosofia do direito*, de Hegel).

7 Não era a primeira vez que Machado se utilizava do símbolo da águia para representar o império napoleônico. Ele o usa nesta sua poesia da juventude, consagrada ao "Grand" Napoleão, para contrastá-lo com "le Petit", Napoleão III, nas mãos de quem tanto havia sofrido o seu amigo proscrito por ter participado das barricadas

A singularidade da realidade política gerada por tal falha é, em vez do homem integral realizado pelo Estado universal homogêneo, justamente o seu oposto, um sujeito mutilado. E assim é descrito o fim daqueles que eram selecionados e atraídos para participar da irmandade, atravessando o portal da união da inteligência com o comércio. Ela não poderia ser mais explícita:

> As mulheres aproximaram-se de mim, e ouvi então um elogio unânime dos canibais; todos concordaram em que eu estava gordo e havia de ser excelente prato.
> – Não podemos assá-lo inteiro; é muito alto e gordo; não cabe no forno; vamos esquartejá-lo; venham facas.
> Estas palavras foram ditas pelo Tobias, que imediatamente distribuiu os papéis; o coronel cortar-me ia a perna esquerda, o condecorado a direita, o padre um braço, ele outro e a condessa, amiga de nariz de gente, cortaria o meu para comer de cabidela. (ibidem, p.726)

O ocultamento e a forma

Esse tipo de alegoria e a forma quase explícita de crítica direta, Machado logo irá abandonar. A exposição imediata pela imprensa e a vigilância, tanto da sociedade senhorial-patriarcal como do poder Imperial tutelar, induziram o autor a buscar, para não se render às expectativas dominantes, uma forma indireta de narrar, que, além de ocultar os juízos extraídos dos fatos, permitisse-lhe incubar, nos elementos simbólicos, a possibilidade de uma outra leitura, mais profunda, ao mesmo tempo crítica e transcendente às contingências factuais, que está longe ainda de ser inteiramente decifrada. O que deverá distinguir esta minha leitura de outras, em particular da psicanalítica, é que procurarei apreciar o desenvolvimento dessa estratégia literária de Machado como uma busca consciente do autor. Depois de a crítica procurar nos dados biográficos os segredos da obra, e, num outro

---

de 1848, em Paris, Charles Ribeyrolles: "Sobre a escarpada rocha – levantada / Na vaga – como um túmulo marinho, / sob eterno luar, / César – desce como águia derrubada! / No seio agora desse estéril ninho / É força repousar!" (Cit. em Massa, 1971, p.230).

momento, de investigar nas dobras dos traços estilísticos o latente a ser revelado, tentarei aqui dar uma outra volta no parafuso, de modo que consiga integrar vida e obra, tempo do autor (entendendo aqui "tempo" como as condições e pressupostos do trabalho intelectual) e elaboração literária. É este o objetivo da leitura, entender o método de composição de Machado como um trabalho de escritor, de um sujeito crítico e reflexivo interessado em fornecer uma resposta literária às inquietações de seu tempo e, no caso, em fazer ver, com toda veemência, o que não poderia nem deveria ser mostrado, embora estivesse no campo disseminado da ética social e à vista de todos.

O que se nota, desde os primeiros contos de Machado, é que ele se esforça para combinar uma observação realista e crítica das práticas sociais e intelectuais com uma trama ficcional bem urdida, romanesca, que quase sempre se compõe em torno das dificuldades e dos obstáculos do encontro e da realização amorosa. É recorrente em seus contos o jogo que faz o narrador com a expectativa de "romance" do leitor, e a intenção do autor de dizer "a realidade". Os dois aspectos opostos, que conduziriam a narrativa para direções distintas – uma realizando a expectativa do leitor, e outra, as intenções do narrador-autor, *romance* e *realidade* –, aparecem nos contos em dissociação, em uma difícil e improvável combinação. O resultado, sem dúvida, é algo desconjuntado, desconexo, que se mistura, mas no qual os dois termos não se casam efetivamente um com o outro. Assim, alguns contos que começam com observações realistas sobre as práticas sociais logo cedem às aspirações do leitor e desenvolvem uma trama ao gosto deste pelas intrigas romanescas. Exemplar é o conto de 1864, publicado no *Jornal das Famílias*, "Virginius (narrativa de um advogado)". É a história do amor do filho de um senhor patriarcal, protetor e generoso – "Olham-no todos como se fora um Deus", e não por acaso chamado de *Pai de Todos*, "Pio não tem escravos, tem amigos" –, pela filha de um agregado, Julião, "a mulatinha mais formosa". O conto é armado de modo que as distâncias e as barreiras à realização desse amor tornem-se bem visíveis e realistas:

> Carlos e Elisa viviam quase sempre juntos, naquela comunhão da infância que não conhece desigualdades nem condições. Estimavam-se de-

veras, a ponto de sentirem profundamente quando foi necessário Carlos ir cursar as primeiras aulas.

Trouxe o tempo as divisões, e anos depois, quando Carlos apeou à porta da fazenda com uma carta de bacharel na algibeira, uma esponja se passara sobre a vida anterior. Elisa, já mulher, podia avaliar os nobres esforços de seu pai, e concentrara todos os afetos de sua alma no mais respeitoso amor filial. Carlos era homem. Conhecia as condições da vida social, e desde os primeiros gestos mostrou que abismo separava o filho do protetor da filha do protegido. (Assis, 2003, v.1, t.1, p.98)

O interessante nesse conto é que o impedimento à realização do amor não vem do patriarca, que poderia não querer ver o filho único casar-se com a filha "mulatinha" de um pobre agregado, mas vem do próprio filho, que, apesar de bacharel, torna-se um caçador: "Carlos não tinha mais que uma ocupação e uma distração: a caça. Levava dias e dias a correr o mato em busca de animais para matar, e nisso fazia consistir todos os cuidados, todos os pensamentos, todos os estudos". É o poder desmesurado do filho, de estender seu domínio e impor sua vontade sobre tudo e todos, herdado do pai, que o estimula a mudar a perspectiva de seu afeto, do amor por uma mulher para a posse de uma presa. Quando Elisa, a "mulatinha", relata ao pai o fato é assim que o faz: "O Sr. Carlos, em quem comecei a notar mais amizade que ao princípio, declarou-me hoje que gostava de mim, *que eu devia ser dele, que só ele poderia me dar tudo quanto eu desejasse*, e muitas outras coisas que eu nem pude ouvir, tal foi o espanto com que ouvi as suas primeiras palavras" (ibidem, p.98-9, grifo meu). E ela continua, dizendo que, diante de sua reação adversa, ele teria afirmado: *"Hás de ser minha!"* (grifo meu). O conto é armado desse modo, com intenso realismo, mas depois se desenrola como "romance". Para reparar a ordem ameaçada no progresso da narrativa, os crimes são punidos, os maus castigados, e os bons compensados na justa medida do que cabia a cada um.

Em 1866, Machado de Assis faz uma experiência que considero um passo significativo no desenvolvimento de sua obra. Ele reescreve um conto de 1862, que publicara na revista literária *O Futuro* com o título "O país das quimeras". A narrativa discorre sobre um poeta que é obrigado, para sobreviver, a vender a poesia que escreve: "Tal é a face moral de Tito. A virtude de ser pagador em dia levava-o a mercar com os dons de Deus; e ainda assim vemos nós que ele resistiu, e só foi vencido quando se achou com a corda no pescoço" (ibidem, p.336). Trata-se de uma sátira, escrita na terceira pessoa, que alegoriza os maus costumes do país chamado de "o reino das bagatelas", revelados ao poeta por meio de uma viagem maravilhosa, durante a qual ele observa o apego às fantasias como fuga e compensação da dura realidade: o culto da aparência, a vaidade, a moda, as formalidades, as exterioridades, o fumo, a irrelevância intelectual dos filósofos etc. Ao reescrevê-la, quatro anos depois, Machado faz pelo menos três alterações importantes. Muda o título de "O país das quimeras" para "Uma excursão milagrosa", deslocando assim o foco do leitor do objeto alegorizado com intenções satíricas para a revelação que a viagem proporcionou ao herói. Com esse recurso, a sátira deixa de ser direta, de responsabilidade do autor-narrador para o esclarecimento do leitor. Ela passa a ser mediada pelo relato do próprio herói, por quem vive o milagre da revelação, e tudo o que é dito submete-se então à sua responsabilidade. E é essa a segunda e mais importante mudança no núcleo da narrativa, a mudança da terceira para a primeira pessoa, com o herói tomando a palavra e dando continuidade ao relato: "Aqui deixa de falar o *autor* para falar o protagonista" (ibidem, p.340, grifo meu). Com isso, o autor-narrador se oculta e se isenta da responsabilidade dos exageros que a sátira se permite para suas finalidades críticas. A terceira e decisiva alteração se dá no final da narrativa, mais desenvolvido na segunda versão, de modo que chame a atenção para o ganho de visão que a viagem fantástica propiciou ao herói. Ao mesmo tempo, essa alteração ressalta a lição maior que teve o autor no percurso narrativo, o que o levou às mudanças com a nova forma de narrar, como a de se ocultar e fugir às retaliações dos atingidos pela crueza das verdades reveladas:

> Desde então [Tito, o poeta] adquiriu um olhar de lince, capaz de descobrir, à primeira vista, se um homem tem na cabeça miolos ou massa quimérica.

Não há vaidade que possa com ele. Mal a vê lembra-se logo do que presenciou no reino das Bagatelas, e desfila sem preâmbulo a história da viagem.
Daqui vem que, se era pobre e infeliz, mais infeliz e pobre ficou depois disto.
É a sorte de todos quantos entendem dever dizer o que sabem; nem se compra por outro preço a liberdade de desmascarar a humanidade.
Declarar guerra à humanidade é declará-la a toda gente, atendendo-se a que ninguém há que mais ou menos deixe de ter no fundo do coração esse áspide venenoso.
Isto pode servir de exemplo aos futuros viajantes e poetas, a quem acontecer a viagem milagrosa que aconteceu ao meu poeta.
Aprendam os outros no espelho deste. Vejam o que lhes aparecer à mão, mas procurem dizer o menos que possam as suas descobertas e opiniões. (ibidem, p.348, grifo meu)[8]

Esse final parece indicar que quem mais aprendeu com a viagem foi o autor, e não o poeta. Se alguém tinha de empobrecer em conseqüência das verdades reveladas, que fosse o herói-poeta – por isso mesmo herói e poeta –, e não o autor, que agora aprendia a grande lição de se ocultar. Apesar de todas as maravilhas que o protagonista pôde observar ao longo da travessia, "a viagem milagrosa" foi, acima de tudo, empreendida pelo próprio Machado, que encontrou uma forma de continuar revelando todas as verdades que presenciava, sem com isso sofrer as tristes conseqüências, principalmente as de ficar pobre e infeliz, sem poder vender sua mercadoria. Como resultado literário, penso eu, a opção pela narrativa na primeira pessoa, em Machado pelo menos, não teve apenas a função de relativizar o peso de realidade dos fatos narrados, em uma troca da verdade pela versão da verdade, mas adquiriu também uma função particular: a de *ocultamento do autor*, de forma que ele pudesse representar e expressar os juízos sem se sujeitar aos prejuízos decorrentes do Estado tutelar e da consideração social fundada em um estatuto senhorial.

---

[8] Texto no qual ressoam estas palavras do Fausto ao criado Wagner: "Quem sabe o próprio nome dar às cousas? / Os poucos que jamais o compreenderam / E que insensatos, descobrindo o peito, / Pensar e sentimento ao vulgo abriram, / Na fogueira e na cruz o têm expiado" (Goethe, 1958, v.605-9, p.37).

A redução e mutilação do sujeito

Teríamos ainda muito a ganhar com o aprendizado do autor, mas devo dar agora um salto de quase duas décadas, o que pode ser pedagógico e estar em consonância com nosso assunto, a *Bildung* de um escritor e de uma heroína. A pedagogia é a do contraste dos primeiros contos com este, "Capítulo dos chapéus", do livro *Histórias sem data*, de 1884, de um Machado já plenamente maduro, talvez sem muito mais que aprender, mas ainda capaz do espanto diante do mistério revelado.

Um dos aspectos que mais salta aos olhos do leitor em todas essas histórias de Machado são os processos de *redução* e *mutilação*, que muitas vezes se confundem, da pessoa humana no ambiente social em que as situa, não por acaso de extração escravista, e que ele reproduz estilizadamente no texto. Dificilmente um protagonista, homem ou mulher, é apresentado sem que sejam referidos quantos contos de réis tem. Ao lado do bom ou mau caráter e da mulher mais ou menos pura, o número de contos de réis é sempre uma sombra que os acompanha e fornece a dimensão de sua pessoa.[9] Nesse sentido, é exemplar o conto "Luís Soares": ao perder a fortuna e ficar reduzido a "seis contos", o protagonista não só se torna pobre como também é subtraído de sua autonomia, já que, para trabalhar, não bastam as qualidades ou os méritos pessoais, é também necessária a recomendação do tio para um cargo público. Para obter o favor, Luís Soares vai morar na casa do tio como agregado e, para aspirar à sua fortuna como herdeiro, tem de comprometer ainda mais sua independência futura, aceitando casar-se

---

[9] Esse é um fato digno de análise: como Machado se refere à fortuna de cada personagem mais pela quantidade de contos que possui que pelas propriedades, como casas, terras e escravos, no que se constituía boa parte das fortunas no tempo. Isso parece se dever não tanto ao maior desenvolvimento da economia monetária na época e à constituição de uma burguesia de rentistas no Rio de Janeiro, como ao fato de que a redução do sujeito concreto a um número abstrato de contos muda também, com a quantificação, a qualidade do sujeito. Se a terra e os escravos dão nobreza e aristocratizam, o dinheiro venaliza, que é a sua maior qualidade, pelo alto poder corrosivo que comporta. Esse processo de hipostasia revela a necessidade de extremo cuidado ao se tentar usar o texto de Machado como documento bruto, e não como elaboração literária filtrada pelo ângulo do autor.

com a prima. Esta, a princípio, tem pouco atrativo (e fortuna) para ele; mas, quando herda trezentos contos, torna-se irresistível. Aos olhos dos homens da época, mais que aos das mulheres, a pessoa de cada um se reduz ao número de contos que possui, e é essa quantia que estabelece a medida do caráter e da autonomia, é esse número que pode ser usado tanto para o bem quanto para o mal. Ao lado desse processo de redução, vemos Machado acrescentar um outro, o de mutilação da integridade do sujeito, reduzindo-o a uma parte, a um fragmento: "Uns braços", os joelhos redondos de Nhã-loló, do Brás Cubas,[10] ou um chapéu. Com isso, nosso salto pedagógico está dado, e podemos mergulhar no "Capítulo dos chapéus".

Como já apreciei em outro conto de Machado, "Singular ocorrência", o processo formal-estruturante de *ocultamento* e *revelação*, e de troca da posição do autor, afasta-se do narrador e deixa o leitor identificar-se consigo na pessoa do herói-narrador (Roncari, 2000, p.39). Tentarei agora verificar esse outro processo de composição de seus contos: como o autor trabalha a impossibilidade de realização do *indivíduo*, no sentido bem hegeliano do termo, enquanto síntese do particular com o universal na vida social brasileira, através dos dois recursos estilísticos acima referidos, os de *redução* e *mutilação*, com profundos resultados críticos. Como muitas outras coisas em Machado, esses recursos não são de fácil percepção, justamente por estarem demasiadamente evidentes.

O título do conto escolhido, "Capítulo dos chapéus", foi tirado de uma pequena farsa de Molière, *Le médecin malgré lui* (Molière, 1971, p.219), da qual um dos trechos é usado como epígrafe.[11] Veremos que

---

10 É o que o atrai na moça: "Realmente, não sei como lhes diga que não me senti mal, ao pé da moça, trajando garridamente um vestido fino, um vestido que me dava cócegas de Tartufo. Ao contemplá-lo, cobrindo casta e redondamente o joelho, foi que eu fiz uma descoberta subtil, a saber, que a natureza previu a vestidura humana, condição necessária ao desenvolvimento da nossa espécie" (Assis, 1971, v.I, c.XCVIII, "Suprimido", p.603).

11 Essa farsa tem muitos pontos rabelaisianos, inclusive a tirada humorística usada na epígrafe. Existe uma muito semelhante no *Gargantua*: "– Para que uso dizeis essas belas horas? disse Gargântua. – Para o uso de Fecan [convento da região de

o conto mantém um diálogo profundo com essa farsa. Nela, após Sganarelle citar aleatoriamente Hipócrates, "Hippocrate dit... que nous nous couvrions tous deux", Géronte lhe pergunta: "Hippocrate dit cela?". Sganarelle responde que sim, e Géronte quer então saber em qual capítulo; é quando o falso médico diz: "Dans son chapitre des chapeaux". O tema da farsa é o mesmo do conto, o da vingança da mulher: Martine, depois de ser espancada com um bordão pelo marido beberrão, Sganarelle, para se vingar, diz a dois serviçais, que procuram um médico para curar a mudez da filha do senhor para quem trabalham, Géronte, que o marido é um médico excepcional, mas que ele só o admite debaixo de bordoadas. É o que os criados fazem, espancam-no até que confesse ser esse médico excepcional, e acabam levando-o a Géronte. Este é um pai leviano que pretende casar a filha, Lucinde, por interesse e não pelas inclinações pessoais da moça, que ama Léandre. Como reação, Lucinde pára de falar; o pai pensa que é doença, e nenhum médico conhecido consegue curá-la. Esta é a intriga que faz que se encontrem Sganarelle e Géronte, um marido espancador e um pai prepotente, mostrando que tanto na camada humilde da sociedade, na dos criados, como na elevada, na senhorial, é a mulher a principal vítima. Na farsa de Molière, como toda a linguagem é maliciosa e porta sempre um segundo sentido, a alusão de Sganarelle ao chapéu que os *cobriam*, "Hippocrate dit... que nous nous *couvrions* tous deux" (o verbo francês *couvrir* também tem, como "cobrir" no português, a acepção do ato da cópula do macho com a fêmea, assim como a acepção de "ocultar", pois é como Sganarelle aparece diante de Géronte, por artimanha da mulher, disfarçado de médico, com um chapéu pontudo), pode ser interpretada como sinédoque da mulher: a mulher estaria

---

Caux], disse o monge, com três salmos e três lições, ou coisa nenhuma quem não quiser. Jamais me sujeitei às horas; as horas são feitas para o homem, e não o homem para as horas. Portanto, faço com elas o que se faz com o loro do estribo, eu as encurto ou as alongo, como bem me parece. *Brevis oratio penetrat coelos, longa potatio evacuat scyphos* [uma prece curta entra no céu, um trago longo esvazia os copos]. Onde está escrito isso? – Bofé, disse Ponocrates, eu não sei, meu fradezinho, mas sei que vale muito. – Nisso nós nos parecemos, disse o monge. Mas *venite apotemus* [vinde beber]" (Rabelais, 1991, p.202).

cobrindo o homem, infernizando sua vida ou, então, ocupando sua cabeça como preocupação, no caso de Géronte, ou como objeto de desejo, no caso de Sganarelle (ele, sempre que pode, tenta apertar os peitões de uma ama-de-leite da casa de Géronte, a *nourrice*). Seja como for, o "capítulo dos chapéus" de Hipócrates, na farsa, comporta uma referência fisiológica, que trata do intercâmbio físico entre os homens e deles com o mundo, o que constitui um contraponto com o sentido metafísico que lhe procura atribuir, no conto, o marido de Mariana, Conrado Seabra. Este diz que o chapéu não é um objeto de livre escolha do homem, mas um decreto *ab eterno*, que "ninguém o pode trocar sem mutilação" e que talvez "nem mesmo o chapéu seja complemento do homem, mas o homem do chapéu...". Nessa relação determinista (ele lembra Darwin e Laplace) e sacramentada, ele parece se referir ao casamento e ao risco de inversão que nele se processa com a mulher, que, de *objeto* de desejo, procura trocar de lugar com o homem, o verdadeiro *sujeito*. Se foi essa a intenção de Machado, seria inteiramente pertinente a nosso tema, que é o da oscilação da mulher entre o corporal e o espiritual, entre o mundano e o santo, como já enunciei ao falar de Conceição, do conto "Missa do galo" (a do marido, que na noite de Natal rezava na casa da amante), hesitando entre a puta e a santa, sem encontrar a possibilidade de uma alternativa.

O barrete frígio de Mariana

No conto "Capítulo dos chapéus" processa-se mais uma inversão com relação à farsa maliciosa: o chapéu deixa de ser sinédoque da mulher para ser do homem. Num primeiro momento, o chapéu significa aquilo que ocupa obsessivamente a cabeça dos homens, como a de Conrado, que usa sempre o mesmo chapéu *desde que se casou*, "desde cinco ou seis anos, que tantos eram os do casamento", e representa ao que estavam reduzidas as mulheres na sociedade patriarcal, objeto de uso e posse; mas, num segundo momento, a situação se inverte e o chapéu readquire a conotação convencional de símbolo masculino. A certa altura, as duas amigas, Mariana e Sofia, passam a se referir aos homens, metonimicamente, como chapéus:

Da janela podia gozar a rua, sem atropelo. Recostou-se; Sofia veio ter com ela. Alguns chapéus masculinos, parados, começaram a fitá-las; outros, passando, faziam a mesma cousa. Mariana aborreceu-se da insistência; mas, notando que fitavam principalmente a amiga, dissolveu-se-lhe o tédio numa espécie de inveja. Sofia, entretanto, contava-lhe a história de alguns chapéus, – ou, mais corretamente, as aventuras. Um deles merecia os pensamentos de Fulana; outro andava derretido por Sicrana, e ela por ele, tanto que eram certos na Rua do Ouvidor às quartas e sábados, entre duas e três horas. Mariana ouvia aturdida. Na verdade, o chapéu era bonito, trazia uma gravata, e possuía um ar entre elegante e pelintra, mas...

– Não juro, ouviu? Replicava a outra, mas é o que se diz.

Mariana fitou pensativa o chapéu denunciado. Havia agora mais três, de igual porte e graça, e provavelmente os quatro falavam delas, e falavam bem. Mariana enrubesceu muito, voltou a cabeça para o outro lado, tornou logo à primeira atitude, e afinal entrou. (Assis, 1974, v.II, p.406-7)

A naturalidade da expressão é dada pelo fato de as amigas estarem olhando de cima para baixo, da janela do sobrado, de modo que só poderiam mesmo ver os chapéus dos homens; mas, sutilmente, na freqüência da repetição do uso da palavra "chapéu", ela vai se transformando numa sinédoque com intenção redutora, de modo que resume os sujeitos a seus objetos de uso, ou seja, as mulheres fazem com os homens o que costumeiramente eles faziam com elas: revoltosas, reduzem-nos também a objetos. Estamos, portanto, num conto que fala de uma luta de vingança ou de libertação entre homens e mulheres, entre senhores e escravos, "restituir-lhe a posse de si mesma", diz Sofia à amiga submissa. No mundo Antigo, pagão, segundo Hegel na *Fenomenologia do espírito*, o conflito se dava entre homens e mulheres, consideradas tão irresponsáveis (*idiótes*) quanto as crianças e os escravos (Hegel, 1983, c.IV, p.145).[12] No mundo do conto machadiano, as mulheres

---

12 O fato de Conrado Seabra pertencer ao "Instituto da Ordem dos Advogados" não é um detalhe de menor importância, ao contrário. Para Hegel, é justamente a corporação que faz a mediação entre a família e o Estado, o que afirma o caráter de homem público e torna-o de fato um cidadão. É, portanto, mais um traço significativo de diferenciação, para distinguir o marido da domesticidade da mulher. É este o comentário de Jean-Pierre Lefebvre e Pierre Macherey sobre a corporação: "É por intermédio do seu pertencimento à corporação que o indivíduo particular, sujeito

encarnariam essencialmente a particularidade (a família, a casa; note-se o apego que tinha Mariana à ordem caseira e a aversão ao "tumulto", à "confusão das gentes" do mundo da rua), e os homens, a universalidade (a política e a coisa pública, a ordem geral, como Conrado Seabra, o marido que pertencia ao "Instituto da Ordem dos Advogados"). Alexandre Kojève, comentando a *Fenomenologia*, diz o seguinte: "A razão última do caráter criminoso de toda ação na sociedade antiga é a separação absoluta entre os sexos, e é a causa última da ruína do mundo pagão (mulher = particularidade das universalidades; homem = universalidade das particularidades)" (Kojève, 2002, p.100). Tínhamos, portanto, uma ordem fundada na inteira desigualdade: a mulher como a face doméstica dos homens, e estes como a face pública delas. Quanto a isso, apesar das profundas diferenças, o universo antigo guarda similaridades com o observado no conto de Machado, talvez pela vigência em ambos da escravidão. No mundo machadiano, a fuga das perspectivas diferentes e desiguais, traçadas pela ordem para cada sexo, nos planos do privado e do público, adquire também um caráter criminoso. Porém, a intenção do autor parece ser a de enunciá-la como a de um mundo pré-Revolução Francesa (o que lhe permite o diálogo com a farsa de Molière, um autor do século XVII, e não com um romance de Balzac), revolução ainda não incorporada à vida dos homens, e, a meu ver, não por acaso evocada nos três momentos mais significativos do conto (assim como nossa revolucionária Mariana recorda a Marianne, com o barrete frígio vermelho no alto das barricadas).[13]

Com relação ao último aspecto, gostaria de destacar três pontos do estudo muito interessante de José Murilo de Carvalho, "República-

---

     econômico da sociedade civil, torna-se cidadão do Estado, sujeito político no sentido estrito". E, numa observação ao parágrafo 254 do *Princípios da filosofia do direito*: "O caráter sagrado do casamento e a honra inerente à corporação são os dois elementos em torno dos quais gira a desorganização da sociedade civil burguesa" (Lefebvre & Macherey, 1999, p.60 e 127).

13 Foram os professores Modesto Florenzano e Francisco de Oliveira que me chamaram a atenção para a associação de Mariana com Marianne, a alegoria da revolucionária francesa, quando apresentei este trabalho pela primeira vez, num seminário aberto em 2003.

mulher: entre Maria e Marianne". Nele, o autor fala da oscilação no Brasil entre duas figuras femininas, uma cívica e uma religiosa, para simbolizar a República e a nação. Os três pontos que destacarei vêm muito a propósito das representações da mulher que tenho rastreado na obra de Machado: a flutuação entre o papel de puta e o de santa e a dificuldade de encontrar um terceiro papel, no qual se realizasse efetivamente como pessoa e cidadã. O primeiro ponto do estudo de Carvalho discorre sobre o momento em que Marianne se popularizou na França como a personificação da República. Isso se deu só após a revolução de 1848, quando ela surgiu como a mulher das barricadas, usando o barrete frígio de cor vermelha, indicação de radicalismo, em oposição ao Império de Napoleão III, o perseguidor e responsável pela expatriação de Charles Ribeyrolles, o amigo de Machado. O segundo é sobre o significado de Marianne: a mulher do povo que se envolve nas lutas políticas, ou seja, a mulher que deixa o mundo doméstico e invade e ocupa um lugar de liderança na esfera pública, o universo restrito aos homens. Se na França isso teve um alto significado e foi motivo de glorificação, primeiro popular e depois oficial, no Brasil ele se tornaria num ato escandaloso:

> Havia uma elite política de homens, que eram chamados públicos. A mulher, se pública, era prostituta. Mesmo na fase jacobina da República, durante o governo Floriano, a participação era exclusivamente masculina. Não só as mulheres não participavam, como não era considerado próprio que elas participassem. Política era coisa de homem. (Carvalho, 2005, p.92)

Por fim, o terceiro ponto, também em decorrência do estigma a que estava sujeita a mulher que se envolvesse na esfera pública, é o que ressalta como no Brasil, além de não haver uma fundamentação social que suportasse a alegorização da República como uma mulher, uma Marianne, logo após a proclamação a sua figuração se bipartiu. Por um lado, ela passou a ser representada como uma prostituta, foi assim que a caricaturizaram os cartunistas e os que se desencantaram com os rumos da República:

> Os obstáculos ao uso da alegoria feminina eram aparentemente intransponíveis. Ela falhava dos dois lados – do significado, no qual a

República se mostrava longe dos sonhos de seus idealizadores, e do significante, no qual inexistia a mulher cívica, tanto na realidade como em sua representação artística. Nessas circunstâncias, a única maneira em que fazia sentido utilizar a alegoria era aproximar uma república considerada falsificada da visão de mulher que a época considerava corrompida, ou pervertida, a prostituta. Ironicamente, a República, coisa pública, acabou sendo alegorizada pela mulher pública da época, embora essa mulher, como pública no sentido cívico, talvez fosse monarquista. (ibidem, p.96)

Por outro lado, a imagem da santa frutificou e passou a ser aceita como a verdadeira padroeira da nação, Nossa Senhora da Aparecida:

> De fato, assim como na França do Segundo Império, também no Brasil da Primeira República Maria foi utilizada como arma anti-republicana. Houve um esforço deliberado dos bispos para incentivar o culto mariano, sobretudo por meio de Nossa Senhora Aparecida. A partir do início do século, começaram as romarias oficiais. Em 8 de setembro de 1904, Nossa Senhora Aparecida foi coroada rainha do Brasil. Observem-se a data e o título: um dia após a comemoração da independência, uma designação monárquica. Não havia como ocultar a competição entre a Igreja e o novo regime pela representação da nação. O processo culminou na década de 30. Em 1930, Pio IX declarou Nossa Senhora Aparecida padroeira do Brasil. No ano seguinte, D. Sebastião Leme, perante uma multidão congregada no Rio de Janeiro, a consagrou rainha e padroeira do país. ... A batalha pela alegoria feminina terminou em derrota republicana. Mais ainda, em derrota do cívico perante o religioso. (ibidem, p.93-4)

A revolução de Mariana

Quando Mariana decide reagir ao fato de o marido não aceitar um pedido seu, que vinha de uma observação do pai, um tradicionalista "aferrado aos hábitos", de trocar o chapéu velho, que, segundo o sogro, parecia "torpe" em comparação "com outros chapéus altos de *homens públicos*" (Assis, 1974, p.402-3, grifo meu), sua primeira atitude é sair e procurar uma amiga, Sofia. Esta, *sábia* como o próprio nome e a ave de Minerva (por duas vezes, ela é comparada não à coruja, mas ao gavião, portanto também selvagem), faz a primeira observação dizendo que "a culpa não era do marido" (ibidem, p.404). Obviamente, querendo dizer à amiga que a culpa era dela, por aceitar voluntariamente a servidão e não lutar para pôr fim àquela relação de senhor e escravo. Sofia, em sua casa, já invertera a relação, e era sua a vontade que imperava: "Não lhe peço uma cousa que ele me não faça logo; mesmo quando não tem vontade nenhuma, basta que eu feche a cara, obedece logo" (ibidem, p.404). Era essa a "harmonia" nova que Sofia havia estabelecido em casa, e "Mariana ouvia com inveja essa bela definição do sossego conjugal. A *rebelião de Eva* embocava nela os seus clarins" (ibidem, p.404, grifo meu). Nós veremos que essa simples inversão da ordem, com a mulher passando a freqüentar a rua e a Câmara dos Deputados, os lugares do público e da política, portanto, da universalidade, acabava tornando os dois, marido e mulher, criminosos aos olhos *do outro* (da consideração social): ela, "mulher pública" (a prostituta), e ele, doméstico (o corno manso), o que não resolvia o problema.

Um pouco adiante, Sofia, pelo fascínio que exercem suas palavras e atitudes, é simultaneamente comparada ao demônio e a Bonaparte, aquele que, aos olhos de Hegel, teria promovido a síntese entre o particular e o universal, na figura do cidadão, o trabalhador-soldado: "Mariana aceitou; um certo demônio soprava nela as fúrias da vingança. Demais, a amiga tinha o dom de fascinar, virtude de Bonaparte, e não lhe deu tempo de refletir. Pois sim, iria, estava cansada de *viver cativa*. Também queria gozar um pouco, etc., etc." (ibidem, p.405, grifo meu).[14] E quando Mariana acompanha Sofia para a rua e a Câmara dos Deputados, os lugares do público e dos homens por excelência, Sofia também a convida a ir tirar retrato, ao que Mariana responde:

– Já tenho muitos. E para quê? Para dá-lo *"aquele senhor"*?
Sofia compreendeu que o ressentimento da amiga persistia, e, durante o caminho, tratou de lhe pôr um ou dous bagos mais de pimenta.

---

14 Sobre o significado de Napoleão, tanto como referência para a estruturação do juízo crítico de Machado sobre a vida social e institucional brasileira, como para apreciação da ojeriza que nossa camada dominante escravista nutria por ele, seria interessante analisar o capítulo XII, "Um episódio de 1814", do *Memórias póstumas de Brás Cubas*, que se passa num banquete organizado pela família do herói para celebrar a derrota de Napoleão.

Disse-lhe que, embora fosse difícil, ainda era tempo de libertar-se. E ensinava-lhe um método para *subtrair-se à tirania*. Não convinha ir logo de um salto, mas devagar, com segurança, de maneira que ele desse por si quando ela lhe pusesse o pé no pescoço. Obra de algumas semanas, três a quatro, não mais. Ela, Sofia, estava pronta a ajudá-la. E repetia-lhe que não fosse mole, *que não era escrava* de ninguém, etc. Mariana ia cantando dentro do coração *a marselhesa do matrimônio*. (ibidem, p.406, grifos meus)

Sem dúvida, estamos aqui nos primórdios da dialética hegeliana do senhor e escravo, quando ainda o escravo, para libertar-se, pretendia destruir e não suprassumir o seu "senhor", tornando-se por sua vez senhor do senhor, reduzindo-o a seu escravo, como havia feito Sofia com o marido: "Sofia tinha consciência da sua superioridade"; o que também não satisfazia, se era a igualdade que se procurava. Foi essa talvez a lúcida percepção de Mariana, "a rola estava livre do gavião", a de que esse caminho a conduziria ao *crime* naquela ordem patriarcal, pois, os dois, ela e o marido, tornar-se-iam criminosos, e não cidadãos: "Achou que, bem pesadas as cousas, *a principal culpa era dela*. Que diabo de teima por causa de um chapéu, que o marido usara há tantos anos [desde que se casara com ela]? Também o pai era exigente demais..." (ibidem, p.410, grifo meu).

Era esta a aporia, a mesma de Conceição da "Missa do galo": a solução *pessoal* não deixava à mulher outro papel senão os de puta ou santa, e é a este último que Mariana retorna, quando volta para casa, um ninho de aconchego e ordem, ironicamente saudado assim pelo autor: "*Santa* monotonia, tu a acalentavas no teu regaço eterno" (ibidem, p.410, grifo meu).

Quando Mariana chega à casa, convencida de sua aventura irresponsável, a única coisa que estava fora da ordem doméstica era *um vaso*, como um símbolo de si e de sua saída para a rua e a Assembléia, quando tentou ocupar o lugar do homem. Assim, o vaso, como ela, também deveria retornar a seu lugar, e a ordem expressa que dá ao jardineiro é esta "– João, bota este vaso onde estava antes". É dessa maneira que Mariana se dirige ao jardineiro, sem nenhum "por favor" ou "tenha a gentileza", mas no mesmo tom imperativo com que talvez o marido, "autoritário e voluntarioso", se dirigisse a ela. Machado, como grande leitor dos clássicos, sabia que a representação da mulher na sociedade patriarcal grega era o *vaso*, onde o homem plantava a semente que iria perpetuar a linhagem masculina. E foi dos lábios do vaso (*pitos*, πιθοσ, ou: jarra para o vinho, azeite ou cereais) de Pandora ("a boceta de Pandora", como Machado escreve algumas vezes)[15] que escapou o "presente de grego" que Zeus mandou aos homens, para desgraçar a vida deles, como vingança por ter sido enganado por Prometeu: "un mal, en qui tous, au fond du coeur, se complairont à entourer d'amour leur propre malheur" [um mal, em que todos, no fundo do coração, comprazer-se-ão em cercar de amor, a sua própria desgraça].[16] Desse

---

15 Como aqui, na sua fase liberal-combativa, num artigo no *Paraíba* (de 26 de junho de 1858) atacando um projeto do ministro Sales Torres Homem: "O projeto do Sr. Sales Torres Homem, o nosso Epimeteo moderno, será pois para nós o que foi para a Antigüidade mitológica, a boceta de Pandora". Ele usa o termo possivelmente derivado do francês *bosse*, "vasilha", que formou os diminutivos dialetais *bosset*, *bousset* e *boussette* (Machado, 1956, p.377).

16 "A raça humana vivia outrora sobre a terra, afastada e ao abrigo das penas, da dura fadiga, das doenças dolorosas que levavam os homens à morte. Mas a mulher, tirando com as suas mãos a larga cobertura do jarro, dispersou-os pelo mundo e dispôs os homens aos seus tristes cuidados. Só, a Esperança permaneceu lá, no interior da sua dura prisão, sem ultrapassar os lábios do jarro e sair para fora, porque Pandora já havia recolocado a coberta, por ser a vontade de Zeus, o encadeador de nuvens, o que porta o escudo" (Hesíodo, 1951, p.89, tradução minha). Froma I. Zeitlin assim comenta a significação do jarro/vaso nos poemas de Hesíodo: "Para J.-P. Vernant, a imagem do jarro representa a casa, ou *oikos*, e a mulher é a figura ambígua, de l'*Elpis*, que permanece nela". E mais adiante: "Em todo o corpus hipocrático e dos anatomistas mais tardios às teorias mais elaboradas o útero da mulher é comparado a uma jarra de cabeça para baixo, dotada de duas orelhas ou asas. ... A representação do útero como um jarro, descrito nos termos que se referem à parte superior do corpo (boca, pescoço), é igualmente compatível com a correlação que é feita entre os apetites sexuais e orais de uma mulher, que acentua Hesíodo, situando-o abaixo, no ventre (*gastèr*) rapace; porém ela testemunha igualmente a imaginação popular e médica, que insiste na simetria entre a boca e a sua análoga uterina. Um jarro, como em Hesíodo, tem dois lábios e um útero também, e a analogia se prolonga na idéia de um lacre e uma rolha, necessários para impedir o acesso quando ele preserva a virgindade ou retém a semente que aí foi depositada a fim de permitir uma gestação feliz" (Zeitlin, 1996, p.359-60, tradução minha).

modo, Mariana aprende e se conforma, em vez de se sacrificar, como se tivesse adquirido a lucidez de que o tempo do reconhecimento ainda não havia chegado para ela; tanto que, no final, para a sua surpresa, quando o marido chega com um chapéu diferente do de costume, ela o sente como se tivesse ocorrido uma subversão promovida pelos ideais revolucionários da Ilustração, seu reconhecimento como sujeito com vontade e sua aceitação pelo outro:

> O espírito de Mariana recebeu um choque violento, igual ao que lhe dera o vaso do jardim trocado – ou ao que lhe daria uma lauda de Voltaire entre as folhas da *Moreninha* [que já havia lido sete vezes] ou de *Ivanhoe* [dez vezes]... *Era a nota desigual no meio da harmoniosa sonata da vida.* (ibidem, p.410-1, grifo meu)

A cena acontece justamente ao entardecer, com o crepúsculo, quando levanta vôo a ave de Minerva, e completa, numa seqüência invertida, os três momentos cruciais da Revolução Francesa: *Voltaire*, como o representante maior da formulação de seu ideário; a *Marselhesa*, como o hino do momento da ruptura revolucionária com o Antigo Regime; e *Bonaparte*, como a encarnação do Estado que iria consolidá-la e universalizá-la. Mas nada soava mais estranho, no mundo social em que se passava a nossa história dos chapéus, escrita quase um século depois da Revolução, do que esses três passos fundamentais da nossa modernidade histórica. Assim, penso eu, que o conto "Capítulo dos chapéus", também poderia se chamar "O caminho do triste esclarecimento de Mariana".[17]

---

[17] Houve, por parte de Mariana, não um simples retorno ao que era, mas um ganho de consciência de sua condição, que podia significar um trânsito do *em si* ao *para si*, como o primeiro passo necessário para sua negação e posterior afirmação numa outra condição. Sobre essa situação recorrente na literatura brasileira – o ser e o não-ser presentes simultaneamente na relação do eu consigo e com o outro –, seria interessante apreciar dois comentários de Kojève sobre a dialética do real na fenomenologia de Hegel: "Tornar-se diferente do que se é equivale a tomar posição em relação a si próprio, é existir (tal como se foi) para si (tal como se é atualmente). O ser que nega dialeticamente o real dado conserva-o também como negado, isto é, como irreal ou ideal; conserva-o como sentido do discurso pelo qual ele o

Referências bibiográficas

ASSIS, M. de. *Contos completos de Machado de Assis*. Djalma Cavalcante (org.). Juiz de Fora: UFJF, 2003. v.1, 2 t.
_____. *Obra completa*. Rio de Janeiro: José Aguilar, 1971. v.I.
_____. *Obra completa*. Rio de Janeiro: José Aguilar, 1974. v.II.
CARVALHO, J. M. de. "O imaginário da República no Brasil". *A formação das almas*. São Paulo: Companhia das Letras, 2005.
GLEDSON, J. Os contos de Machado de Assis: o machete e o violoncelo. In: *Contos*: uma antologia de Machado de Assis. São Paulo: Companhia das Letras, 1998. 2v.
GOETHE, J. W. *Fausto*. Trad. Agostinho D'Ornellas. Coimbra: Atlântida, 1958.
HEGEL, G. W. F. *La phénoménologie de l'esprit*. Trad. Jean Hyppolite. Paris: Aubier, 1983. v.I.
HESÍODO. *Théogonie, Les travaux et les jours, Le boucler*. Edição bilíngüe. Trad. Paul Mazon. Paris: Les Belles Lettres, 1951.
KOJÈVE, A. *Introdução à leitura de Hegel*. Trad. Estela dos Santos Abreu. Rio de Janeiro: EDUERJ/Contraponto, 2002.
LEFEBVRE, J.-P., MACHEREY, P. *Hegel e a sociedade*. São Paulo: Discurso, 1999.
MACHADO, J. P. *Dicionário etimológico da língua portuguesa*. Lisboa: Confluência, 1956. 2v.
MASSA, J.-M. *A juventude de Machado de Assis*. Rio de Janeiro: Civilização Brasileira, 1971.
MOLIÈRE. *Oeuvres completes*. Paris: Gallimard, 1971. v.II.

---

revela. Logo, ele é consciente do que nega. E, se ele nega a si mesmo, é consciente de si. Já o ser simplesmente idêntico só existe em si e para os outros, isto é, em sua identidade consigo mesmo e pelas relações de diferença que o ligam ao resto dos seres idênticos no seio do cosmo: ele não existe para si e os outros não existem para ele". E, pouco adiante, ele descreve abstratamente a continuidade do processo dialético até a sua conclusão: "O ser negador nega a identidade consigo mesmo e torna-se seu próprio oposto, mas permanece o mesmo ser. E essa sua unidade na oposição a si mesmo é a sua afirmação a despeito de sua negação ou dissolução, e até transformação. É como afirmação negadora de si, é como re-afirmação de sua identidade primeira consigo mesmo, que o ser é uma entidade especulativa ou positivamente racional. Assim, o Ser que se reafirma como Ser idêntico a si mesmo depois de ter-se negado como tal não é nem identidade, nem negatividade, mas sim totalidade. E é como totalidade que o Ser é verdadeiramente e plenamente dialético. Mas ele é totalidade dialética e não identidade tautológica porque é também negatividade. A totalidade é a unidade-unificante da identidade e da negatividade: é a afirmação pela negação" (Kojève, 2002, p.446-7).

RABELAIS, F. *Gargântua e Pantagruel*. Trad. David Jardim Júnior. Belo Horizonte: Vila Rica, 1991. 5v.

RONCARI, L."Esboço para o estudo do ponto de vista da mercadoria na literatura brasileira". *Crítica Marxista*, n.17, nov. 2003, Rio de Janeiro, Revan.

_____. Ficção e história: o espelho transparente de Machado de Assis. *Teresa*, n.6-7, 2006, São Paulo, USP/34 Letras.

ZEITLIN, F. I. L'origine de la femme et la femme origine: la Pandore d'Hésiode. In: BLAISE, F., JUDET DE LA COMBE, P., ROUSSEAU, P. *Le métier du mythe*: lecture d'Hésiode. Lille: Septentrion Presses Universitaires, 1996.

Ficção e história
O espelho transparente de Machado de Assis[1]

> ... uma gravura representando seis damas turcas ...
> Eram seis damas de Constantinopla – modernas –,
> em trajos de rua, cara tapada, não com um espesso
> pano que as cobrisse deveras, mas com um véu
> tenuíssimo, que simulava descobrir somente os olhos, e
> na realidade descobria a cara inteira. E eu achei graça
> a essa esperteza da faceirice muçulmana, que assim
> esconde o rosto – e cumpre o uso –, mas
> não o esconde – e divulga a beleza.
>
> Machado de Assis,
> "Formalidade", *Memórias póstumas de Brás Cubas*

Machado de Assis foi leitor e tradutor de Edgar Allan Poe ("O corvo"), mas a influência do primeiro grande contista moderno na sua

---

[1] Este trabalho foi apresentado no XX Simpósio Nacional de História – Fronteiras da ANPUH (Associação Nacional de História), na UFSC, em Florianópolis, de 25 a 30 de junho de 1999. Uma primeira versão foi publicada na revista de literatura brasi-

obra está ainda por ser devidamente estudada. Parece-me que Machado aprendeu com a leitura de Poe uma espécie de método de investigação e de exposição que lhe permitiu pensar em novas formas de estruturação da narrativa, e, com isso, de relacionamento com o leitor. O método consistia em envolver o leitor num jogo de esconder e revelar, sem que o leitor se desse conta do quanto ele próprio estava sendo imitado e, assim, ludibriado e esclarecido ao mesmo tempo. De certa maneira, o que Poe tematizava, Machado aproveitava no plano da forma; com isso, criou um tipo de espelho que mostrava o deformado de modo tão evidente e familiar que o naturalizava. O leitor já não se espantava com o monstruoso das deformações, pois passava a enxergar o próprio rosto doente com tal naturalidade que não se satisfazia só com o refletido em primeiro plano, o imediatamente visível e palpável, e procurava atingir, com o olhar exigente de leitor agudo, algo mais profundo do que o disforme das próprias imagem e situação. Pistas instigantes e desviadoras atraíam o olhar do leitor para o enigmático dos planos mais profundos, arquitetados pela ficção. O objetivo deste trabalho será mostrar, pela análise do conto "Singular ocorrência", como Machado deve ter aprendido esse método com a leitura de Poe.

---

leira, *Teresa*, n.1, São Paulo, 1° sem. 2000, p.139. Ele tem origem em minha participação no exame de qualificação de Flávia Miari Bolaffi, em 1995, quando desenvolvia sua dissertação de mestrado sobre "Singular ocorrência". Ao ler o conto no final de 1970, o que mais me impressionou, que nunca saiu de minha lembrança foi a expressão "nostalgia da lama". Essa "lama" soava para mim como algo ambígüo e atraente, que não se reduzia ao sujo e à sarjeta. Somente vinte e cinco anos depois, ao reler o conto, ocorreram-me as principais idéias deste trabalho. A contribuição decisiva para sua efetivação foi a leitura dos textos de Roberto Schwarz, particularmente de *Um mestre na periferia do capitalismo* e "A poesia envenenada de *Dom Casmurro*". Não será difícil encontrar aí as fontes das minhas interpretações. Há pouco, o crítico português Abel Barros Baptista, em entrevista ao jornal *Folha de S.Paulo* (Mais!, 29 de março de 1999), classificou essa orientação, que vem desde os trabalhos de Helen Caldwell, de "o paradigma do pé atrás". Mas, pensei comigo, com quantos pés atrás e desconfiança não deve o crítico apreciar a literatura para não se deixar enganar pelos cantos da sereia? Entretanto, no que foi exposto na entrevista, não se observa um passo à frente no estudo da difícil relação da obra de Machado com o universo literário e cultural de que faz parte, e que vale a pena investigar.

Para o autor carioca, a ficção ultrapassava o plano da imaginação. Ela era usada também para esconder e revelar, como o véu das muçulmanas, uma visão muito crítica do real. E o resultado dessa visão deveria se manifestar onde ninguém pensaria em procurá-lo, como se fosse colocado na moldura ou nas bordas, e não no centro do quadro. O modo de ser dos homens na vida social brasileira é exposto com tal naturalidade que se torna transparente; por isso, o texto de Machado se assemelha a um espelho que não reflete, e a atenção do leitor é desviada para planos mais profundos, porém muitas vezes secundários, como se a verdade da história estivesse no fingido e oculto, e não no manifesto.

O que se passa no conto "Singular ocorrência" parece antes um exercício preparatório para algo mais desenvolvido, o romance *Dom Casmurro*, no qual o tema histórico da *suspeita* na vida social brasileira fica encoberto pelo da *traição conjugal*.[2] De novo, pelas mesmas técnicas, os olhos do leitor são desviados da condição do humano na vida histórico-social para o divertimento do romanesco e da ficção, embora haja aí, mais do que no conto, um maior equilíbrio entre uma camada e outra de significação.

O novo método de investigação

Edgar Allan Poe, no conto "A carta furtada", desenvolve, junto com a trama, uma nova teoria de investigação policial, não mais fundada em princípios rígidos, mas no conhecimento e na compreensão do transgressor: como na perseguição do rato pelo gato, leva vantagem quem melhor conhecer o outro e puder prever seus truques. Nessa competição, o primeiro princípio é o da desconfiança, pois tudo pode ser justamente o contrário do que parece. Em resumo, a trama é esta: certa noite, enquanto Augusto Dupin e seu amigo fumavam cachimbo de espuma e meditavam, acompanhando as volutas da fumaça no gabinete de estudo, no bairro de Saint Germain, eles foram procurados pelo che-

---

[2] Sobre o assunto, ver o ensaio neste livro "Dom Casmurro e os retratos dos pais".

fe de polícia parisiense. Este vinha pedir ajuda para a solução de um caso "extraordinariamente esquisito", que Dupin antes de saber do que se tratava, já considerou "simples e esquisito" e, um pouco mais adiante: "Talvez o mistério seja um tanto *demasiado claro*" (Poe, 1981, p.171-86). A partir daí, Dupin expõe a lógica com que trabalha: a da desconfiança e da inversão, de modo que o aparentemente simples possa conter o mistério e este possa estar apoiado na simplicidade.

O caso é o do roubo de uma carta do gabinete de uma senhora importante da Corte, pelo Ministro D***, cuja posse, pelas informações que continha, dava-lhe ascendência sobre a respectiva pessoa, e se tornava um trunfo em suas mãos, no jogo de poder da Corte. Para a senhora, fica evidente quem a havia roubado, por isso recorre ao chefe de polícia para recuperá-la. Este usa de todos os recursos, policiais e técnicos, para reavê-la, mas em vão, pois, por mais amplos e sofisticados que fossem, os recursos eram previsíveis, portanto passíveis de ser driblados pelo Ministro. Dupin parte do seguinte princípio: o de que, antes de se estabelecer uma estratégia de busca, deve-se conhecer a pessoa contra a qual se embate. Era sabido que o Ministro em questão era também poeta, o que levara o chefe de polícia a considerá-lo "estar só a um passo do maluco". O Ministro era também matemático, o que poderia tê-lo feito agir guiado por princípios abstratos gerais, como os da matemática. O ser poético, entretanto, corrigia o matemático, e dirigia sua atenção também às situações concretas particulares. Por conseguinte, ele não agia nem como por idéias malucas nem por princípios previsíveis:

> Conheço-o – diz Dupin –, contudo, tanto como matemático quanto como poeta, e minhas medidas foram adaptadas à capacidade dele com referência às circunstâncias que o rodeavam. Sabia também que ele era um cortesão e um ousado *intrigante*. Um homem assim, pensei, não podia deixar de ser conhecedor dos modos comuns de agir da polícia. (ibidem)

Do conhecimento do adversário, e do que este sabia a respeito dos métodos inflexíveis da polícia, Dupin procura deduzir qual seria a prática dele e como procuraria enganar seus perseguidores, e chega à conclusão de que ele disfarçaria a carta, expondo-a ao máximo: em vez de escondê-la, para que não a encontrassem, ele iria mostrá-la, para melhor ocultá-la. O Ministro, pressupondo que a polícia a acreditaria escondida e a procuraria nos mais difíceis recônditos, deixa-a no lugar mais à vista, onde seria mesmo mais provável guardar uma carta: num porta-cartão pendurado na lareira. Assim, Dupin, depois de identificar a forma de raciocínio do Ministro, usa de alguns artifícios e consegue recuperá-la.

Juntamente com a trama, Poe apresenta uma teoria da investigação, de tal modo que o desenvolvimento da intriga acaba se transformando em demonstração prática de sua eficácia. Essa teoria baseia-se no que já foi esboçado acima: na desconfiança da aparência, que pode indicar justamente o contrário, e, ao mesmo tempo, na necessidade de dar atenção e importância à aparência: saber reconhecê-la e conseguir decifrá-la, pois é através dela que se pode chegar à verdade procurada. Depois de percorrer um caminho complexo, que não vem muito ao caso aqui, ele o exemplifica com o jogo do mapa:

> Um parceiro, que joga, pede ao outro para descobrir uma dada palavra, um nome de cidade, rio, estado ou império; qualquer palavra, em suma, sobre a matizada e intrincada superfície do mapa. Um novato no jogo procura, geralmente, embaraçar seus parceiros dando-lhes os nomes de letras mais miúdas, mas o veterano escolhe palavras de grandes caracteres que se estendem de uma extremidade a outra do mapa. Estes, como os letreiros e tabuletas de rua, com grandes letras, escapam à observação pelo fato de serem excessivamente evidentes, e aqui a inadvertência física é *precisamente análoga à inapreensão moral por meio da qual o intelecto deixa passar inadvertidas aquelas considerações, que são demasiado importunamente e demasiado palpavelmente evidentes.* (ibidem)

Os grifos são meus, pois é dos costumes e das suas deformações que trata o conto de Machado que veremos. Como o chefe de polícia não fora capaz de decifrar seu opositor, tal qual Dupin o fez, relendo com os olhos da desconfiança o que os olhos da *massa* ou dos homens comuns tinham como assentes, o chefe de polícia não seria capaz também de imaginar isto: "que, para ocultar essa carta, o ministro tinha apelado para o expediente compreensível e sagaz de não tentar ocultá-la absolutamente" (ibidem).

Ao procurar a carta, Dupin começa desconfiando da descrição que o chefe de polícia fez-lhe dela e a acredita disfarçada, apresentando justamente os sinais opostos dos descritos. Com esses sinais, ele identifica as intenções (assim como fazia com as expressões físicas das pessoas, que lhe permitiam chegar a seus fundamentos psíquicos): "uma intenção de induzir erradamente o observador a uma idéia da falta de importância do documento" (ibidem).

Do conteúdo à forma

O narrador do conto de Machado de Assis, "Singular ocorrência", é o "amigo íntimo" do protagonista. Depois que tudo se passou, o narrador, conversando com outro amigo, próximo ao adro da Igreja da Cruz, aponta para uma dama de preto (sinal de luto pelo amante, morto já há dez anos!), parando para dar uma esmola antes de entrar na igreja, o que indica ser ela, além de mulher fiel, pelo menos à memória do morto, pessoa também caridosa. No entanto, não são esses dotes morais que atraem os amigos, mas o corpo da mulher: "a julgar pelo corpo: é moça de truz" (Assis, 1974, p.390-5), diz o amigo interlocutor. São os dotes físicos que despertam neles a atenção e a lembrança, o que leva então o amigo-narrador a contar ao outro o que se passou. Ela fora amante de um seu amigo íntimo, com o qual privara, com a dama de preto, tanto da vida oficial quanto da clandestina. Ele era casado com uma mulher bonita, "afetuosa, meiga e *resignada*;[3] quando os conheci, tinham uma filhinha de dois anos" (ibidem).

---

3 É muito significativo que Machado tenha usado o mesmo termo, *resignação*, para falar da atitude de outra mulher, a mãe de Estácio, no romance *Helena*, diante da mesmíssima situação. Seu marido era em tudo mediano, descontado apenas "a única paixão forte que realmente teve, a das mulheres" (o que o aparentava a Andrade, herói do conto aqui analisado, que "tinha em alto grau a paixão das mulheres") e explicava a sua suposta filha ilegítima, Helena. Se entre as personagens masculinas existiam afinidades, entre as femininas também: a mãe de Estácio sujeitava-se, tanto quanto a mulher de Andrade, às relações clandestinas do marido, porém, se não se resignava como ela, também não questionava sua situação e tal-

Esse mesmo termo, *resignada*, Machado usou num de seus primeiros contos, "Casada e viúva", de 1864, da fase considerada ainda por muitos críticos como romântica. Quem o emprega é Cristiana, para

---

vez nem tivesse como, sendo a sua saída recolher-se "à dignidade do silêncio": "A mãe de Estácio era diferente [do marido]; possuíra em alto grau a paixão, a ternura, a vontade, uma grande elevação de sentimentos, com seus toques de orgulho, daquele orgulho que é apenas irradiação da consciência. Vinculada a um homem que, sem embargo do afeto que lhe tinha, despendia o coração em amores adventícios e passageiros, teve a força de vontade necessária para dominar a paixão e encerrar em si mesma todo o ressentimento. As mulheres que são apenas mulheres, choram, arrufam-se ou *resignam-se* [o caso da mulher de Andrade]: as que tem alguma coisa mais do que a debilidade feminina, lutam ou recolhem-se à dignidade do silêncio. Aquela padecia, é certo, mas a elevação de sua alma não lhe permitiria outra cousa mais do que um procedimento altivo e calado. Ao mesmo tempo, como a ternura era elemento essencial da sua organização, concentrou-a toda naquele único filho, em quem parecia adivinhar o herdeiro de suas robustas qualidades" (Assis, 1971, p.279). A diferença essencial, para o que nos interessa, entre o romance e o conto está no fato de sua narrativa não ser a versão de um "amigo íntimo", mas a de um narrador distante, feita na terceira pessoa, podendo assim julgar as ações das personagens pelos valores ideais socialmente aceitáveis, mas que não condiziam em nada com a prática socialmente generalizada. Desse modo, seu foco concentra-se na positividade do caráter da mulher, plenamente exposto e contrastante com o do marido, mas que se acomoda a seu desregramento, encerrando "em si mesma todo o ressentimento". Esse ponto de vista seria facilmente endossado pelo leitor médio e realimentava a hipocrisia social, já que não colocava em questão a prática comum nem tocava nas suas causas. Apenas se apresentava como regeneradora dos vícios, que não eram individuais, mas quase norma, colocando-se do lado da mulher, forte e virtuosa moralmente, o que lhe sustentava, por ironia, o "procedimento altivo e calado". A grande mudança de Machado, do romance *Helena* para o conto "Singular ocorrência", foi no sentido daquilo que Dolf Oehler, referindo-se a Baudelaire, chama de passagem de uma estética burguesa para uma antiburguesa, que é o que tentaremos mostrar neste estudo: "a estética antiburguesa pressupõe que o artista/escritor oriente a sua estratégia de público inteiramente pela burguesia, no sentido de que esta é ao mesmo tempo destinatária – a obra será como que 'maquiada' para ela – e alvo – se possível, sem que ela própria o perceba. 'Alvo' significa vítima em efígie, sendo que a condenação – levada a cabo simplesmente pela exposição – é feita com vistas a um outro público, ainda não visível ou localizável, a que Sartre chama *public virtuel*" (Oehler, 1997, p.15). Com a mudança, o narrador perdia a distância e passava a ser o próprio discurso estruturado nas entranhas da classe social a ser exposta para o julgamento do leitor. Aqui, era o leitor que assumia a função de juiz, e não mais o narrador.

consolar Eulália, quando esta descobre que o marido a engana com outras e assedia a própria amiga que a consola. O que Cristiana diz para Eulália, em resumo, é que não torne pública sua desgraça privada, que se conforme com ela e pense na filha:

> Eulália mostrou ao princípio grandes desejos de separar-se de seu marido e ir viver com Cristiana; mas os conselhos desta, que entre as razões de decoro que apresentou para que Eulália não tornasse pública a história das suas desgraças domésticas, alegou a existência de uma filha do casal, que cumpria educar e proteger, esses conselhos desviaram o espírito de Eulália dos seus primeiros projetos e fizeram-na *resignada* ao suplício. (Assis, 2003, t.1, p.107-19, grifo meu)

Porém, o mais importante já fora dito explicitamente e com crueza pelo narrador um pouco atrás, quando Meneses, o marido, já iniciara o assédio a Cristiana:

> Apreciando estes fatos à luz da razão prática, se julgarmos legítimos os temores de Cristiana, julgaremos exageradas as proporções que ela dava ao ato de Meneses. *O ato de Meneses reduz-se, afinal de contas, a um ato comum, praticado todos os dias, no meio da tolerância geral e até do aplauso de muitos. Certamente que isso não lhe dá virtude, mas tira-lhe o mérito da originalidade.* (ibidem, grifo meu)

O que o narrador diz nessa passagem é que o crime era a norma. A repetição do termo irônico *resignada* ao se referir ao comportamento da mulher, em dois contos tão distantes, permite-nos dizer que Machado já era Machado enquanto sujeito crítico; ele já pensava e julgava seu meio social pelos mesmos valores, mas apresentava variações em seu papel de escritor. Os valores de referência seriam os que chamamos de modernos, com relação às práticas características do mundo Antigo pagão, como as entendia Hegel, na *Fenomenologia do espírito*, no qual as mulheres estavam circunscritas ao universo do privado e os homens dominavam o da vida pública. O que mudou em Machado foi a posição do autor com relação ao narrador: da proximidade, como neste conto da casada desencantada, para a distância máxima, quase na posição do leitor-espectador, no "Singular ocorrência" (Assis, 1974, p.390-5), o conto do enganador enganado ou do amante desencantado. Com isso, juízos explícitos como o citado acima, do conto "Casada e viúva", tornam-se implícitos e sua apreensão depende da formação e das argúcias do leitor.

O "herói" nada heróico nem singular, como veremos, do conto "Singular ocorrência", só aparece com o nome de família, como "o Andrade", nascido nas Alagoas, casado na Bahia e perfeitamente ajustado na corte do Rio de Janeiro, para onde fora em 1859 e se tornara "meio advogado, meio político". Um bacharel, filho de alguma família da oligarquia regional, que não enfrentara grandes dificuldades, pelo menos que valessem a pena o relato, para ser aceito e se integrar na boa sociedade carioca da época. Esse detalhe permite deduzir que não só os membros das oligarquias de todas as províncias se ajustavam bem na corte do Segundo Império, e os desta naquelas, como também o Brasil era um só e o mesmo em todas elas. A amante, pelo contrário, só é apresentada com nome e apelido, sem um sobrenome de família que merecesse ser lembrado: "D. Maria *de tal*. Em 1860 florescia com o nome *familiar* de Marocas"[4] (ibidem). O *familiar* aqui indica, com ironia, não o tronco de origem, mas o fato de ser assim conhecida e mencionada na família pública, nas rodinhas de amigos, como acontecia ali. Ela era uma moça humilde, que não se acertara nas profissões abertas aos pobres, como costureira, proprietária de pequeno negócio ou mestra de meninos, por isso caíra no destino comum, assim sugerido pelo narrador: "vá excluindo as profissões e lá chegará", aludindo à primeira e mais antiga delas. Foi seu analfabetismo que promoveu a primeira aproximação de Andrade: na rua, parou para perguntar ao bacharel onde ficava o número que estava escrito num bilhete que trazia à mão.

O objeto do relato se resume a esta segunda vida de Andrade, a clandestina, com a amante, "ele tinha em alto grau a paixão das mulheres", como vimos, e que o amigo-narrador acompanhou e viveu de perto: "Eu tinha a confiança de ambos. Jantávamos às vezes os três juntos;

---

[4] No Brasil colonial, não possuir sobrenome era sinal de vileza. Gilberto Freyre cita o *Regimento* destinado ao Grão-Pará e ao Maranhão, que determinava "que os Indios tomassem sobrenomes, com preferencia de familias portuguezas, para evitar a confusão que do contrario se seguia, e a vileza de o não terem" (Freyre, 1951, p.713, nota 12).

e... não sei por que negá-lo, – algumas vezes os quatro. Não cuide que eram jantares de gente pândega; alegres, mas honestos" (ibidem). Com isso fica dito que eram não só íntimos, mas muito iguais, sendo assim um relato de alguém que partilhava dos mesmos valores e costumes do amigo, e cujo ponto de vista poderia não ter isenção para ultrapassar o da classe. Entre os iguais, Andrade se excedia em generosidade, é o que o narrador faz questão sempre de realçar quando se refere ao amigo, como neste trecho, quando vão passar juntos com a família oficial a festa de São João, na Gávea:

> De caminho disse-me a respeito da Marocas as maiores finezas, contou-me as últimas frioleiras de ambos, falou-me do projeto que tinha de comprar-lhe uma casa em algum arrabalde, logo que pudesse dispor de dinheiro; e, de passagem, elogiou a modéstia da moça, que não queria receber dele mais que o estritamente necessário. Há mais do que isso, disse-lhe eu, e contei-lhe uma coisa que sabia, isto é, que cerca de três semanas antes, a Marocas empenhara algumas jóias para pagar uma conta da costureira. Esta notícia abalou-o muito; não juro, mas creio que ficou com os olhos molhados. Em todo caso, depois de cogitar algum tempo, disse-me que definitivamente ia arranjar-lhe uma casa e pô-la ao abrigo da miséria. (ibidem)

Certamente, entre os iguais, era o amigo um homem sensível e generoso. Porém, o centro de interesse do relato está no fato que dá título ao conto: "Singular ocorrência". O adjetivo anteposto ao substantivo ressalta a acepção de *estranheza*, de *fato extraordinário* do termo *singular*, acepção que é enfatizada na fala inicial do narrador, agora com a posposição do adjetivo: "Há ocorrências bem singulares". Aos olhos de quem narra, portanto, o fato pareceu efetivamente *estranho*, e é a isso que ele nos induz. O que se passou? Foi no dia de São João, a festa popular noturna de fundo dionisíaco, comemorada com fogos de artifício, fogueira, mastro fálico, quentão, namoros e casamentos, mas que entre a burguesia da corte do Rio de Janeiro do século XIX deve ter se transformado em festa familiar.[5] Nesse dia, Andrade e o amigo acom-

---

5 Num trecho do *Memorial de Aires*, por meio das palavras do conselheiro, Machado recorda esse significado erótico/casamenteiro das festas de São João, o qual per-

panharam a família oficial à Gávea, onde "iam assistir a um jantar e um baile". A Marocas ficou só; sem família com quem passar a festa, deveria nessa noite do santo travesso jantar sozinha, tendo como consolo o retrato do amante, pendurado na sala, para lhe fazer companhia: "ia fazer como a Sofia Arnoult da comédia, ia jantar com um retrato; mas não seria o da mãe, porque não tinha, e sim do Andrade"[6] (ibidem).

Foi nessa noite de solidão extrema e de santo travesso que ocorreu o fato singular – na acepção agora mais de *único* que de *estranho* – do qual Andrade tomou conhecimento por acaso e de modo enviesado. Leandro, um homem que vivia de expedientes, "sujeito reles e vadio", "*um tal* de Leandro" – desse modo, com um parentesco social com a "Maria *de tal*", sem sobrenome nem família –, deu a entender que havia tido um caso com uma bela mulher, que se oferecera a ele na noite de São João. Detalhando o encontro, Andrade descobre que a mulher

---

maneceu nas comemorações populares e poderia ter acordado com força nas lembranças de Marocas: "*24 de julho* – Ontem conversei com a senhora do Aguiar acerca das antigas noites de São João, Santo Antônio e São Pedro, e mais as suas sortes e fogueiras. Dona Carmo pegou do assunto para tratar ainda do filho postiço. Leve o diabo tal filho. A filha postiça é que hade estar a esta hora mui triste no casarão da fazenda, onde certamente passou as antigas noites de São João de donzela esperançada e crédula. A deste ano sem pai deve ser aborrecida, não tendo mãe que o continue, nem marido que os supra. Um tio não basta para tanta cousa" (Assis, 1977, p.113). Sobre o fundo dionisíaco e popular da festa de São João, ver todo o verbete *João*, do *Dicionário do folclore brasileiro*, de Luís da Câmara Cascudo (1984, p.404). Entre outras coisas, vale lembrar sua abertura: "Pregador de alta moral, áspero, intolerante, ascético, São João é festejado com as alegrias transbordantes de um deus amável e dionisíaco, com farta alimentação, músicas, danças, bebidas e uma marcada tendência sexual nas comemorações populares, adivinhações para casamento, banhos coletivos pela madrugada, prognósticos de futuro, anúncio da morte no curso do ano próximo. O santo, segundo a tradição, adormece durante o dia que lhe é dedicado tão ruidosamente pelo povo, através dos séculos e países. Se ele estiver acordado, vendo o clarão das fogueiras acesas em sua honra, não resistirá ao desejo de descer do céu, para acompanhar a oblação, e o mundo acabará pelo fogo". Como exemplo de representação dessa festa, ressaltando seu fundo popular e dionisíaco, carregada de energia erótica, ver a novela de Guimarães Rosa "Buriti".

6 Sobre as referências teatrais do conto, ver o ensaio exaustivo de João Roberto Faria, comentado mais adiante, na nota 10.

era a própria Marocas. O fato é apresentado e narrado de modo que o leitor o considere um absurdo: Marocas ter traído a pessoa que amava, além de benfeitor, pois praticamente a havia tirado da prostituição, com ele "Marocas despediu todos os seus namorados" (ibidem). Para piorar, o tinha feito com um sujeito como aquele, sem nenhuma qualidade, "um pobre-diabo". Não havia motivação baixa ou elevada que justificasse o ato, a não ser a comprovação, mais uma vez, da determinação férrea de uma crença arcaica que fundava o preconceito: a de que ninguém foge a sua origem ou a de que, uma vez caído, dificilmente se regenera. Motivo esse recorrente na obra de Machado, como no *Dom Casmurro*: "O resto é saber se a Capitu da Praia da Glória já estava dentro da de Mata-cavalos, ou se esta foi mudada naquela por efeito de algum caso incidente" (Assis, 1971, p.944). A explicação preconceituosa é lembrada com uma frase que fica cintilando na mente do leitor: "a nostalgia da lama". Que, à primeira vista, é lida assim: naquela noite, Marocas teve uma recaída e voltou a ser o que sempre fora, e talvez nunca deixara ou deixaria de ser: uma prostituta, destino que aguardava a mulher pobre que não se casava e não se estabelecesse numa daquelas profissões regulares possíveis. Fato a que o narrador também nos induz a reconhecer, pois, quando o amante a submete a uma acareação com Leandro, ele diz apenas que ela "empalideceu". O pobre-diabo, Leandro, confirma ter sido ela a mulher de quem falara, e o narrador conclui: "porque há ações ainda mais ignóbeis do que o próprio homem que as comete" (Assis, 1974, p.390-5). Ele condena a ação de Leandro, como já havia se recusado a aceitar a explicação da "nostalgia da lama", sugerida pelo amigo interlocutor, mas não dá nenhum indício que inocente Marocas. Aqui o narrador justifica os limites de sua versão, pois tudo lhe havia sido contado por Andrade, que, naquela situação, "estava tão atordoado, que muita coisa lhe escapou" (ibidem). Depois de uma cena que o narrador descreve como "dramática", Marocas, sem confessar culpa, foge e se isola numa hospedaria; porém não se aventa, em nenhum momento, a hipótese de a fuga ter decorrido de sua indignação com a acareação. Mas a generosidade e o amor de Andrade não lhe permitem que a abandone; ele imagina que tudo poderia ter sido montado por ela para testar seu amor, teme que ela venha a atentar contra a própria vida e faz de tudo para encontrá-la. E, quando a encontra, perdoa-a e se reconcilia:

> A reconciliação fez-se depressa. O Andrade comprou-lhe, meses depois, uma casinha em Catumbi; A Marocas deu-lhe um filho, que morreu de dois anos. Quando ele seguiu para o Norte, em comissão do governo, a afeição era ainda a mesma, posto que *os primeiros ardores não tivessem já a mesma intensidade*. Não obstante, ela quis ir também; fui eu que a obriguei a ficar. O Andrade contava a tornar ao fim de pouco tempo, mas, como lhe disse, morreu na província. A Marocas sentiu profundamente a morte, pôs luto, e considerou-se viúva ... (ibidem, grifo meu)

Esses atos só reafirmam a avaliação que o amigo fez dele quando pagou a Leandro para ir diante dela comprovar o que lhe contara:

> – Não defendo o Andrade; a cousa não era bonita; mas a paixão, nesse caso, cega os melhores homens. Andrade era digno, generoso, sincero; mas o golpe fora tão profundo, e ele amava-a tanto, que não recuou diante de uma tal vingança.

O amigo que ouve o relato acha que o narrador está abusando de sua ingenuidade de rapaz, querendo fazê-lo "imaginar romance". Mas o narrador diz que não, que "é a realidade pura". Então o interlocutor reafirma o que havia dado como explicação: "acho que foi a nostalgia da lama". Mas o narrador retruca, diz que ela nunca "desceu até *os Leandros*", referindo-se a seus traços de caráter, que revela seu critério mais tradicional de avaliar as pessoas, e não o determinista da origem social, que era a mesma, a dos homens pobres como Leandro, fulanos *de tal*, não filhos de família. E ensaia uma explicação que nos remete aos altos mistérios, "cousas", pressupondo que de fato ela havia traído Andrade com Leandro: "– Era um homem que ela supunha separado, por um abismo, de todas as suas relações pessoais; daí a sua confiança. Mas o acaso, que é um deus e diabo ao mesmo tempo... Enfim, cousas!". Fica implícito que ela contava trair o amante sem que houvesse possibilidade de descoberta.

Todo o conto é armado, até o final, para que nossa atenção se dirija para as possíveis razões do ato, *para o motivo da traição de Marocas*, e não para a dúvida e a pergunta *se houve ou não traição*. Antes disso, da dúvida se Leandro falara a verdade ou não, uma verdade comprada por "vinte mil-réis", o narrador nos remete diretamente para as duas possíveis razões do fato, como se ele fosse assente: se o que aconteceu foi realmente uma recaída, a nostalgia da lama, ou se ela foi vítima do acaso, aqueles pontos dados na rede do destino, cujas razões insondáveis não estamos preparados para descobrir. Duas hipóteses ou dois despistes?

Entretanto, o conto poderia ser narrado de outra perspectiva, por um olhar não tão amigo e arquitetado por valores universais, como aqueles das revoluções burguesas, os "modernos" do tempo de Machado, nos quais pobres e ricos (como diz Leandro a certa altura, "os pobres também são filhos de Deus"), homens e mulheres deveriam ter direitos iguais perante a lei e a consideração social, o que poderia não acontecer de fato, mas que não deixava de fazer parte do ideário, inclusive do de Machado. No conto "O pai", de 1866, quando Machado ainda não havia resolvido como embutir numa trama convencional, na parte "romance" ou "romântica", a observação realista, o narrador intervém no relato do pai da moça, Emília, de quem um sujeito pérfido, Valentim, havia abusado da confiança, com o seguinte comentário, como se expressasse o próprio juízo do autor:

> Os juízos do mundo são singulares e contraditórios. Quando uma pobre rapariga cai num erro, como Emília, o mundo fecha-lhe as portas e lavra mandamento de interdição. É justo. Mas o que não é justo, o que é infame, o que clama justiça, é que essas mesmas portas se abram ao autor do crime, e que este, depois de sofrer uns simples murmúrios de desaprovação, seja festejado, acatado, considerado. (Assis, 2003, p.310)

Desse ponto de vista, aquilo que o amigo chamava de "a realidade pura" poderia ser contada de outra forma, por exemplo como a que segue: Andrade, um bacharel, filho de família, agraciado com favores do governo, apesar de casado com mulher bonita e cordata, com quem tinha uma filha, monta uma casinha para uma moça pobre e analfabeta, mas de belo corpo, no subúrbio da corte, tirando-a da prostituição e fazendo-a sua amante sexual exclusiva (lembrando da "intensidade dos ardores" dos primeiros tempos). Desse modo, ele se torna um adúltero sistemático, vive bem com a família e a amante, porém isso não tem nada de *singular*, na dupla acepção do termo, de *único* e *estranho*, pois ele faz o que todos fazem, vivem a tripartição amorosa da casa-grande: procriam com a mulher funcional e oficial; trocam confidências com os amigos íntimos nos restaurantes dos hotéis; e gozam dos prazeres da sexualidade na senzala ou com as filhas bonitas das famílias pobres, as amantes, para quem montam uma casinha e com quem podem também ter filhos, mas apenas por acidente. De uma tal perspectiva, a "realidade pura" monstruosa é essa, que se estampa no próprio rosto do narrador, o que pode ter intrigado e confundido até alguns dos mais argutos leitores de Machado.[7] Porém, a versão é apresentada pelo amigo-narrador com tamanha naturalidade que, em nenhum momento, o

---

[7] Talvez tenha sido por isso, pela confusão criada entre autor e seus narradores, que Mário de Andrade, no ano do centenário do nascimento de Machado, tenha levantado estas reticências ao escrever sobre ele: "Talvez eu não devesse escrever sobre Machado de Assis nestas celebrações de centenário... Tenho pelo gênio dele uma enorme admiração, pela obra dele um fervoroso culto, mas. Eu pergunto, leitor, pra que respondas ao segredo da tua consciência; amas Machado de Assis?... E esta inquietação me melancoliza" (Andrade, 1972, p.89). Alta literatura, mas de difícil empatia e identificação, já que elas deveriam acontecer com seus narradores, distantes do autor. Antônio Cândido, tratando o conto de passagem, aceita a versão do amigo íntimo, não pergunta se a traição aconteceu ou não, toma-a como um fato, colocando-a entre aqueles inexplicáveis, como os atos gratuitos da literatura moderna, que complexificam a compreensão de um caráter: "O fato é descoberto casualmente pelo advogado, segue-se uma ruptura violenta que suscita na moça um desespero tão sincero e profundo, que as relações se reatam, com a mesma dignidade de sentimentos e atitudes de antes. O advogado morre e ela se conserva fiel à sua memória, como viúva saudosa de um grande e único amor" (Cândido, 1977, p.28). O mesmo acontece com John Gledson, só que ele aventa uma terceira hipótese, mas ainda para a traição: "a solidão fundamental da prostituta" (Gledson, 1998, p.48). Esta última hipótese traz um dado importante, que é a questão da solidão. Só que a considero não tanto da condição da prostituta, mas a de quem transita de classe ou simplesmente se afasta da sua, como Marocas, que perde os laços com a antiga e não estabelece outros com a nova. De qualquer modo, a solidão não precisaria necessariamente ter levado à traição, mas à simples busca de companhia. Ela poderia ter levado Leandro para cear com Marocas, e não para ceá-la, e o Leandro extrapolou o fato ao relatá-lo, como é comum entre os homens, que gostam de exagerar e de se vangloriar de suas conquistas, o que seria de esperar de um mau-caráter como ele.

leitor coloca em dúvida todos aqueles altos valores de generosidade e sinceridade que o amigo tanto estima no Andrade. Enquanto a moça pobre – que tinha todas as razões para trair, já que vinda das franjas deserdadas da sociedade, onde predominam as relações informais e uma diversa vivência da sexualidade –, quando trai uma vez (se é que de fato traiu e Leandro não mentiu, para se engrandecer e ainda ganhar vinte mil-réis), desencadeia o sentimento de grande surpresa, determinando que o fato seja contado como singular, para ressaltá-lo como *estranho*, e não *único*. Marocas era uma moça pobre e analfabeta, sem família e sem escolaridade, portanto, sem nada que lhe trouxesse algum valor "de caráter", a não ser que isso pudesse ter sido dado pela convivência com "alguns capitalistas bem bons", quando era prostituta. Ou pela educação adquirida com Andrade, que vale a pena citar, para apreciarmos um processo educativo também singular, pois, em última instância, vinha em benefício do próprio educador:

> Andrade ensinou-lhe a ler. Estou mestre-escola, disse-me ele um dia; ... Marocas aprendeu depressa. Compreende-se o vexame de não saber, o desejo de conhecer os romances em que ele lhe falava, e finalmente o gosto de obedecer a um desejo dele, de lhe ser agradável... (Assis, 1974, p.390-5)

Como no país o sentido de tudo se inverte, aqui também ocorre com o da educação, que vem para ensinar a sujeição, e não a libertação, induzindo a vítima a acreditar no valor do benefício. O "aprendeu depressa" talvez tenha sido um fator mais objetivo que os traços de caráter que distanciavam a moça "dos Leandros". Numa noite de São João, só, jantando diante de "um retrato", ela com certeza se lembrava mais das comemorações festivas populares, ocasiões de namoros e casamentos, que dos jantares e bailes familiares da burguesia da corte. Aqui sim pode ter ocorrido "a nostalgia da lama", mas não no sentido da afirmação do preconceito, pregado também por tantos ditos populares. Mas a nostalgia dos regozijos da festa popular e da lama bíblica. Por um lado, a lembrança das alegrias carregadas de sentido erótico da festa de São João, festa coletiva das ruas e dos arraiais, como era comemorada em seu meio, recobrindo os impulsos dionisíacos com as roupas do santo ascético, e não da festa familiar dos salões burgueses:

> Se São João soubesse
> Quando era o seu dia,
> Descia do céu a terra
> Com prazer e alegria

Por outro lado, a nostalgia da lama bíblica, pela lembrança do *homem humano*, vazio que o quadro do amante na parede não preenchia. A lama, aqui, também pode significar o barro originário do qual foi feito o homem, como está na etimologia da palavra, *húmus*, assim como na de Adão, o *adâmah*, húmus, solo, poeira do solo, barro, lama de que foi feito o primeiro homem, *Adam*.[8] Desse modo, o que poderia ser apreciado com muito mais naturalidade, a nostalgia do humano, é apresentado como estranho e monstruoso. E essa inversão monstruosa no modo de apreciação dos comportamentos estava (ou está?) tão entranhada e naturalizada na nossa vida social e mental, que Mário Matos, na apresentação que escreve dos contos de Machado para a Editora José Aguilar, cuja primeira edição data de 1959, assim se refere ao "Singular ocorrência":

> Há, porém, uma história contada por ele, intitulada "Singular ocorrência", que aparece absurda pelo tema. Tenho motivo para achá-la *natural*, por conhecer fato idêntico, acontecido com um político mineiro, cujo nome não me é dado revelar. A mulher que aí desenha o escritor não é inverossímil; *como as outras*, traz também dentro de si, para empregar a comparação viva de Augusto Meyer, uma Eva primitiva. (Assis, 1974, p.23, grifos meus)

---

8 "A alternância *homo/hemo* é antiga; trata-se de um derivado de uma palavra indo-européia significando 'terra' [...]; v. *humus*: homem, no sentido geral de 'ser humano', propriamente 'nascido da terra' ou 'terrestre'" (Ernout e Meillet, 1985, p.297, tradução minha). "Esta imagem do deus-oleiro, aplicada a Yavé, pertence ao patrimônio religioso do Antigo Oriente. – 'poeira tirada do solo': explicação popular da natureza física e do nome do homem. A palavra 'solo', '*adamah*', fornece a etimologia de 'o homem', '*âdam*', nome genérico que tornar-se-á o nome próprio individual 'Adam' [...]; de outro lado, 'o homem' é colocado em relação com o 'solo' a ser cultivado [...], e isso até o seu retorno ao *solo*, porque dele é que tu foste *tirado*. Porque *poeira* tu és e à poeira retornarás'" (Osty & Trinquet, 1973, p.38, tradução minha).

O processo de inversão foi tão eficiente que, para sustentar o apreço de um Adão singular, esquecendo com naturalidade sua matéria terrena, bastava lembrar o estigma da Eva em geral, para explicar a traição da Maroca de tal.

O problema que se colocava para Machado era o de *como* elaborar e expor o que lhe parecia invertido na vida social dos homens de sua experiência, justamente aos que o haviam aceito e com quem convivia, ele, vindo do meio "dos Leandros" e das "Maria de tal", e pelo que tanto havia lutado. A mesma situação, apresentada lateralmente só em *Helena*, evidencia a preocupação de Machado com a condição da mulher, sua assimetria em relação à condição do homem, que a força à "resignação" ou a recolher-se "à dignidade do silêncio", ficando difícil distinguir uma coisa da outra, a "arrufar e chorar" ou a lutar, sem porém se saber como.[9] Pode ser que aqui o conto de Poe lhe tenha sugerido a forma, aquela do espelho quase transparente, cujos reflexos ficam tão à vista que devem ser procurados com esforço redobrado: o "romance" lhe permitiria apresentar "a realidade pura" sem que os leitores se enxergassem de imediato a si próprios. Bastava desviar-lhes os olhos agudos e penetrantes para as teorias deterministas modernas – que no Brasil eram usadas menos pelas novas perspectivas de conhecimento que abriam do que para confirmar os velhos preconceitos sociais e raciais –, ou para as alturas misteriosas em que se inscreviam os destinos, metafísica que tanto atiçava a curiosidade dos olhos agudos. Divertidos pela ficção, não enxergavam a si próprios, justo o que estava mais aparente e evidente, "as palavras de grandes caracteres que se estendem de uma extremidade a outra do mapa"(Poe, 1981).[10]

---

9 Sobre a visão aguda que Machado tem do assunto, embora não tanto sobre o *feminino* ou o "feminismo", mas sobre a condição da mulher, da pobre e da rica, na sociedade patriarcal brasileira, ver o ensaio citado de John Gledson e a entrevista dada por ele ao caderno Mais!, *Folha de S.Paulo*, em 22 de novembro de 1998.

10 O artigo de João Roberto Faria, "Singular ocorrência teatral", rico em informações sobre o contexto e as fontes teatrais mencionadas no conto, repete o engano das leituras iniciais sobre o autor, que identificavam Machado com os seus narradores, e, com isso, não percebiam os artifícios formais e perdiam a singularidade do autor: "Se aceitarmos a idéia de que o narrador pode ser uma máscara do escritor,

Não tenho nenhum dado concreto que comprove a leitura desse conto de Poe por Machado, para afirmar que ele tenha extraído daí uma das maiores lições sobre os modos de arquitetar a própria literatura e alterar de modo significativo as posições e funções do autor, do narrador e do leitor. Não é improvável, contudo, que Machado o tenha lido e que seja essa sua fonte. Como já disse acima, "Singular ocorrência" é apenas um pequeno concerto preparatório sobre o tema duvidoso da traição conjugal e a condição do humano na vida social brasileira, em comparação ao que será a sinfonia do *Dom Casmurro*, onde a ficção será retomada como a forma de se contar também uma história verdadeira ou "a realidade pura".

Referências bibliográficas

ANDRADE, M. de. *Aspectos da literatura brasileira*. São Paulo: Martins, 1972.
ASSIS, M. de. *Obra completa*. Rio de Janeiro: José Aguilar, 1971. v.I.
_____. *Obra completa*. Rio de Janeiro: José Aguilar, 1974. v.II.
_____. *Memorial de Aires*. Edição crítica. Rio de Janeiro: INL/MEC/Civilização Brasileira, 1977.
_____. Casada e viúva. In: _____. *Contos completos de Machado de Assis*. CAVALCANTE, Djalma (org.). Juiz de Fora: UFJF, 2003. v.1, t.1.

Machado dá uma bela demonstração de como ver o ser humano sem se valer dos estereótipos literários" (Faria, 1991, p.166). Se apreciarmos Machado por meio das convenções literárias, poderemos atribuir pesos semelhantes às fontes e referências textuais e às da realidade particular elaboradas pela visão do autor. Mas se é a nossa preocupação especificar, mostrar no que Machado é Machado e não um estilista que varia nos modos padronizados de representação, é necessário discernir as importâncias relativas desses dois tipos de fonte, e o modo como cada uma participa das profundas inovações que o autor promoveu em seu processo de composição. No conto, se algo contrasta com a visão do narrador sobre as ações humanas nesse mundo social particular é o juízo crítico do próprio autor (que se coloca no outro extremo, quase na posição do leitor, daquele *public virtuel* de Sartre), evidentemente sempre implícito e encoberto pelos véus do humor e da ironia. Estão nas expressões verbais e morais do narrador as "palavras de grandes caracteres" desse mapa, e que Machado se esforça para revelar, ocultando, um pouco como os véus das damas muçulmanas, que escondem para realçar. Ver também sobre o assunto Gledson, 1991, p.8.

CÂNDIDO, A. Esquema de Machado de Assis. *Vários escritos*. 2.ed. São Paulo: Duas Cidades, 1977.
CASCUDO, L. da C. *Dicionário do folclore brasileiro*. 5.ed. Belo Horizonte: Itatiaia, 1984.
ERNOUT, A., MEILLET, A. *Dictionnaire étymologique de la langue latine*. Paris: Klincksieck, 1985.
FARIA, J. R. Singular ocorrência teatral. *Revista da USP*, n.10, jun./jul./ago., 1991.
FREYRE, G. *Sobrados e mucambos*. Rio de Janeiro: José Olympio, 1951. v.2.
GLEDSON, J. *Machado de Assis*: impostura e realismo. Trad. Fernando Py. São Paulo: Companhia das Letras, 1991.
_____. *Contos, uma antologia*: Machado de Assis. São Paulo: Companhia das Letras, 1998. 2v.
OEHLER, D. *Quadros parisienses*. Trad. José Marcos Macedo e Samuel Titan Jr. São Paulo: Companhia das Letras, 1997.
OSTY, É., TRINQUET, J. *La Bible Osty*. Paris: Éditions du Seuil, 1973.
POE, E. A. *Ficção completa, poesia & ensaio*. Organização, tradução e notas de Oscar Mendes. Rio de Janeiro: Nova Aguilar, 1981.

Dom Casmurro e os
retratos dos pais[1]

Casmurro ou Casmurro?

Dom Casmurro é, por excelência, o romance de Machado de Assis do *simulacro*. Tudo nele determina uma espécie de desdobramento no espaço e no tempo, e, como todo simulacro, é constituído de verdades e mentiras. O desafio posto ao leitor é o de não se deixar enganar por eles, como ocorreu com o herói-narrador, que se transformou em simulacro de si próprio. O adjetivo melhor que encontro para caracterizar esse romance é *escorregadio*, porque, tudo o que dissermos sobre ele, apoiados nas pistas deixadas pelo narrador, pode ser desmentido logo a seguir, quando não são as próprias pistas que podem ser interpretadas

---

[1] Uma primeira versão deste ensaio foi apresentada no Teatro Municipal de São Paulo, no dia 15 de maio de 1992; um tanto modificada, foi apresentada no XV Moitará, em Campos do Jordão, no dia 23 de novembro de 2001; e publicada no livro *O bruxo do Cosme Velho*: Machado de Assis no espelho (São Paulo: Alameda, 2004), organizado por Márcia Moura Coelho e Marcos Fleury de Oliveira.

pelo contrário. Desse modo, a melhor orientação para a leitura desse romance é a de que seja feita com os olhos da dúvida e da suspeição. Por potencial capacidade de nos induzir a erro, cada indício deixado pelo narrador deve ser sempre suspeito. A desconfiança deve começar já com o título, *Dom Casmurro*. Segundo o narrador-protagonista, o leitor não deve consultar os dicionários para se informar sobre ele: "*casmurro* não está aqui no sentido que eles lhe dão, mas no que lhe pôs o vulgo, de homem calado e metido consigo" (Assis, 1971, p.809). A primeira edição do *Dicionário contemporâneo da língua portuguesa Caldas Aulete*, publicada em Lisboa, em 1881, traz somente isto: "*adj*. teimoso, obstinado e cabeçudo". A nona edição do dicionário de Antonio de Moraes Silva, sem data, mas que não deve ser muito posterior ao romance, de 1899, já que a oitava é de 1891, traz também no verbete simplesmente isto: "teimoso, cabeçudo". Assim, em dois dos dicionários da língua portuguesa mais consultados e conceituados na época, no Brasil, afirma-se a acepção de *casmurro* como a do sujeito obstinado e apegado a uma idéia fixa. Acontece que a única etimologia que encontrei para *casmurro* confirma a acepção do vulgo, e não a do dicionário. Ela é dada por Antenor Nascentes e está também indicada no Corominas, como vinda de *cazurro*, alguém insociável, "muito metido em si". O que remete então a alguém que tenha, por temperamento próprio ou outra razão, desistido de participar da vida social. O fato de Sofia já ter usado a expressão no romance anterior de Machado, no *Quincas Borba* (ibidem, cap.CXXXVIII, p.761), com esta mesma acepção, de alguém insociável, metido em si, e logo após o narrador em terceira pessoa repeti-la com o mesmo sentido, para se referir a uma atitude inicial do Palha, parece comprovar o seu uso pelo autor nesse sentido, em que coincidem a etimologia e o uso do vulgo. Assim diz o narrador do *Quincas Borba*: "Palha era então as duas cousas; casmurro, a princípio, frio, quase desdenhoso; mas, ou a reflexão, ou o impulso inconsciente restituía ao nosso homem a animação habitual, e com ela, segundo o momento, a demasia e o estrépito" (Assis, 1971).

O que nos importa aqui, entretanto, é o alerta do narrador para o duplo sentido da palavra e o fato de ele querer afirmar apenas um deles; lembrando o que foi dito no início, isso nos deve levar a prestar atenção também à outra acepção, à dos dicionários da época, de sujeito turrão, obstinado. As duas possíveis acepções incubadas no título do livro remetem-nos à pergunta que justamente tem norteado toda a discussão sobre ele: *Dom Casmurro* é o romance de uma suspeita ou o romance de uma dupla traição?[2] Se for o de uma suspeita, fica valendo a acepção de teimoso e cabeçudo, referindo-se a um sujeito obsessivo; se for o da dupla traição, vale a de acabrunhado e recolhido em si, indicando o sujeito que se desencantou com o mundo, com a vida social, com os amigos, com as mulheres e com o amor. Ao herói, tendo sido traído pela mulher com o melhor amigo e ficando o filho como o produto e a lembrança do crime, só restava desacreditar e abandonar o mundo, mantendo as aparências das relações superficiais. Bentinho, como "casmurro", nome que só adquire ao se tornar narrador, procura rever e expor o passado, aquelas "sombras" que evoca e que não conseguiu também entender, e pede socorro ao leitor para que o ajude na empreitada. É este o romance que o narrador afirma, pelas pistas que fornece ao leitor desde o início, quando já cita as primeiras palavras do *Fausto*, "Aí vindes outra vez, inquietas sombras?...", referindo-se às figuras que emergem na memória, e termina com as reticências; mas, quem for procurar a continuação da citação na obra de Goethe, verá um pouco adiante: "vem a mim o *primeiro amor* e *a amizade primeira;* torna-se nova a dor..." (Goethe, 1958, v.III, p.1179, tradução e grifos meus).

Não foi à toa que o leitor comum e a primeira crítica aceitaram mais facilmente a versão da traição de Capitu, até mesmo porque ela confirma a visão tradicional e patriarcal da mulher, seja a da tradição bíblica, de Eva, seja a da tradição grega, de Pandora, lembrada no próprio livro, como se o tempo histórico não fizera mais que atualizar os mitos. Os estudos literários mais recentes, contudo, vêm mudando a leitura do *Dom Casmurro*, desde Helen Caldwell (*O Otelo brasileiro de Machado de Assis*, 2002), passando por Silviano Santiago (*Uma literatura nos trópicos*, 1978), John Gledson (*The Deceptive Realism of Machado de Assis*, 1984), até o ensaio de Roberto Schwarz, "A poesia envenenada de

---

[2] Sobre o tema da suspeita ou da "desconfiança", como prefere a autora, ver Helen Caldwell, 2002, p.49.

Dom Casmurro" (*Duas meninas*, 1997). Estes estudos, pode-se dizer em avanços progressivos, vêm instaurando dúvidas sobre as pistas oferecidas pelo narrador e colocando-o sob suspeita, afirmando sua parcialidade na exposição dos fatos, como uma versão subjetiva, interessada e deformada. Nesse caminho, o livro tenderá a ser cada vez mais o romance de uma suspeita, de um sujeito obsessivo, e a conclusão estaria assim resumida no ensaio de Roberto Schwarz: "... está fora de dúvida que Bento escreve e arranja a sua história com a finalidade de condenar a mulher. Não está nela, mas no marido, o enigma cuja decifração importa" (Schwarz, 1997, p.16).

Para este trabalho, parti dessas leituras, com as quais o diálogo é inevitável, mas procurei distanciar-me um pouco daquela primeira questão levantada, relativa aos temas da suspeita ou da dupla traição, e elegi uma outra, que talvez pudesse me ajudar a entender melhor o livro, tanto na forma, o modo da composição romanesca, como no conteúdo, a matéria histórica trabalhada por ele: um momento da transição da família patriarcal para a família burguesa no Brasil. A pergunta que orientou meu ensaio foi esta: por que Machado escolheu Bentinho para ser o narrador e dar a versão dos fatos, e não outra personagem qualquer, Capitu, por exemplo? A primeira resposta que me surgiu foi de ordem sociológica: Dom Casmurro, assim como já havia ocorrido com Brás Cubas, era de extração social oposta à do autor. Este era de origem humilde e havia ascendido socialmente, como Capitu e Escobar, embora não pelo casamento, como fez a primeira, nem pelos negócios, como fez o segundo, mas pelas "letras" (caminho mais difícil e que o espírito de Escobar descartava).

Desse modo, usando a imagem do *Príncipe*, de Maquiavel, o autor já havia apreciado a montanha a partir da planície; elegendo agora um filho bem-nascido de uma família patriarcal, podia complementar sua visão do mundo social local observando a planície com os olhos da montanha. A escolha adquiria assim uma função não só expositiva mas também cognitiva, para o autor e o leitor, já que lhes permitiria conhecer com que olhos também eram vistos. Assim, com a visão parcial do narrador, o autor poderia compor uma visão mais global, complementando-a a seu modo e fazendo que ela adquirisse volume, deixando semeada nas entrelinhas uma outra perspectiva ou uma outra visão dos fatos. É esse deslocamento do autor da proximidade da visão do narrador para colocar-se mais próximo do leitor que, na literatura de Machado, é chamado a assumir a posição de juiz (ou de juiz do juiz, dada a postura cética e fingidamente elevada do narrador), que faz da narrativa um romance revolucionário, e não um simples livro de memórias ou de reminiscências de um homem desencantado e casmurro. A outra visão do autor incubada no texto, só sugerida e complementar, parece-me de fundamental importância para a análise crítica, de modo que, revelada, possa fazer enxergar, atrás e além do drama do triângulo amoroso, um outro mais vasto e mais fundo: as artimanhas espirituais desenvolvidas para manter e reproduzir o domínio e a desigualdade na sociedade brasileira escravista patriarcal ou, como diz Roberto Schwarz, "os excelentes recursos intelectuais vinculados a Bento Santiago não representam uma contribuição a mais para a civilização do país, e sim, ousadamente, a cobertura cultural da opressão de classe" (Schwarz, 1997, p.13).

Uma segunda razão, agora mais de ordem psicológica que sociológica e com menos implicações formais, é o fato de Bentinho estar numa posição que lhe permite tanto sofrer a crise da família patriarcal quanto frustrar-se com a construção do novo idílio familiar, durante o primeiro ensaio de constituição de uma sociedade urbano-burguesa no Brasil, mais particularmente no Rio de Janeiro. A ação do romance se passa nos anos que vão de 1858, quando se cruzam os destinos de Bentinho, Capitu e Escobar, até pouco depois de 1872, última referência cronológica constante no livro, quando Santiago, identificando os traços do filho com os de Escobar, resolve internar o garoto num colégio. Esse tempo coincide com a "ressaca", não a dos olhos de Capitu, mas a do que se chamou de Era Mauá, período febril de especulações financeiras e iniciativas empresariais, graças aos capitais liberados pela extinção do tráfico de escravos, que Sérgio Buarque de Holanda assim resumiu: "Eram dois mundos distintos que se hostilizavam com rancor crescente, duas mentalidades que se opunham como ao racional se opõe o tradicional, ao abstrato o corpóreo e o sensível, o citadino e cosmopolita ao regional e paroquial". Porém tudo não passava ainda de um primeiro ensaio, que terminou em bancarrotas e crises, como a de 1864, assim também sintetizada por Sérgio Buarque de Holanda: "Essa crise foi o desfecho normal de uma situação rigorosamente insustentável nascida da ambição de vestir um país ainda preso à economia escravocrata, com os trajes modernos de uma grande democracia burguesa" (Holanda, 1969, p.46). O *Dom Casmurro* também parece não retratar outra coisa: um primeiro ensaio desastroso de mudança no plano do microcosmo familiar, equivalente ao que se passou no macrocosmo da vida política e institucional.

O autor-defunto

Os desencantos sofridos com a não-realização do idílio com Capitu deixaram como única saída a Santiago/Dom Casmurro construir a sua versão dos fatos, do mesmo modo como ele tentara reconstruir a casa dos pais no Engenho Novo, como um simulacro da de Mata-Cavalos. Dois simulacros, um material e um espiritual, que correspondiam e não correspondiam inteiramente aos fatos do que tinham sido. Tornado narrador, Santiago aparecia agora não como um morto-vivo, o Brás Cubas, o "defunto-autor", mas como um vivo-morto, o casmurro; quando tudo acabou e ele sentia ter perdido a mulher, o amigo, o filho e, principalmente, a si mesmo, "mais falto eu mesmo, e esta lacuna é tudo" (Assis, 1971, p.810), ele se lamenta. Bem ou mal, Capitu e Escobar realizaram seus destinos e desígnios: uma ascendeu pelo casamento e o outro pelos negócios. Em pensamento e ação, os dois se afinavam melhor com os termos dos tempos novos: viviam projetos exeqüíveis, a reflexão, o interesse e o cálculo guiavam suas ações, e seus olhos estavam postos no futuro. Bentinho estava por demais preso ao passado, só enfrentava e vencia os obstáculos nos sonhos, como o do Imperador que vinha visitá-lo e intervir junto a sua mãe em seu favor, e vivia pedindo o infinito ao finito. São muitos os sinais presentes no livro de que está ocorrendo no Rio de Janeiro uma mudança de mentalidade e de que os fatos da época haviam desencadeado uma irrupção de novos valores: desde as referências explícitas a Benjamin Franklin, o do *time is money*, e Napoleão, "Depois de Napoleão, tenente e Imperador, todos os destinos estão neste século", até os valores e modos de pensamento de personagens como Capitu, Escobar e Ezequiel. A profundidade com que "o mal" havia atingido o filho é revelada numa cena que vale como emblema para o livro e expressa o isolamento daquele que viria a ser o seu narrador: é a cena do gato com o rato vivo na boca. O que espanta Santiago é o prazer que tinha o filho de apreciar a agonia do mais fraco ao ser devorado pelo mais forte e, mais ainda, a graça que Capitu e Escobar achavam nisso.

A situação, que metaforizava a idéia darwiniana da lei do mais forte e da seleção natural num mundo sem piedade, parecia reunir os três, a mulher, o amigo e o filho, num laço de parentesco e filiação espiritual, de modo que era Santiago que se sentia como o rato na boca do gato, e os demais se encarnavam no bichano para devorá-lo. Esse isolamento deixa-nos ver que, se algo havia traído Santiago, fora antes de tudo o tempo; mas a identidade do filho com "o outro" ainda se limitava ao plano interno, ao das afinidades eletivas, não adquirindo ainda uma feição visível e pública.

O plano da história, porém, que é vivido mais imediatamente pelas personagens, não é o dos fatos políticos nem o das grandes mudanças sociais, como o da substituição do trabalho escravo pelo livre, mas o da crise do modelo de constituição familiar, no caso, da família patriarcal.

Os simulacros regem a vida de Bentinho desde cedo. A família na qual vive, quando ele toma consciência de si, ao ouvir atrás da porta a conversa de José Dias com a mãe sobre seu próprio futuro ou, melhor, seu destino, é uma família patriarcal sem pai: com a morte deste, a mãe ocupa o lugar de comando e, a partir daí, cabe a ela fazer cumprir a vontade do marido, como modo de preservar a ordem patriarcal.[3] A

---

3 Nessa ordem, o pai, uma vez morto, ressurge na mulher ou no filho para que sua vontade continue imperando. Isso se dá, seja só no plano da transfiguração da vontade, que se torna inquestionável e caprichosa, seja no plano da própria aparência física, como acontece com Dom Diogo, em *As minas de prata*: "D. Diogo de Mariz teria cerca de trinta anos; mas os últimos cinco decorridos depois da catástrofe que lhe roubara de um só golpe toda a família, haviam assolado aquela mocidade robusta e viçosa. A sua fronte alta e inteligente, como a de seu pai,

mãe continuava tendo escravos e agregados, que se constituíam agora, na cidade, numa clientela meio inútil, sem o peso econômico e político que tinham tradicionalmente – a família de Bentinho tirava então a maior parte de seus rendimentos de apólices, dos aluguéis das casas e dos escravos que possuía. A representação do que havia sido essa estrutura familiar no passado está, assim como para Dom Diogo de Mariz (ver nota 2), nos dois retratos na parede: o do pai e o da mãe. A análise da descrição das duas fotos é interessante. Ela nos permite ver como a narrativa reúne, ao mesmo tempo, elementos subjetivos e objetivos, interpretações deformadas da realidade e relações objetivas historicamente comprovadas, idealizações e heranças reais. Os dois retratos são assim descritos:

> Tenho ali na parede o retrato dela, ao lado do do marido, tais quais na outra casa. A pintura escureceu muito, mas ainda dá idéia de ambos. Não me lembra nada dele, a não ser vagamente que era alto e usava cabeleira grande; o retrato mostra uns olhos redondos, que me acompanham para todos os lados, efeito da pintura que me assombrava em pequeno. O pescoço sai de uma gravata preta de muitas voltas, a cara é toda rapada, salvo um trechozinho pegado às orelhas. O de minha mãe tinha mostra que era linda. Contava então vinte anos, e tinha uma flor entre os dedos. No painel parece oferecer a flor ao marido. O que se lê na cara de ambos é que, se a felicidade conjugal pode ser comparada à sorte grande, eles a tiraram no bilhete comprado de sociedade.

---

começava a despovoar-se, e a tez morena, menos crestada do sol do que outrora, parecia curtida pela dor e saudade./ Mas o que perdera em brilho e frescor da idade, ganhara em gravidade de aspecto e nobreza de gesto. Começava a adquirir a beleza varonil, que adornava o busto venerável de D. Antonio de Mariz, ainda nos últimos dias da sua existência./ A sala em que se achava o fidalgo era como a página desdobrada do íntimo da sua alma: ali estavam em torno, a cingi-lo, as recordações mais palpitantes da sua vida. *Os retratos de seus pais*, de Cecília e Isabel, pendiam das paredes; e em frente à papeleira onde escrevia, um pintor do tempo imaginara sob as indicações do fidalgo *uma cópia muito semelhante da casa do Paquequer* assentada sobre o rochedo à margem do rio" (Alencar, 1958, v.II, p.951, grifos meus). O mesmo fenômeno acontece com Bentinho, quando retorna para casa, depois de fazer os cursos jurídicos em São Paulo (ver Assis, 1971, cap.XCIX, "O filho é a cara do pai", p.906).

Concluo que não se devem abolir as loterias. Nenhum premiado as acusou ainda de imorais, como ninguém tachou de má a boceta de Pandora, por lhe ter ficado a esperança no fundo; em alguma parte há de ela ficar. Aqui os tenho aos dous bem casados de outrora, os bem-amados, os bem-aventurados, que se foram desta para a outra vida, continuar um sonho provavelmente. Quando a loteria e Pandora me aborrecem, ergo os olhos para eles, e esqueço os bilhetes brancos e a boceta fatídica. São retratos que valem por originais. O de minha mãe, estendendo a flor ao marido, parece dizer: "Sou toda sua, meu guapo cavalheiro!" O de meu pai, olhando para a gente, faz este comentário: "Vejam como esta moça me quer..." Se padeceram moléstias, não sei, como não sei se tiveram desgostos: era criança e comecei por não ser nascido. Depois da morte dele, lembra-me que ela chorou muito; mas aqui estão os retratos de ambos, sem que o encardido do tempo lhes tirasse a primeira expressão. São como fotografias instantâneas da felicidade. (Assis, 1971, p.816-7)

Bentinho, apreciando os retratos, "O que se lê", tece o seguinte comentário: "são como fotografias instantâneas da felicidade". Ele diz isso como se os retratos estampassem não mais as pessoas felizes do pai e da mãe, mas a própria felicidade; e não numa pose encenada, como eram os daguerreótipos retocados a tinta da época, mas como *um instantâneo* (técnica fotográfica que deveria estar ainda muito longe dessa arte no tempo do casamento dos pais de Bentinho, quando a fotografia dava seus primeiros passos). Mas o processo de idealização do herói transforma a foto de pose em instantâneo, no tipo de fotografia que procura, pela surpresa, captar um momento da pessoa ou da cena, fugaz mas significativo, à medida que condensa a verdade de todas as horas; em outros termos, o instantâneo é capaz de apreender, na multiplicidade das faces apresentadas no movimento das passagens, aquela que revela a sua essência. A avaliação de Bentinho, assim, é puramente subjetiva e sublimatória, pois ele não tinha evidência nenhuma que lhe atestasse o fato, já que recordava muito pouco do pai: "Não me lembra nada dele, a não ser que era alto e usava cabeleira grande".

Por outro lado, as fotos expressavam também relações objetivas, que podem ser igualmente apreendidas na descrição idealizadora do narrador. Enquanto a mãe se voltava para dentro e para o pai e entregava a este não só a flor que tinha entre os dedos como também a juventude, a beleza e a própria pessoa, dizendo, segundo imaginava Bentinho, na primeira pessoa do singular e usando um possessivo: "*Sou toda sua*, meu guapo cavalheiro"; o pai, voltado para fora, para o público que pudesse estar assistindo à cena, empertigado, "o pescoço sai de uma gravata preta de muitas voltas", desvanecia-se, usando a terceira pessoa do plural e o pronome demonstrativo, parecendo dizer, também segundo presumia o filho: "*Vejam* como *esta* moça me quer..." (grifos meus).

Este é o modelo familiar que pesa como uma herança sobre Bentinho: um simulacro, um lado verdade e outro mentira, o modelo de uma relação hierárquica patriarcal, baseada na autoridade privada e pública paterna e na submissão doméstica materna, tudo tingido pelo filho com um verniz idílico de harmonia e felicidade. Relações, porém, que haviam sido deslocadas da estabilidade do campo para a instabilidade do tempo e do espaço urbano do Rio de Janeiro.

Aí, um outro modelo familiar já se insinuava, e Bentinho não permanece estranho a ele. O novo modelo compartilha com a realidade patriarcal, que se transfere também para a cidade, como indica Roberto Schwarz, baseando-se em Gilberto Freyre: "Trata-se [a família] de uma unidade numerosa e solta, o que Gilberto Freyre, em *Sobrados e mucambos*, descreve como a persistência da grande família rural da Colônia em condições de cidade e europeização oitocentista" (Schwarz, 1997, p.23). Paralelamente, esse modelo já compartia sua existência com as projeções da pequena família nuclear burguesa (como a que o próprio Machado constituiu) e que já se apresentava no horizonte, devido ao lento desenvolvimento do trabalho livre, embora ainda com alto grau de idealização (e que parece persistir pelo século XX adentro, como poderemos observar no conto de Mário de Andrade, "O peru de Natal", no qual o moço, Juca, prefere comer o peru no seio da família restrita, para que, entre outras coisas, seja o Pai, e não a Mãe, a entidade sacrificada na ceia). Essa família surge como um novo idílio, esperançoso, longe ainda de ser percebida em sua miséria (e, muitas vezes, em seu inferno), como a reclusão humana compensatória privada, diante da luta sem tréguas da vida competitiva imposta pelas relações capitalistas no espaço público burguês. O novo modelo familiar pode muito bem ser visto quase como numa gravura *kitsch* dos almanaques do século XIX, numa poesia fraca de um poeta fraco, hoje pouco lembrado, Lúcio de Mendonça, chamada "A família", e que Machado cita e comenta no seu ensaio "A nova geração", de 1879. A poesia trata "de um moço", conta Machado, "celibatário e pródigo, que sai a matar-se, uma noite, em direção do mar; de repente, pára, olhando através dos vidros de uma janela:

> Era elegante a sala, e quente e confortada.
> À mesa, junto à luz, estava a mãe sentada.
> Cosia. Mais além, um casal de crianças,
> Risonhas e gentis como umas esperanças,
> Olhavam juntamente um livro de gravuras,
> Inclinando sobre ele as cabecinhas puras.
> Num gabinete, além, que entreaberto se via,
> Um homem – era o pai –, calmo e grave, escrevia.
> Enfim uma velhinha. Estava agora só
> Porque estava rezando. Era, decerto, a avó.
> E em tudo aquilo havia uma paz, um conforto...
> Oh! A família! O lar! O bonançoso porto
> No tormentoso mar. Abrigo, amor, carinho.
> O moço esteve a olhar. E voltou caminho". (Assis, 1973, v.III, p.831)

Parece que, para a felicidade ser completa, só faltava na sala um cachorrinho. Não é mais o idílio campestre cantado pelo poeta, como os de Tomás Antônio Gonzaga; é agora um idílio só aspirado pelo poeta, que o contempla de fora, separado dele pelos vidros da janela. Ele se passa no interior quente e confortável da sala de um lar burguês, enquanto fora dele, no espaço público, já reina o "tormentoso mar". A realização desse idílio já não se opõe à posse da riqueza, como cantava Critilo, "Da sorte que vive o rico, / entre o fausto, alegremente, / vive o guardador do gado, / apoucado, / mas contente", acreditando que o amor e a poesia eram capazes de vencer tudo, inclusive as forças inexoráveis do tempo e da morte. O novo idílio parecia bem se coadunar com a riqueza, que podia garantir a luz, o calor, a segurança e o conforto da casa burguesa.

O trânsito que procura realizar Bentinho é o daquele modelo patriarcal dos retratos dos pais para este da poesia, de um simulacro para outro, que, pela não concretização, leva-o à frustração. Por um lado, Bentinho não consegue se libertar inteiramente do passado, os laços são muito fortes e profundos; por outro, desconfia do futuro ou não consegue confiar inteiramente naquilo que parece se construir através da mentira, "a mentira é muita vez tão involuntária como a transpiração", diz ele, e através do império das relações comerciais. São inúmeras as ocasiões em que usa as relações comerciais e financeiras como metáforas de relações dos mais diferentes tipos, como aqui, para descrever as relações religiosas: "Purgatório é uma casa de penhores, que empresta sobre todas as virtudes, a juro alto e prazo curto. Mas os prazos renovam-se, até que um dia uma ou duas virtudes medianas pagam todos os pecados grandes e pequenos" (Assis, 1971, v.I, p.920). É estabelecido, assim, um confronto entre a visão do autor, que, de sua nova posição,[4] pode julgar o herói-narrador e seu entranhamento no passado patriarcal, e a visão do narrador casmurro, que não tem julgamento menos negativo do futuro que está vindo, emblematizado na cena de devoração cruel do rato pelo gato. Cria-se uma dialética entre dois tempos carregados de sinais negativos, cujo resultado parece estar muito mais próximo do nada que da síntese. A perspectiva do narrador não pode ser considerada inteiramente irrelevante porque parcial, ela traz dados importantes para complementar a do autor. Esta transcende a visão desencantada e melancólica do narrador, e por isso precisa ser desentranhada dos sinais e imagens enviesados deixados pelo último. Se ela está longe da perspectiva romântica do embate entre o Bem e o Mal, também já não se ilude com as esperanças burguesas, como acontece em alguns dos primeiros escritos de Machado. Na periferia, suas realizações vinham mais afirmar que dissipar a dominação e as desigualdades. O modo imitativo de assimilação do moderno fazia os elementos selecionados emergirem não em função da superação delas, mas de caprichos dos que podiam escolher o que imitar, justamente os que goza-

---

4 Ver sobre o assunto, o ensaio neste livro "Ficção e história: o espelho transparente de Machado de Assis".

vam da situação favorável de dominação. Este seria um dos traços do lugar, do qual deveríamos ter o "sentimento íntimo", de um passado com raízes demasiadamente fundas para serem superadas, de tal forma que, quando isso parecia ocorrer, ele voltava a se repor e com mais força. Com a visão do autor complementada pela do narrador, os dois tempos aparecem representados como duas negatividades que se confrontam e de cujo conflito não temos muito que esperar (dialética que será reproduzida pela flor negativa de Drummond, porém com força para romper e nascer no asfalto, no poema "A flor e a náusea").[5] No entanto, o tempo novo traz uma positividade, única no momento, que é a da consciência que podemos tomar dessa realidade; possibilidade aberta por ele enquanto história, que escapa da rigidez do mito, ao descermos até as raízes internas e externas do conflito, e contemplá-las. É o que faz o autor ao nos ajudar a descortiná-las.

Quando Santiago se casa com Capitu, o faz seguindo apenas suas inclinações pessoais e contraria tudo o que seria próprio da ordem patriarcal: não realiza alianças de famílias nem de fortunas, não poderia esperar um dote de Capitu, uma das instituições mais fortes da vida social brasileira. Ele não tem em perspectiva a família extensa, com sua face pública, mas o refúgio no "alto da Tijuca", onde monta um "ninho de noivos", na Glória, descrito no capítulo chamado "No céu". Nada mais idílico, mas também nada mais contrário à família patriarcal, que procurava afirmar-se na ordem da qual ela era o esteio mais importante. Entretanto, o que levava Santiago a distanciar-se de seu primeiro modelo era também uma sua inclinação romântica, de buscar o infinito no finito, como quando discorre sobre a primeira semana na Glória: "Imagina um relógio que só tivesse pêndulo, sem mostrador, de maneira que não se vissem as horas escritas. O pêndulo iria de um lado para outro, mas nenhum sinal externo mostraria a marcha do tempo. Tal foi aquela semana da Tijuca". Só que, desta vez, quem procura olhar para fora da fotografia e parece depender da aprovação pública é a mulher, Capitu, que começa a se entediar naquele refúgio e apressa a descida:

---

5 Ver neste livro o ensaio "O terror na poesia de Drummond".

"Não lhe bastava ser casada entre quatro paredes e algumas árvores; precisava do resto do mundo também", comenta Dom Casmurro, com mais de uma ponta de maldade.

Reconhecer que a mulher pudesse ter alguma vontade própria que destoasse da dele traía a imagem que fazia para si do que deveria ser a vida celeste na terra, regida pela primeira epístola de São Pedro, que sente que é recitada quando chegam ao "ninho de noivos": "As mulheres sejam sujeitas a seus maridos... Não seja o adorno delas o enfeite dos cabelos riçados ou as rendas de ouro, mas o homem que está escondido no coração... Do mesmo modo, vós, maridos, coabitai com elas, tratando-as com honra, como a vasos mais fracos, e herdeiras convosco da graça da vida...". A dificuldade de Santiago estava em reconhecer na sua mulher "o outro", alguém que não fosse seu próprio reflexo, como "lia", no simulacro dos retratos, a entrega e sujeição da mãe ao pai. É aí que ele começa a enxergar a traição, independentemente de Capitu tê-lo traído de fato; e o modelo paterno, com que se imaginava rompido, começa a renascer dentro dele. O que parecia um fato episódico transforma-se numa obsessão, numa idéia fixa, da qual deixamos de ser senhores, pois que ganha autonomia e nos domina.[6] Assim, a própria idéia passava a comandar as interpretações deformadas que Santiago formulava da realidade. Uma vez, vai assistir a uma representação de *Otelo* e sai do teatro fazendo consigo os seguintes comentários:

> Ouvi as súplicas de Desdêmona, as suas palavras amorosas e puras, e a fúria do mouro, e a morte que este lhe deu entre aplausos frenéticos do público.
> – E era inocente, vinha eu dizendo rua abaixo; – que faria o público, se ela deveras fosse culpada, tão culpada como Capitu? (Assis, 1971, v.I, p.935)

---

6 Para comentar o estado obsessivo de Santiago, Helen Caldwell usa uma crítica muito pertinente de John Money sobre o *Otelo* de Shakespeare: "De acordo com John Money, Otelo sofre de uma 'impotência' similar. Money observa ainda que o auto-encargo de Otelo como ministro da justiça divina, como justo instrumento do Fado, ou Destino, é uma auto-ilusão, e que a divindade à qual Otelo e Iago se curvam 'são suas próprias idéias fixas' – vontade de destruir surgindo de sua 'impotência' de criar. No caso de Otelo, inclui-se ainda 'a vontade de ver as coisas como elas não são'" (Caldwell, 2002, p.189-90).

Tendo a herança familiar turvado-lhe tanto os olhos, ele toma os aplausos do público, que, certamente, tinham sido pela boa representação dos atores, como sinal de aprovação pela morte de Desdêmona.[7]

No entanto, é somente quando começa a entender que a traição adquire sinais exteriores e visíveis, que, passíveis de reconhecimento, podem comprometer sua face pública (já que a particular se tornara para ele um trapo), que Santiago reassume inteiramente sua herança patriarcal; o pai ressurge nele como ele vê Escobar renascendo no filho, Ezequiel:

> Escobar vinha assim surgindo da sepultura, do seminário e do Flamengo para se sentar comigo à mesa, receber-me na escada, beijar-me no gabinete de manhã, ou pedir-me à noite a bênção do costume". E a sua reação não difere da de Otelo, o desejo da morte cruel da mulher: "... eu jurava matá-los a ambos [Capitu e o filho], ora de golpe, ora devagar, para dividir pelo tempo da morte todos os minutos da vida embaçada e agoniada. (ibidem, p.932)

A suspeita patriarcal

A reação de Santiago não é, contudo, apenas a de um possesso ou alguém obcecado pelo ciúme, é uma reação tipicamente patriarcal. Desencadeia-se não tanto pelo ato da traição mas pela simples *suspeita* dele, a qual, mais que o fato, compromete a imagem pública do Pai: a suspeita é pior que o crime na medida em que põe em questão a autoridade do patriarca e trinca sua face pública. A crônica histórica registra muitos casos desse tipo. Rocha Pita cita um muito ilustrativo, na sua *História da América portuguesa*:

> Neste ano [1687] foi degolado no Terreiro da Bahia o coronel Fernão Bezerra Barbalho, morador e natural da província de Pernambuco, e uma das pessoas da nobreza dela, por matar no seu engenho da Várzea, injustamente e sem mais causa que uma *suspeita cega*, a sua esposa e três filhinhas dela, escapando outra que por mais pequena escondera uma escrava

---

[7] Minha leitura dessa cena é muito próxima da de Helen Caldwell, 2002, p.188.

... Foi companheiro de Fernão Bezerra nesta crueldade seu filho primogênito, matricida e fratricida de sua mesma mãe e irmãs. (Pita, 1952, p.328-9, grifo meu)

Padre Antônio Vieira comenta o fato em carta do mesmo ano: "Hoje faz oito dias degolaram no nosso terreiro o fidalgo que de lá veio preso pelas mortes de sua mulher e filhas, e vai a sua cabeça para ser posta no lugar do delito. Queira Deus que este exemplo faça algum fruto..." (apud Pita, 1952). A exclamação esperançosa final de Vieira indicam que tais fatos não eram incomuns. Sérgio Buarque de Holanda, discutindo o caráter ilimitado do pátrio poder e a tirania da família patriarcal brasileira, cita o caso de Bernardo Vieira de Melo, que "suspeitando a nora de adultério, condena-a a morte em conselho de família e manda executar a sentença, sem que a justiça dê um único passo no sentido de impedir o homicídio ou de castigar o culpado, a despeito de toda a publicidade que deu ao fato o próprio criminoso" (Holanda, 1969, p.49-50). Dar "publicidade" ao fato, assim como à forma cruel de vingança, era como pôr fim à suspeita e lavar a honra, mais importante do que o próprio ato, pois era o modo de se garantir ao "público" que a autoridade fora restaurada.

Dessa primeira reação patriarcal de Santiago, passando pelas oscilações entre o suicídio e o envenenamento do filho, até a transferência dele e da mulher para a Suíça, vai uma distância. Algo mudou, ele mesmo se perdeu entre duas identidades: a de Bentinho, que se afastou do passado, e a de Santiago, que não foi capaz de romper definitivamente com o passado e de concretizar o futuro. Esse conflito se estabelece quando Santiago tem de dar um passo a mais no seu processo de adaptação ao tempo, fato que se inicia como uma segunda parte do livro. É quando ele se convence de que tem de aceitar que a traição é possível ou de que ela faz parte das novas regras do jogo. Ele desconfia que Escobar traía a mulher com uma atriz; ele próprio vive uma aproximação com a mulher de Escobar, dona Sancha; e, depois, desconfia de Capitu. Pelo que lhe parece, todos, se não traíam, poderiam estar muito bem traindo a todos. Bentinho, que em vários momentos procurou o infinito no finito, não consegue dar este último passo para a vida num mundo dessacralizado, sem absoluto, que não deixava atrás de si ícones, simulacros ou retratos na parede para cultuar. Nesse sentido, ele se desdobrava, criando ele próprio um simulacro de si: mandando a mulher e o filho para a Suíça, salvava sua face pública, uma parcela que recuperava e conservava da herança paterna; mas não deixava também de adaptar-se ao tempo, passando a manter relações apenas superficiais com amigos e amigas, como as descritas no começo e no final do livro, como se fechassem "as duas pontas da vida".

Se ele tivesse se mantido inflexível e irredutível em suas heranças patriarcais, a resolução do assunto (ou do conflito) possivelmente teria se dado de uma forma trágica; sabendo porém que, no novo tempo e na nova situação urbana, talvez não obtivesse a mesma aprovação da tradição agrária, e que ele imaginava ter ocorrido na representação do *Otelo*. Mas, caso ele tivesse se adaptado integralmente ao tempo, talvez chegássemos à comédia, com as posições dos retratos se invertendo: ele oferecendo a flor à mulher e ela tripudiando dele, estabelecida no capitólio do lar. Ela não se chamava Capitolina? No Capitólio ficava o templo de Júpiter Ótimo Máximo, o guardião por excelência da cidade. Como o conflito não se resolve nem para um lado nem para outro, tudo isso se parece muito com as formas brasileiras de acomodação e nosso processo de mudanças históricas, de um país que se moderniza constantemente para ficar cada vez mais parecido consigo mesmo. Mas o narrador, do seu ponto de vista, deixa uma pergunta final de cunho universalizante, válida não só para Capitu: "Se a Capitu da praia da Glória já estava dentro da de Mata-Cavalos". Quer dizer, quem faz o homem, as heranças familiares (e as estruturas) tradicionais ou o tempo novo? As heranças profundas do passado que retornam sempre ou as novas vagas do tempo que vêm para desmanchá-las? O que nos define: o mito, as estruturas profundas, ou a história, os eventos novos que prometem mudanças? Mas, se procurássemos o ponto de vista do autor, menos pretensioso porém mais esclarecedor, poderíamos substituir naquela pergunta a Capitu por Bentinho; com isso, ela deixaria de ser uma pergunta para se transformar quase numa certeza, e ficaria assim: "O Dom Casmurro da praia da Glória, sem dúvida já estava dentro do Bentinho de Mata-Cavalos", só que um tanto abafado, ainda não tão ciumento, como afirma Roberto Schwarz: "... o ciumento da Glória já existia pronto e acabado no menino de Mata-Cavalos, com uma diferença de que falaremos" (Schwarz, 1997, p.18). E, para que isso acontecesse na sua formação precoce, os ensinamentos dos retratos dos pais devem ter contribuído bastante.

Nesse debate do romance entre romantismos patriarcais e realismos burgueses, Santiago, enquanto personagem, vive a suspeita e a obsessão patriarcal, mas se constitui no narrador de uma história das mentiras e traições da vida burguesa, que no Brasil estava apenas se anunciando, como o casmurro desencantado. Com isso, uma acepção da palavra se junta à outra, como se fechassem aqui "as duas pontas" da história.

Referências bibliográficas

ALENCAR, J. de. *Obra completa*. Rio de Janeiro: José Aguilar, 1958. v.II.
ASSIS, M. de. *Obra completa*. Rio de Janeiro: José Aguilar, 1971. v.I.
_____. *Obra completa*. Rio de Janeiro: José Aguilar, 1973. v.III.
CALDWELL, H. *O Otelo brasileiro de Machado de Assis*. Trad. Fábio Fonseca de Melo. São Paulo: Ateliê, 2002.
GOETHE, J. W. *Obras completas*. Trad. Rafael Cansinos Assens. Madrid: Aguillar, 1958. v.III.
HOLANDA, S. B. de. *Raízes do Brasil*. 5.ed. Rio de Janeiro: José Olympio, 1969.
PITA, R. *História da América portuguesa*. São Paulo: Jackson, 1952.
SCHWARZ, R. *Duas meninas*. São Paulo: Companhia das Letras, 1997.

Parte III
Literatura e Capitalismo

O terror na poesia
de Drummond[1]

> *Participação na vida, identificação com os ideais do tempo (e esses ideais existem sempre, mesmo sob as mais sórdidas aparências de decomposição), curiosidade e interesse pelos outros homens, apetite sempre renovado em face das coisas, desconfiança da própria e excessiva riqueza interior, eis aí algumas indicações que permitirão talvez ao poeta [e por que não dizer, também ao crítico?] deixar de ser um bicho esquisito para voltar a ser, simplesmente, homem.*
>
> Carlos Drummond de Andrade,
> *Confissões de Minas* (Andrade, 1967, p.596)

As torres fálicas

Quando, em 11 de setembro de 2001, membros da Al Qaeda, com aviões civis de carreira, explodiram as torres do World Trade Center, a

---

[1] Este trabalho foi apresentado no IV Congreso Europeu CEISAL de Latino-americanistas, em Bratislava, República Eslovaca, de 4 a 7 de julho de 2004, e no

ninguém escapou os aspectos singular e simbólico do ato. As duas torres de aço, alumínio e vidro, lisas e nuas, sem nenhum ornamento, erguiam-se rasgando o céu e pareciam reinar isoladas sobre a cidade. Não existia visualmente nada que as ameaçasse ou lhes disputasse a grandeza e soberania. Elas eram elas: duas hastes geométricas brilhantes que se destacavam ostensivas na cidade opaca; nada se lhes comparava, tanto para os que viviam à sua sombra, como para os que chegavam de fora, por terra, mar ou ar. Não havia como errar o alvo. O que lhes conferia um valor simbólico era a duplicidade que encarnavam como concepção arquitetônica: reuniam o que havia de mais moderno e de mais regressivo. Se tinham uma funcionalidade interna pulsante, como se repercutisse ali diretamente as batidas do coração do mundo financeiro de Wall Street, elas expressavam também um poder viril, como as primeiras construções simbólicas arcaicas dos obeliscos e *Memnonas*, das colunas imperiais romanas e das torres religiosas e municipais medievais, que deveriam ser avistadas de longe pelo inimigo e revelar-lhe a força máscula que o aguardava: "Anteriormente, na ocasião da Forma de arte simbólica, ... no Oriente era ressaltada e venerada diversamente a força vital universal da natureza, não a espiritualidade e o poder da consciência, mas a violência produtiva da geração"[2] (Hegel, 2002, v.III, p.44). Assim as torres de Nova York combinavam o orgânico simbólico do falo com o inorgânico funcional das linhas retas, das formas artificiais abstratas e inanimadas. O gigantismo e o espelhamento dos vidros, por sua vez, deveriam realizar o ilimitado da forma que

---

curso de extensão da FFLCH/USP "Literatura e Autoritarismo", coordenado pelo prof. dr. Jaime Ginzburg, em 18 de junho de 2004.

2 E, um pouco mais adiante, continua Hegel: "A arquitetura *simbólica* autônoma, contudo, fornece o tipo principal de suas obras mais grandiosas, porque o interior humano ainda não aprendeu aqui ele mesmo o espiritual em seus fins, formas exteriores, e ainda não as fez objeto e produto de sua atividade livre. A consciência de si ainda não amadureceu em fruto, ainda não está pronta para si mesma, mas está se impulsionando, procurando, pressentindo, produzindo cada vez mais, sem uma satisfação absoluta e, portanto, sem descanso. Pois apenas na forma adequada ao espírito satisfaz-se o espírito pronto em si mesmo e se limita em seu produzir. A obra de arte simbólica, ao contrário, permanece em maior ou menor grau ilimitada" (Hegel, 2002, v.III, p.50).

refletiria em si não só a paisagem terrestre como o próprio céu. Era o seu limite, o que, para os gregos, significava a extrema arrogância humana, tentar equiparar-se aos deuses, o mesmo que perdeu a Ícaro e outros heróis.

Na conjuntura econômica do tempo, as duas torres, e outras espalhadas pelo mundo, expressavam a prosperidade e o poder da globalização, que havia enriquecido a muitos. Mas, para os que ficaram de fora e se viram espoliados nesse processo de acumulação e concentração de riqueza, não isento de formas próprias de violência, elas simbolizavam a razão de suas misérias. Por isso, os sentimentos gerados com as explosões das torres não foram unânimes. Para alguns, significaram um ato incompreensível de brutalidade, destruição selvagem e mortes de inocentes. Mas, para outros, representaram a demarcação dos limites, golpes estratégicos para revelar-lhes a fragilidade e trazê-las de volta à esfera do humano.[3] Em muitas partes da Ásia, da África e das Américas, nas áreas que mais sofreram e se empobreceram relativamente com a globalização, quando não houve um regozijo ostensivo, como em segmentos do mundo islâmico, houve uma satisfação interna. Entretanto, esse sentimento foi pouco aventado, nem as circunstâncias dos vitimados o permitiam. O que não justifica que se continue a ignorá-lo. Se ele fosse reconhecido e se perguntasse por suas causas, o Ocidente próspero talvez tivesse se repactuado com a tradição de crítica ao maniqueísmo e de relativização do Bem e do Mal, e continuasse aprendendo com as observações de Maquiavel ao Príncipe, sobre o ponto de vista e a im-

---

[3] É interessante observar como o papa Bento XVI, quando ainda cardeal Ratzinger, num debate com Habermas, em janeiro de 2004, com a sua condenação ao terrorismo, procura compreender também as razões do outro lado: "Ao mesmo tempo, é assustador que, ao menos em parte, o terror se legitime moralmente. As mensagens de Osama bin Laden apresentam o terror como a resposta que os povos sem força e oprimidos dão à arrogância dos poderosos, como a justa punição à sua presunção e às suas arbitrariedade e crueldade blasfemas. Para os homens em determinadas situações políticas e sociais, tais motivações são evidentemente persuasivas. Em parte, o comportamento terrorista é apresentado como uma defesa de uma tradição religiosa contra o ateísmo da sociedade ocidental" (*Folha de S.Paulo*, 24 abr. 2005, Mais!, p.6).

portância de se reconhecer a visão do outro.[4] Tal postura poderia levar a identificar melhor as causas históricas dos atos desesperados e a evitar atribuir tudo à loucura dos homens ou à malignidade natural do opositor.

Mas a reação foi a de localizar o Mal – como aqueles que explodiram as torres localizavam nelas a fonte de seus males – e procurar extirpá-lo militarmente. Esta foi a segunda aposta do Ocidente próspero, particularmente dos Estados Unidos: a vitória militar. A primeira, já em andamento e de caráter mais geral, foi a opção pela política do "condomínio fechado": cercar as ilhas de prosperidade, beneficiadas com a livre circulação da informação e do capital financeiro, e protegê-las das massas miseráveis de trabalhadores, impedidas de circularem tão livremente quanto o capital. Para estas, valeria todo tipo de barreiras e muros, o que equivalia à opção por um mundo duplo e desequilibrado: um de homens iguais, os de dentro, e outro de desiguais, os de fora. O aproveitamento do enorme exército de reserva criado no mundo periférico só se daria na medida das próprias necessidades das nações prósperas, e, quando ele ameaçasse sair do controle, ficariam legitimadas as incursões cirúrgicas precisas, que podiam se aproveitar das vantagens militares que os avanços tecnológicos lhes proporcionavam. Creio não ser preciso citar aqui todas as formas usadas para impedir a livre circulação dos cidadãos nas ilhas de prosperidade, tanto entre as nações, como internamente, em cada uma delas. A segunda aposta foi a de que o poder dominante dessa ordem não deveria ser de modo algum confrontado: assim que surgisse um sinal de ameaça, ele seria identificado como o Mal e localizado e derrotado militarmente.[5]

---

4 "Nem quero que se repute presunção o fato de um homem de baixo e ínfimo estado discorrer e regular sobre o governo dos príncipes; pois os que desenham os contornos dos países se colocam na planície para considerar a natureza dos montes, e para considerar a das planícies ascendem aos montes, assim também para conhecer bem a natureza dos povos é necessário ser príncipe, e para conhecer a dos príncipes é necessário ser do povo" (Maquiavel, 1973, p.9-10).

5 O que é expressão de uma nova situação mundial, a qual, em termos gramscianos, passa da hegemonia à dominação. Se, depois da Segunda Guerra Mundial, os Estados Unidos disputavam a hegemonia com a União Soviética e ambos representa-

O principal confronto ocorre hoje entre o Ocidente próspero e o que ele passou a chamar de "fundamentalismo" islâmico (emprestando o termo usado para caracterizar uma seita protestante norte-americana), cujas populações, não por coincidência, ficam onde estão as mais importantes reservas de petróleo do mundo. Não fosse a riqueza mineral, essas populações estariam tão abandonadas à própria sorte quanto as subsaarianas, depois de terem sido espoliadas durante séculos. Por infelicidade ou ironia da história, as ilhas de prosperidade não são autônomas, dependem das fontes de energia onde estão seus inimigos e de uma constante ampliação, ali também, dos mercados consumidores, como forma de trazer de volta os petrodólares. No entanto, encontram como barreiras intransponíveis as práticas civilizatórias e crenças religiosas a que os islâmicos se aferram como reação às imposições exter-

---

vam *um futuro* a ser alcançado para muitas nações – existia tanto uma "sociedade socialista" como um *"american way of life"* a serem imitados, hoje, os Estados Unidos são apenas *o país do presente* e perderam a universalidade. É sabido que, se todos seguissem seu padrão de vida e consumo, num curto período as riquezas naturais do mundo, particularmente as energéticas, estariam esgotadas, ao mesmo tempo que o processo de acumulação distancia cada vez mais as nações prósperas das periféricas, e assim as aspirações a participar do Primeiro Mundo vão se transformando em sonhos impossíveis. Com isso, os Estados Unidos vivem uma situação paradoxal: como nação dominante, quer também ser hegemônica, no entanto tem de impor seu modo de vida e sistema político à bomba, já que perderam a capacidade de convencimento (para não dizer a razão) e, com isso, o discurso (*logos*). Não havendo mais espaço para o debate ideológico, substituído pela implacabilidade do pensamento único, nem valores a serem defendidos – os únicos são o do sucesso pessoal e o da riqueza e capacidade de consumo dos vencedores, difundidos pela matriz hollywoodiana e por uma mídia usada como instrumento mais de propaganda e manipulação que de informação e esclarecimento –, parece que se tornaram vítimas também das próprias escolhas e criações. De outra maneira, é esta também a conclusão de Jean Baudrillard, num artigo que ele chama de "O poder canibal": "É primeiro o Ocidente de um modo mais geral que impõe ao mundo, em nome do universal, seus modelos políticos e econômicos, seu princípio de racionalidade técnica. Esta é a essência de seu domínio. Mas não sua quintessência. Sua quintessência é, para além do econômico e do político, a ascendência da simulação, de uma simulação operacional de todos os valores, todas as culturas, é aí que hoje se afirma a hegemonia da potência mundial" (*Folha de S.Paulo*, 15 maio 2005, Mais!, p.7).

nas. Enquanto um pressiona para ampliar sua esfera de influência e domínio, o outro reage e responde agressivamente.[6] No confronto, cada contendor usa as próprias armas: um, o poderio tecnológico e militar, e outro, o poder da crença e do número de seguidores. O primeiro conseguiu transformar a palavra "guerra" num eufemismo: lançar de navios foguetes teleguiados e de aviões inatingíveis, a dez mil metros de altura, bombas "inteligentes", sem risco nenhum, é simplesmente destruição. Não é à toa que se fala hoje em "reconstrução" do Iraque, porque não houve combates, mas devastação. Só depois de anunciado o fim da guerra é que se iniciaram as lutas de resistência à ocupação. O passo seguinte deverá ser o massacre, com o lançamento das novas bombas de quinhentas toneladas sobre as cidades populosas, com a justificativa de abrigarem resistentes/terroristas. E o opositor, se não tem nenhuma condição de enfrentar militarmente o inimigo no campo de batalha, leva a destruição para as cidades, onde está a vida civil por excelência, e com os meios da própria vida civil e ordinária, como aviões de carreira, bombas sujas e fertilizantes agrícolas, mas cujo resultado esperado é apenas o estrago e o número de vítimas civis que causam.

O contraste civilizatório entre as duas forças pode ser apreciado nas imagens de suas mulheres (do que um se aproveita para estigmatizar os costumes do outro): um as descobre inteiramente, e o outro as cobre excessivamente. O Ocidente reifica suas mulheres ao reduzi-las a corpos de silicone, a manequins de aparatos de consumo e a fontes de imagens a venda, como qualquer mercadoria. E o Islã cobre as suas como fantasmas, com lenços, véus e burcas, para serem percebidas apenas como almas, nas vozes, nos olhos ou nos rostos, por onde o espírito se expressa. São dois fundamentalismos nos quais um esmaga o espírito e o outro o corpo. O mesmo acontece com a ética guerreira e as imagens masculinas: de um lado, o legionário das terras ocupadas, um

---

6 Uma das coisas que diferencia o terrorismo moderno do anarquista ou niilista do século XIX é o fato de o atual ser reativo, não lutar por uma causa ou por uma nova ordem; ao contrário, é conservador, pretende só manter a atual situação e sua autonomia, e encontra no terror a forma desesperada de se defender das intervenções e agressões sofridas.

brutamonte com o corpo protegido por todo tipo de equipamento e usando armas sofisticadas para destruir o corpo do inimigo; e, de outro, o homem-bomba suicida, que revela um desprezo pelo corpo nunca visto, para enviar a alma do adversário ao inferno e a sua ao paraíso, onde gozará dos corpos de setenta e duas virgens. Nesse enfrentamento, o equilíbrio entre a vida do corpo e a do espírito, tão procurado pela arte e cultura humanísticas, fica comprometido pelo choque entre os dois fundamentalismos: o do mercado da materialidade e o da tradição religiosa espiritualista. Entre eles ficamos nós, e é este o nosso tema: o do homem emparedado e da ação desesperada.

As ruas das paredes

A poesia brasileira, em pelo menos três momentos, representa os centros financeiros como o local infernal e a fonte de seus males, inclusive os da poesia. A mais contundente e direta é o canto X, "Inferno de Wall Estreet", de 1877/1888, do grande poema "O Guesa", de Sousândrade, poeta maranhense saído de uma antiga região colonial, apesar de viajado e com boa formação européia: "engenheiro de minas e bacharel em letras pela Sorbonne" (Campos & Campos, 1982, p.110). O que torna o canto mais surpreendente é a intenção crítico-satírica, ou seja, o modo pelo qual julga a cidade de Nova York, um centro próspero equivalente às mais modernas capitais européias. O poeta, em vez de se embasbacar com as maravilhas da técnica e da vida moderna, o que seria o mais provável – como acontece com D. Pedro II e sua comitiva, que, na época, visita a Exposição do Centenário da Independência dos Estados Unidos –, ele faz uma crítica aguda da vida americana e que vai bem além da moralista.[7] Sousândrade aprecia os movimentos de subida e descida das Bolsas e como, com eles, as riquezas se formam e se desfazem. Ao mesmo tempo, observa como os valores morais e

---

7 Seria interessante uma comparação com o modo de apreciar e julgar a cidade (e os Estados Unidos) dos caps. 14, "Nova Iorque (1876-1877)", e seguintes, do livro de Joaquim Nabuco, *Minha formação* (1963, p.117).

espirituais acompanham esses movimentos, mas somente em trajeto de descendimento e corrosão, sem que conheçam uma contrapartida ascendente, como os duplos e compensatórios da circulação da riqueza material. A imagem que o poeta cria da cidade é a do lugar onde os negócios (e como resultados de seus próprios movimentos) se misturam com a prostituição, a fraude, os vícios, a idolatria, a hipocrisia. Aí tudo se mescla, o alto e o baixo, o sublime e o grotesco, o belo e o horrível, o espírito e o corpo, mas sempre em detrimento dos primeiros, pois, nesses contatos e aproximações promíscuas, tudo se vilipendia e nada se regenera. O sentido único do movimento que a tudo rebaixa, dá à sua elocução um tom farsesco de opereta, como se o objetivo fosse mostrar o ridículo e as deformações dos valores, das virtudes e dos fatos do espírito, inclusive os da literatura e da poesia. E como farsa, ela também imita e se expressa na própria linguagem poluída e indecorosa dos meios de comunicação do lugar. Os valores da racionalidade econômica, obter o máximo de ganho com o mínimo de recursos, regem seu estilo telegráfico, desarticulado, truncado e rápido, como o do jornal, das revistas e dos meios de publicidade.

No poema, o aspecto mais forte da cidade, onde todos os opostos se encontram e se digladiam, é o de uma barafunda de vozes distintas, quase isoladas, que cifram as intenções, de modo a dizer e esconder o verdadeiro sentido do que é dito. Isso dá ao leitor a impressão de estar apreciando um carrossel delirante de personagens e vozes um tanto caricatas. Todas elas misturam referências cultas e do presente da cidade conflitiva, as quais precisam ser reconhecidas e identificadas para serem entendidas. São essas as primeiras exigências feitas ao leitor. Nesse canto do caos produzido pelos negócios, desde o início todos os valores se invertem, como o próprio inferno, que antes ficava nas regiões inferiores, para onde Orfeu, Dante e Enéias tiveram de descer para alcançá-lo; agora ele ascende e joga por terra o céu. Desse modo, o Guesa, o herói mítico indígena, para chegar ao inferno, tem de subir:

> (O Guesa, tendo atravessado as Antilhas, crê-se livre dos Xeques e penetra em New-York-Stock-Exchange; a Voz dos desertos;)
> – Orfeu, Dante, Aeneas, ao inferno

Desceram; o Inca há de subir...
= *Ogni sp'ranza lasciate,*
Che entrate...
– Swedenborg, há mundo porvir? (X,1) (Campos & Campos 1982, p. 279)

O herói entra num universo tumultuado pelos negócios, onde tinham fim as esperanças e se perdia de vista o futuro: "há mundo porvir?", ele pergunta ao teósofo sueco. Como a circulação é a própria essência desse mundo de trocas, sem aquela estas não se realizam, o movimento gerado tudo rebaixa, traz à terra o celeste e dá um peso monetário à expressão amorosa que se pretendia elevada:

(O Guesa escrevendo *personals* no Herald e consultando as Sibilas de New York;)
– *Young lady* da Quinta Avenida,
Celestialmente a flirtar
Na igreja da Graça...
– Tal caça
Só mata-te *almighty dollár*. (X, 35) (ibidem)

No espaço do comércio e da concorrência, cada um só consegue defender os próprios interesses e se faz deles o porta-voz. Com isso, os homens deixam de falar de si em busca da compreensão do outro, para se constituírem numa espécie de caricaturas de si mesmos. Eles se transformam em personificações e instrumentos de interesses que se expressam através deles e que escapam a seu controle. Tornam-se como vozes absolutas, que apenas se enunciam e transformam o diálogo numa espécie de "conversa de surdos", apesar do canto ser exposto em forma de diálogo, o que cria a imagem de um mundo caótico. Cada um fala por conta própria, sem que uma fala responda de fato a outra ou se articule ela mesma de modo compreensivo. Todos se enunciam sem levar em conta o que o outro disse, e ninguém parece se entender. Nem o leitor, que se sente como diante do próprio inferno de indivíduos isolados em luta e corroídos internamente. E isso não se limita às relações entre os indivíduos, acontece também entre os diferentes grupamentos humanos, religiosos, políticos e sociais, nos dando neste trecho uma imagem impecável da internacionalidade da luta de classes:

(Democratas e Republicanos)
[1ª voz] – É de Tilden a maioria;
É de Hayes a inauguração!
[2ª voz] = Aquém, carbonário
Operário;
Além, o deus-uno Mamão!

(Comuna;)
[1ª voz] – *Strike!* do Atlântico ao Pacífico!
[2ª voz] = Aos Bancos! Ao Erário-tutor!
Strike, Arthur! Canalha
Esbandalha!
Queima, assalta! (Reino de horror!) (X, 37 e 38) (ibidem)

A competição generalizada e a concorrência de todo tipo – econômica, comercial, política, religiosa, amorosa –, que antagonizam os relacionamentos, permite que se equipare Nova York a um troglodita devorador de serpentes, "ofiófago", e fazem dela uma criação do furto e um palco de instabilidades sem igual, tanto no tempo (quando ela é comparada a Roma) como no espaço (quando é comparada ao Rio de Janeiro), e onde os valores se invertem, onde tudo fica de ponta-cabeça:

(*Freeloves* meditando nas *free-buglars* belas artes;)
– Roma começou pelo roubo;
New York, rouba a nunca acabar,
O Rio, *antropófago*;
= *Ofiófago*
Newark... tudo pernas pra o ar... (X, 71) (ibidem)

Do processo autofágico da cidade que não permite que nada se estabilize, não escapam a poesia, "Zoilos sapando monumentos de antigüidade", nem os poetas. Estes são comparados aos cisnes que se atrapalham com as prostitutas, "Lalas", rainhas da vida prática, e não são banidos da cidade coroados com flores, como na *República*, de Platão, antes são depenados pelos seus habitantes, o que equivale a perder a voz do canto e a pluma da expressão:

(Elétricas *sweethearts* à *'school-rod-system'* preferindo o pára-raios de Franklin;)
– Poeta é cisne, oh!.. não porque canta,
Mas pela ideal lentidão
Com que anda a amores,
Horrores
De Lalas que práticas são!...

(Áureos Zacs [título de um dos chefes Muíscas da Colômbia] escovados noutros práticos mundos;)
– Banindo os poetas, da 'República'
Coroava-os com flores, Platão.
= Yunka-yankee os depena
Sem pena,
E zanga-se à história, pois não! (X, 137 e 171) (ibidem)

Mário de Andrade, no seu primeiro livro de poemas modernistas, *Pauliceia desvairada*, cujo nome carnavalesco apenas disfarça um dos juízos mais críticos e agudos sobre a progressista cidade de São Paulo, tem um poema no qual joga ironicamente com o título e o conteúdo. O nome do poema, "Rua de São Bento", deveria lembrar ao leitor da época o mosteiro e o apuro secular do canto gregoriano de suas missas, os quais pretendiam levar, pela beleza e pelo refinamento sonoro, os apelos das almas até o celeste. Essa lembrança contrasta fortemente já com o primeiro verso do poema, que por si constitui toda uma estrofe, com uma única palavra, encerrada pelo ponto final, o que lhe dá a força de um órgão vital: "Triângulo". Ao leitor da época, a palavra, além de sugerir o órgão sexual feminino, também lembra o "triângulo", como era conhecido e constituía o coração pulsante da cidade: a confluência das ruas São Bento, XV de Novembro e Direita, respectivamente a das Bolsas, dos bancos e do comércio elegante. O que fazia pulsar esse coração eram os cantos enganosos dos negócios, e não o canto elevado do mosteiro, chamados pelo poeta de "os cantares da uiara rua de São Bento", a mesma uiara travestida de mulher linda que depois mutilará Macunaíma. A sensação contraditória do poeta, ao passar pela rua onde ficavam as Bolsas de Mercadorias e de Títulos, era a de transitar entre duas paredes de chumbo, "duas ondas plúmbeas de casas plúmbeas", que lhe esmagavam o espírito, "as minhas delícias das asfixias da alma!", cujos jogos e leilões em busca do lucro, que movimentavam as mercadorias, impediam a delicadeza dos sentimentos, "Pobres brisas sem pelúcias lisas a alisar":[8]

> Entre estas duas ondas plúmbeas de casas plúmbeas,
> as minhas delícias das asfixias da alma!
> Há leilão. Há feiras de carnes brancas. Pobres arrozais!
> Pobres brisas sem pelúcias lisas a alisar!
> A cainçalha... A Bolsa... As jogatinas... (Andrade, 1987, p.86-7)

Assim emparedado, impedido de olhar para os lados, o poeta procura no horizonte uma saída, ela também produzida pelos mecanismos da cidade, "à fábrica de tecidos dos teus êxtases", a qual ele encontra, mas sustentada por uma chaminé de indústria que deveria esfumaçá-la e contaminá-la:

> Entre estas duas onda plúmbeas de casas plúmbeas,
> Vê, lá nos muito-ao-longes do horizonte,
> A sua chaminé de céu azul!

O emparedamento no tempo

Logo depois da explosão das torres do World Trade Center, circulou pela Internet o poema "Elegia 1938", de Carlos Drummond de Andrade, no qual o poeta dizia a si, no último verso, como afirmação simultânea de vontade e impotência: "não podes, sozinho, dinamitar a ilha de Manhattan".[9] Por quê? O que explicaria o desejo desesperado

---

8 O mesmo tema da cidade capitalista que esmaga os valores, "crucificações da honra", Mário já explorara no poema anterior, "Escalada", e que nos prepara para este. Nele, Mário fala como o movimento dos homens em busca das "califórnias duma vida milionária" induzem-nos a trocar os olhos da alma, como aparecem no único verso lírico do poema, "Onde nas violetas corria o rio *dos olhos* de minha mãe...", pelo olho do corpo ou do ânus (e não o do diabo, como pode parecer), como é agudamente enunciado no seu verso mais grotesco, "E ei-lo na curul do vesgo *Olho-na-Treva*" (Andrade, 1987, p.84-5, grifos meus).

9 Todas as transcrições dos poemas de Carlos Drummond de Andrade foram extraídas de *Obra completa*, publicada pela editora José Aguilar em 1967.

do poeta? O poema está no livro *Sentimento do mundo*, de 1940, que reúne principalmente sua produção da segunda metade da década de 1930.[10] É quase um consenso da crítica que esse livro significou, apesar das continuidades, uma mudança grande também na poesia de Drummond.[11] Nele, o poeta revela a insatisfação com a poesia anterior, a sua e a de outros, como ele diz nos versos de "Mãos dadas": "Não serei o cantor de uma mulher, de uma história, / não direi os suspiros ao anoitecer, paisagem vista da janela, / não distribuirei entorpecentes ou cartas de suicida, / não fugirei para *as ilhas* nem serei raptado por serafins" (grifo meu). A imagem de *ilha* para se referir à poesia, recorrente no livro, ele já usara na "Ode no cinqüentenário do poeta brasileiro", dedicado a Manuel Bandeira: "Debruço-me em teus poemas / e neles percebo *as ilhas* / em que nem tu nem nós habitamos / (ou jamais habitaremos) / e nessas ilhas me banho" (grifo meu). O poeta se considera assim fora e dentro da poesia, não vive a vida no seu interior, mas é nela que se lava do encardido de fora. Ainda aqui a poesia seria entendida como *ilha*, lugar de isolamento, fuga e refúgio. Quando o poeta se propõe a abrir-se para o que se passa no mundo externo, "sentimento do mundo", para as suas asperezas, está claro que não é essa *poesia-ilha* que ele almeja.[12] O problema do poeta (e, de certa forma, da melhor literatura da época) é como dar à poesia essa nova dimensão, abrir-se às questões do mundo externo prosaico, sem deixar de ser poesia e continuar valendo pelas suas qualidades intrínsecas. Reside nisso também a tensão presente nesse livro e da qual fala John Gledson (1981, p.115). Se o poeta recusa que sua poesia seja apenas a expressão de si, de seu eu e mundo interior, e deseja que ela fale também de sua forma de apreensão do mundo exterior, a primeira pergunta a ser feita, a meu ver, é esta: de que "mundo" ele quer falar? O que é "o mundo" para o poeta?

---

10 Confrontar Gledson, 1981, p. 301.
11 Confrontar, entre outros, as leituras agudas no trabalho de Murilo Marcondes de Moura (1988).
12 A problemática dessa nova poesia de Drummond, o caráter contraditório da própria busca, as oscilações do poeta e as aporias a que chega, estão minuciosamente analisados no livro de Iumna Maria Simon (1978).

Há dois fatos graves de conjuntura no tempo da publicação do li-vro, 1940, diante dos quais poetas e romancistas sentem o incômodo da indiferença e procuram se posicionar: o Estado Novo e o clima de guerra dos anos da escrita dos poemas, quando se assiste à Guerra Civil Espanhola, como a preliminar do que seria a Segunda Grande Guerra. Sobre o primeiro, o poeta pouco pode se manifestar, pois é um funcionário graduado e da confiança do Ministro da Educação e Saúde desse mesmo Estado, Gustavo Capanema. Sobre o segundo, ele já tem bem mais liberdade para dizer o que pensa e para usar a poesia como meio de influência e expressão de suas posições.[13] E isso ele o fará com freqüência e mesmo de forma direta. Porém, parece-me que a posição do poeta o obriga a fugir do imediato-conjuntural e procurar algo mais profundo e permanente na estruturação do universo que a sua poesia quer tratar e revelar: o "mundo" a ser apreendido pelo poeta não é o dos fatos extraordinários, mas o dos mais ordinários e conformadores do cotidiano. Como aquele mundo com o qual teriam sonhado os conselheiros do Império, que manteria modernizada a modorra da tradição brasileira: "sonhavam a futura libertação dos instintos / e ninhos de amor a serem instalados nos arranha-céus de Copacabana, com rádio e telefone automático" ("Tristeza do Império"); ou o que reduz o poeta à pura funcionalidade, a uma simples peça da "Grande Máquina": "Tive ouro, tive gado, tive fazendas. / Hoje sou funcionário público" ("Confidência do itabirano"); ou o do poeta publicitário que substituiu o parnasiano: "Poetas do camiseiro, chegou vossa hora, / poetas de elixir de inhame e de tonofosfã, / chegou vossa hora, poetas do bonde e do rádio, / poetas jamais acadêmicos, último ouro do Brasil" ("Brinde no juízo final"). Por isso, penso ser este o problema enfrentado pelo poeta: ele pretende que sua poesia fale justamente do que ele recusa, um mundo de relações reificadas onde imperam as coisas, ou seja, o presente ordinário alienado e alienante: "O tempo é a minha matéria, o tempo presente, os homens presentes, / a vida presente" ("Mãos dadas"). A ênfase dada pela redundância dos termos genéricos "tempo", "homens" e

---

13 Esse é o tema principal do trabalho acima citado de Murilo Marcondes Moura (1998).

"vida" – com apenas um deles ele teria dito tudo –, e pela repetição por três vezes do mesmo predicado, "presente", o poeta deixa a impressão de que a escolha da matéria foi menos a realização da vontade poética (que em muitos poemas ele encontra no passado e na memória, matéria muito mais própria a esse tipo de expressão)[14] e mais uma imposição angustiante dos fatos, como um "presente" incômodo e inevitável.

O poema "Elegia 1938" está entre dois outros poemas. O primeiro se refere ao passado, "Lembrança do mundo antigo", e o segundo ao futuro, "Mundo grande". Eles estão localizados como duas paredes temporais que impedem o poeta de fugir daquele presente condenatório. "Lembranças do mundo antigo" fala de um passado/paraíso perdido: um jardim da infância colorido, um tanto fantástico, "o céu era verde", "a água era dourada", onde todos viviam tranqüilos ao redor de Clara e cheios de esperanças: "As crianças olhavam para o céu: não era proibido". As únicas preocupações desses imaginados seres felizes eram as corriqueiras de todos os dias: o calor, a gripe, os insetos, o horário do bonde, as cartas que demoravam a chegar e a carência de não se poder ter sempre vestido novo. A grande diferença é que naquele paraíso cotidiano perdido havia "jardins" e "manhãs", como os espaços e tempos da vida e da esperança: "Mas passeava no jardim, pela manhã!!! / Havia jardins, havia manhãs naquele tempo!!!". Com todas essas exclamações, o poeta quer na verdade chamar a atenção do leitor para o seu cotidiano presente e noturno, carente das perspectivas daquele passado no qual havia jardins e manhãs.

"Mundo grande", que vem logo depois de "Elegia 1938", é um poema confessional, no qual o poeta diz, logo no primeiro verso, que seu coração "não é maior que o mundo", e no segundo, num verso curto, reafirma incisivo: "É muito menor". Diante disso, não há o que comparar, resta apenas mostrar o que torna um tão pequeno e outro tão grande. É o que ele faz ao longo do poema, uma espécie de viagem de reconhecimento de um mundo e de outro, do interno e do externo, e admite que o isolamento no primeiro o condena a sérias limitações, ainda que

---

14 Sobre isso, ver em especial a análise de Iumna Maria Simon de trecho do poema "América" (1978, p.128).

isso lhe possibilite a vivência no rico universo da poesia, aqui novamente metaforizada como *ilha*: "Outrora viajei / países imaginários, fáceis de habitar, / ilhas sem problemas, não obstante exaustivas e convocando ao suicídio. / Meus amigos foram às ilhas. / Ilhas perdem o homem". Nesse mundo já resolvido, onde o caos foi ordenado, ficava pouco a fazer, a vida tornava-se fácil mas infecunda, o que equivalia ao suicídio. Já no outro mundo não, nele a vida era problemática e todos os conflitos estavam candentes e pedindo solução: "Entretanto alguns [amigos/poetas] se salvaram e / trouxeram a notícia / de que o mundo, o grande mundo está crescendo todos os dias, / entre o fogo e o amor". Se o acervo poético é imenso e rico, ele é também circunscrito, enquanto que o mundo externo da vida dos homens, o "grande mundo", é um universo em expansão, como o próprio verso longo que o expressa, "de que o mundo, o grande mundo está crescendo todos os dias", e vivo, pois nele pulsa o conflito: "entre o fogo e o amor". São os sentimentos desse conflito entre as forças destrutivas, "o fogo", e as fecundadoras, "o amor", que permitem a seu "coração", metáfora do mundo interior, também crescer e explodir os limites estreitos: "Então, meu coração também pode crescer. / Entre o amor e o fogo, / entre a vida e o fogo, / meu coração cresce dez metros e explode". Está na explosão desses limites interiores, numa atitude essencialmente negativa, toda a positividade do poeta, sendo ela que cria alguma esperança de futuro: "– Ó vida futura! nós te criaremos". Pode parecer ingênuo e crédulo o verso final do poema, mas, se o examinarmos bem, veremos que ele é ambíguo, pois é destruindo, explodindo, que o futuro será criado.

Essa idéia será bem mais trabalhada por Drummond no livro *A rosa do povo*. No poema "A flor e a náusea", a saúde e positividade do poeta estão justamente em sua atitude destrutiva: "Pôr fogo em tudo, inclusive em mim. / Ao menino de 1918 chamavam anarquista. / Porém meu ódio é o melhor de mim. / Com ele me salvo / e dou a poucos uma esperança mínima". E a única positividade desse poema está na flor, em tudo negativa: "Sua cor *não* se percebe. / Suas pétalas *não* se abrem. / Seu nome *não* está nos livros. / *É feia*. Mas é realmente uma flor" (grifos meus). Como negativa, ela é uma flor profundamente dialética, já que se constitui na negação da negação: na negação de tudo aquilo que nega a possibilidade de uma vida mais humana. É num outro poema, "Nosso tempo", que essa ação negativa/positiva, dialética, nos diz que, para a construção do novo, o velho precisa ser destruído. Aqui isso é explicitado com todas as letras, embora sem a mesma força poética: "O poeta / declina de toda responsabilidade / na marcha do mundo capitalista / e com suas palavras, intuições, símbolos e outras armas / promete ajudar / a destruí-lo / como uma pedreira, uma floresta, / um verme".

Entre um passado de esperança perdido e um futuro que depende da ação negativa do poeta para ser criado, ele se sente emparedado num presente-velho que precisa ser negado e destruído. O poema "Elegia 1938", provavelmente escrito no mesmo ano, foi publicado em 1940, não fala de outra coisa que do próprio *presente ordinário* vislumbrado pelo autor, nas suas raízes profundas e estruturais, e é ele o seu tema: 1938 é uma metonímia de um presente que subjaz a todas as conjunturas, sejam as da política interna do país, de ditadura, sejam as externas, de conflagração. Esse presente é o próprio tempo do "mundo caduco", que não se comunica com o passado, que se perdeu, e não semeia nenhum futuro, pois as ações nele carecem de sentido: "as ações não encerram nenhum exemplo". Portanto, é o tempo do emparedamento e do sujeito reduzido às rasas necessidades, mecânicas e rotineiras, assim confessadas melancolicamente a si próprio: "Praticas laboriosamente os gestos universais, / sentes calor e frio, falta dinheiro, fome e desejo sexual". Um mundo de zumbis, mortos-vivos, tanto os "heróis", que resistem e se protegem da fraca "neblina" com "guarda-chuvas de bronze" ou se refugiam em "sinistras bibliotecas", como os homens comuns, iguais a ele, também inconformados mas que aceitam o destino e, por isso, preferem a noite e o sono, a pequena morte, à morte-viva do dia da rotina e do império das coisas e das necessidades: "Amas a noite pelo poder de aniquilamento que encerra / e sabes que, dormindo, os problemas te dispensam de morrer". Nesse presente, a vida é morte, viver é morrer, por isso é do seguinte modo que ele compreende a vida presente: como existir entre mortos, "caminhas entre mortos"; transferir a vida para um futuro impossível, "conversas / sobre coisas do tempo futuro"; e transformar o espírito numa mercadoria banal, "*negócios* do espírito" (grifo meu). Até a literatura, o momento que deveria ser o da extrema consciência, tornou-se um desvio sem sentido da hora presente, "estragou tuas melhores horas de amor", e a comunicação fecundante entre os homens e os espíritos, quando mediada, "ao telefone", esterilizou-se, "perdeste muito, muitíssimo tempo de semear". Para o poeta, aceitar o presente e acreditar passivamente no futuro é o mesmo que confessar a derrota: "Coração orgulhoso, tens pressa de confessar tua derrota / e adiar para outro século a felicidade coletiva. / Aceitas a chuva, a guerra, o desemprego e a injusta distribuição".

No entanto, o poeta adquire consciência de que houve um outro tempo, um passado, como o do poema "Lembrança do mundo antigo", que, embora perdido e um tanto idealizado, é importante para ele poder demarcar o presente. E que pode haver ainda um outro tempo, um futuro possível, e que está nas mãos dos homens criá-lo. Isso lhe permite a consciência da historicidade (ou transitoriedade) do presente, também uma criação humana e gerida por humanos que perderam o controle da criatura, um mecanismo que os reduz à impotência e à condição de zumbis que não sabem mais interpretar o livro da natureza, o que poderia trazer alguma esperança: "Mas o terrível despertar prova a existência da *Grande Máquina* / e te repõe, pequenino, em face de *indecifráveis palmeiras*" (grifos meus). É esta a atitude do poeta diante dos fatos do mundo presente; certamente melancólica, mas não tributável a um traço da personalidade do autor, senão voltaremos, por outros caminhos, ao psicologismo.[15] A melancolia do poeta é fruto, ao mesmo tempo, de uma visão crítica do mundo, de uma consciência da historicidade do presente e dos sentimentos de emparedamento do sujeito, e da impotência diante do dado. Por isso, a consciência foi representada como uma flor frágil e negativa no poema "A flor e a náusea": "Melancolias, mercadorias espreitam-me. / Devo seguir até o enjôo? / Posso sem armas, revoltar-me?". A única manifestação de resistência ao dado e de sobrevivência do humano sentidas pelo poeta é essa consciência pálida da sua impotência, mas poderosa bastante para incomo-

---

15 Sobre o tema da melancolia na poesia de Carlos Drummond de Andrade, ver os artigos de Jaime Ginzburg (2003, p.57) e de Reinaldo Martiniano Marques (1998, p.159).

dar: "Uma flor nasceu na rua! / Passem de longe, bondes, ônibus, rio de aço do tráfego. / Uma flor ainda desbotada / ilude a polícia, rompe o asfalto. / Façam completo silêncio, paralisem os negócios, / garanto que uma flor nasceu".

Há um passo significativo de um poema a outro; de "Elegia 1938" à "A flor e a náusea", podemos até dizer que houve uma mudança de qualidade. No primeiro, o poeta apenas toma consciência do mundo exterior e da sua impotência, a qual pode levá-lo à ação desesperada: "não podes, sozinho, dinamitar a ilha de Manhattan". É aí, na mesma ilha de cimento e aço onde Sousândrade enxergou o inferno, que ele situa o centro gerador da "Grande Máquina" que comanda a vida e a vontade dos homens. Ela é um fato totalitário que subjaz e sobrevive a todas as conjunturas, seja à do Estado Novo, seja à das guerras mundiais. Porém, no poema "A flor e a náusea", ele toma consciência de si, se vê como sujeito com consciência da própria consciência (a consciência da flor), o que lhe permite, ao mesmo tempo, superar a melancolia e a ação desesperada, e transformar sua consciência em ação e poder, como a flor dialética, a negação das negações: "Mas é uma flor. Furou o asfalto, o tédio, o nojo e o ódio".

Logo depois da explosão das torres do World Trade Center e do reconhecimento do terrorismo como algo mais amplo que a simples ação de um grupo, o terrorismo foi equiparado a uma *peste* ou *praga* que precisava ser contida a todo custo. Tratava-se de localizá-lo e extirpá-lo militarmente. Entretanto, a lição de nosso poeta mostra que essa endemia é mais do espírito que do corpo, e é gerada também pela sensação de emparedamento e impotência que motiva vontades e ações desesperadas.[16] No poema, ela tem razões históricas e humanas bem

---

16 Para uma idéia de como, na época do poeta, esse sentimento não era individual, mas também uma "praga" generalizada, ver este trecho de um artigo, do início dos anos 1940, de Oswald de Andrade: "E senti, mesmo antes de ser politizado na direção do meu socialismo consciente, que era viável a ligação de todos os explorados da terra, a fim de se acabar com essa condenação de trabalharmos nos sete mares e nos cinco continentes e de ser racionado o leite nas casas das populações ativas do mundo, para New York e Chicago exibirem afrontosamente os seus castelos de aço, erguidos pelo suor aflito e continuado do proletariado internacional" (Andrade, 1972, p.52).

mais fundas e complexas do que muitos, hoje, gostariam de admitir. E se a sua poesia não é uma ilha de refúgio, o que ele recusa, mas o lugar onde trabalha os sentimentos dos mundos, interno e externo, e chega à consciência de si, o poeta nos diz também como essa *peste* está bem mais disseminada no espaço e no tempo do que se pensa. Se temos alguma coisa a aprender com Drummond, com o espanto da sua consciência, é que ilhas, condomínios fechados, bombas e a força militar não bastam para conter a melancolia e a ação desesperada, nem estas definem os limites da ação poética.

Referências bibliográficas

ANDRADE, C. D. de. *Obra completa*. Rio de Janeiro: José Aguilar, 1967.
ANDRADE, M. de. *Poesias completas*. Edição crítica de Diléa Zanotto Manfio. Belo Horizonte: Itatiaia/Edusp 1987.
ANDRADE, O. *Ponta de lança*. 3.ed. Rio de Janeiro: Civilização Brasileira, 1972.
CAMPOS, A., CAMPOS, H. de. *Revisão de Sousândrade*. 2.ed. Rio de Janeiro: Nova Fronteira, 1982.
GINZBURG, J. Literatura brasileira: autoritarismo, violência, melancolia. *Revista de Letras*, v.43, n.1, jan./jun. 2003, p.57.
GLEDSON, J. *Poesia e poética de Carlos Drummond de Andrade*. São Paulo: Duas Cidades, 1981.
HEGEL, G. W. F. *Cursos de estética*. Trad. Marco Aurélio Werle e Oliver Tolle. São Paulo: Edusp, 2002. v.III.
MAQUIAVEL, N. *O príncipe*. Trad. Lívio Xavier. São Paulo: Abril Cultural, 1973.
MARQUES, R. M. Tempos modernos, poetas melancólicos. In: SOUZA, E. M. de. *Modernidades tardias*. Belo Horizonte: UFMG, 1998, p.159.
MOURA, M. M. de. *Três poetas brasileiros e a Segunda Guerra Mundial*. São Paulo, 1998. Tese (Doutorado em Teoria Literária e Literatura Comparada) – Faculdade de Filosofia, Letras e Ciências Humanas, Universidade de São Paulo.
NABUCO, J. *Minha formação*. Brasília: UNB, 1963.
SIMON, I. M. *Drummond*: uma poética do risco. São Paulo: Ática, 1978.

Esboço para o estudo do ponto de vista da mercadoria na literatura brasileira[1]

> *Do alto de seu posto nas Relações Exteriores, Guimarães Rosa sonha com um mosteiro leigo onde ele se pudesse tonsurar e viver entre metáforas e gatos. E já repararam como se alonga e se acinzenta como um puritano domingo escocês a face de Carlos Drummond de Andrade por trás da sua mesa de trabalho no Patrimônio Artístico?*
> Antonio Callado[2]

Pretendo aqui traçar apenas um esboço, com linhas ainda um tanto carregadas, do que poderia se constituir na espinha dorsal de uma história interpretativa da literatura brasileira, tema que considero digno de mais pesquisa e melhor desenvolvimento.

---

[1] Uma primeira versão deste trabalho foi apresentada no X Congresso da FIEALC, em Moscou, em junho de 2001 e publicada na revista *Crítica Marxista*, n.17, Rio de Janeiro, Revan, nov. 2003.

[2] As artes opostas de ganhar pão e escrever livros. *Correio da Manhã*, 20 maio 1951. Pasta de recortes R.2, Coleção Guimarães Rosa/IEB.

Entre a missão e a crítica

Para uma antiga colônia que alcançou a independência sem grandes lutas, o processo de procura de constituição de uma "identidade nacional" adquiriu no Brasil algumas particularidades com relação ao modo como se efetuou em outras regiões coloniais e entre as próprias nações européias. O objetivo deste trabalho é tentar mostrar como, em nosso país, a literatura participou ativamente desse processo e com ele colaborou, em vários momentos, na produção de uma simbologia e de uma mitologia que o justificassem. Pois há de se considerar que, em outros momentos, a mesma literatura serviu-lhe de crítica aguçada, procurando revelar sobre que bases questionáveis e relações deformantes se sustentava. A destacada atuação da literatura no processo de construção da identidade nacional foi mais ou menos generalizada no ex-mundo colonial, pela importância que as letras desfrutavam até meados do século XX; há, porém, contornos próprios a cada região. Antes de tudo, devemos dizer que a literatura oscilou no Brasil entre assumir essa tarefa, voltando-se programaticamente para a afirmação e promoção de suas características intrínsecas, e apreciar em profundidade o sentido e os efeitos da "modernização" dos costumes materiais e espirituais, que nada mais eram senão os da nova forma de integração da recém-inaugurada nação no sistema capitalista (ou de comércio) internacional – e no que se convencionou chamar de neocolonialismo, sob a égide européia, primeiro, e americana, depois. O pano de fundo desse momento histórico é a passagem de uma sociedade colonial, escravista e patriarcal, como a brasileira (a qual, desde o início, embora integrada ao moderno sistema internacional de trocas mercantis, foi internamente dominada por valores tradicionais, católicos, monárquicos e aristocráticos), para uma sociedade burguesa, com nova e mais ajustada mentalidade, que tinha na produção de mercadorias e no capital sua forma dominante de riqueza. O foco desta reflexão é apreciar a capacidade que teve a literatura de captar e fixar a forma específica desse trânsito, o que se tornou posteriormente um trabalho do historiador, liberando a atividade literária para concentrar-se apenas na apreciação em profundidade de como o processo foi humanamente vivido. Entre nós, a literatura voltou sua atenção para a observação de como, no Brasil, aquilo que era apresentado como universal, a realidade e os valores da vida burguesa – que nos semelhava como o "moderno", em contraste com o que se vivia na antiga colônia, o "atrasado" –, tomava feições particulares. Isso porque o que era considerado particular e traço de cultura, o que se convencionou chamar de "a cordialidade brasileira", os valores familiares patriarcais, resistia à força universalizante, especialmente às idéias liberais e democráticas, que a crítica mais conservadora procurou confundir, considerando-as individualistas e românticas.

Como complemento da relação complexa entre o arcaico e o moderno, o *nacionalismo* e o *liberalismo* (reconhecimento de uma realidade e de um contexto próprios e comunhão ideológica e comercial) apresentaram-se não só como ideários com orientações distintas e conflitantes, mas também como imperativos para a sobrevivência das novas formações nacionais: tanto deveríamos saber resistir às pressões comerciais e políticas externas, como era vital, para a sobrevivência do país enquanto nação independente, a integração comercial e financeira. A literatura participou reflexiva e ativamente das tensões e discussões geradas por essas duas forças ideológicas, nas quais os homens procuravam as soluções para os novos problemas a enfrentar, dividindo-se numa ou noutra direção: na de afirmação de uma identidade própria, apoiada na valorização da realidade particular, ou na da modernização rápida, abrindo-se para o comércio e adotando os valores universais do novo ideário liberal. Não se pode dizer que as nações centrais européias e os próprios Estados Unidos estiveram livres dessas tensões; ao contrário, eles estiveram exatamente no centro das duas Grandes Guerras. Mas, no mundo das ex-colônias ou da periferia, as tensões eram acrescidas de uma dificuldade: tanto o nacionalismo particularista quanto o liberalismo universalista eram totalmente estranhos ao passado tribal, comunal, colonial e escravista das casas-grandes; assim, o *velho* com o qual o *novo* se confrontava não vinha de uma realidade feudal (trabalho servil e sociedade aristocrática) e monárquica: ele era escravista e colonial (além de indígena e tribal, marginalmente). Portanto, os ideários nacional, liberal e democrático encontraram aqui um terreno simbólico, cultural, jurídico-institucional e material bastante distinto, que reagia e muitas vezes se interpunha como obstáculo intransponível para a absorção dos novos valores. Pelo lado da política e da organização do Estado, a maior dificuldade enfrentada era compatibilizar um ideário e uma simbologia homogênea nacional com o pragmatismo da dominação dos poderes regionais e locais caudilhistas. E, pelo lado econômico-jurídico universalista, a dificuldade principal era de como fazer valer a liberdade individual e a cidadania perante o escravismo e outros tipos de servidões e diferenciações raciais e sociais. A dialética entre o novo (institucional e ideológico) e o velho (a realidade crua dos fatos, as relações tradicionais de dominação) veio a se constituir talvez no mais importante problema estudado por nossa historiografia. O novo dificilmente se implantaria sem a superação em profundidade do velho; ao contrário do que de fato ocorreu, com um trânsito suave e assegurado por compromissos, no qual se carregava muito do velho para a nova realidade, a ponto de transformá-la em cobertura de antigas estruturas, que resistiam e invertiam o sentido do novo assimilado. Assim a realidade foi representada pela literatura, entre outras a de Machado de Assis: como esse novo era ao mesmo tempo velho, antigas estruturas cobertas por uma nova roupagem.

Desde o romantismo, foram colocadas para a literatura brasileira duas perspectivas: uma, ideológica, que correspondia também às aspirações da política dominante, de afirmação de uma nova simbologia nacional, interessada também no resgate e na construção de uma tradição que fundamentasse e desse consistência histórica à organização da nova nação e de sua identidade; e outra crítica, que tinha com a verdade literária o seu maior compromisso, como o de apreciar os efeitos da modernização e os novos termos da vida e do humano no tempo, à medida que rompia com os cânones clássicos. Isso não significa que possamos logo classificar os autores segundo seu alinhamento por uma ou outra perspectiva, e menos ainda que a opção de cada um tivesse determinado a qualidade de sua obra. Até porque alguns autores tiveram um pé em cada via, como José de Alencar, autor tanto dos "nacionalistas" *O guarani* e *Iracema* quanto das críticas sociais romantizadas *Senhora* e *Lucíola*. Houve autores que, fazendo opção clara por uma das perspectivas, ajudaram a engendrar uma nova expressão para a literatura brasileira, como Gonçalves Dias, que participou como poucos da elaboração e promoção do *indianismo* e da busca de uma literatura americana, e foi, ao mesmo tempo, um autor decisivo para a constituição de um novo ponto de vista literário.[3] Os seus *Primeiros cantos*, aproveitando-se do que a literatura européia tinha de melhor e mais novo, procuraram reescrever, de uma suposta visão do índio e da colônia, o quanto foi também destrutivo o sentido da colonização européia: "Vem trazer-vos algemas pesadas", "Mesmo o Piaga inda escravo há de ser". Com isso, Gonçalves Dias procurava registrar a visão do homem da terra sobre o significado da colonização, até então só apreciada pelas elites, colonizadoras e colonizadas, que a viram apenas como cristianizadora e civilizadora. Outros ainda, como Álvares de Azevedo, além dos devaneios românticos, buscavam já uma perspectiva, senão crítica, talvez mais realista, como pode ser pinçada no conjunto de sua obra, sobretudo na poesia humorística, quando já antecipava aquilo que Machado iria chamar de "instinto de nacionalidade" e de "sentimento íntimo", precisando como sendo aquilo que torna o autor "homem do seu tempo e do seu país, ainda quando trate de assuntos remotos no tempo e no espaço" (Assis, 1973, p.804):

> ... essa polêmica secundária que alguns poetas, e mais modernamente o sr. Gonçalves Dias, parecem ter indigitado: saber, que a nossa literatura deve ser aquilo que ele intitulou nas suas coleções poéticas – poesias americanas. Não negamos a nacionalidade desse gênero. Crie o poeta poemas indicos [sic] como o *Thalaba* de Southey, reluza-se o bardo dos perfumes asiáticos como nas *Orientaes*, Victor Hugo, na *Noiva de Abydos*, Byron, no *Lallah-Rook*, Thomas Moore; devaneie romances à européia ou à china, que por isso não perderão sua nacionalidade literária os seus poemas. (Azevedo, 1942, p.340)

---

3 Do que o próprio Gonçalves Dias tinha consciência, de estar promovendo "uma espécie de revolução na poesia nacional". É isso que ele escreve, segundo Wilton José Marques, num apontamento autobiográfico, provavelmente de 1854, escrito a pedido de Ferdinand Denis: "Fui para o Rio em 1846, em cujo ano apareceu o 1º volume de minhas poesias, *Primeiros cantos*. Algum tempo se passou sem que nenhum jornal falasse nesse volume, que, apesar de todos os seus defeitos, *ia causar uma espécie de revolução na poesia nacional*". *Apontamentos*, Biblioteca Nacional, manuscrito s/d, cit. em Marques, 2002, p.22-3.

O negócio do espírito

As perspectivas de uma literatura voltada para os valores nacionais e de uma literatura de crítica aos novos valores globais não se apresentaram logo de início como definidas ou motivo de segmentação entre autores; ao contrário, elas surgiram misturadas e só lentamente foram se delineando, voltando por vezes a se misturar e a novamente se separar, oscilando enfim entre as conjunturas nacional e internacional. No processo de *constituição de um ponto de vista crítico na literatura brasileira*, Machado de Assis foi um marco, na construção e na forma de sua realização. E isso ele o fazia simuladamente, sem deixar o leitor da época chocar-se com o fato de estar ele próprio, o leitor, ali representado, mais nas misérias que nas virtudes – misérias contudo sempre encobertas por um véu de compreensão afetuosa e simpática, que dissimulava suas brutalidades em peraltices de meninos traquinas. Assim, sob a tutela do Imperador e benquisto pelos homens sérios do tempo, Machado se fez admirar como autor, sem que percebessem que se portavam como as vítimas glorificando seu carrasco. Também não queremos dizer que, com Machado, as águas tenham se separado e esse novo ponto de vista se consolidado. Ele apenas sobreviveu e continuou em alguns grandes escritores, como Mário de Andrade e Guimarães Rosa. Inaugurado com José de Alencar, completa-se com Machado o que poderíamos chamar de *um ponto de vista da mercadoria* na literatura brasileira; só que, com eles, era um ponto de vista que o autor apreciava no plano das personagens, as quais oscilavam entre os valores da tradição, familiares e patriarcais, e os valores da modernidade, mercantis e oportunistas (o que se pode ganhar em termos de riqueza, prestígio e poder em cada gesto, em cada afeto). Já com Machado, sobrava para o autor apreciar a comédia com o riso da melancolia, daquele de quem não via outra saída a não ser um pequeno fundo de esperança, como o depositado "na mocidade", pelo comendador Aires, reconhecendo neles o direito de "separar-se alegremente do extinto e do caduco", dos mortos e dos velhos, mas para caírem em mãos incertas e, possivelmente, não menos tenebrosas. A transição de Alencar para Machado é a da passagem da personagem para o meio social: o que, em Alencar, era uma característica repulsiva de algumas personagens, a ser censurada moralmente, a de apreciar o mundo e agir do ponto de vista do interesse pecuniário, em Machado já é um valor social dominante e assimilado, que não causa mais estranheza. Os valores mesquinhos são agora encobertos por um verniz de cultura e civilidade, para tornar mais satisfatória, mas também mais artificial, a convivência social: alguns podem agir por capricho e abusar de sua posição, porque já têm fortuna, geralmente herdada da velha acumulação senhorial escravista; outros são obrigados a agir por interesse, ou por não terem fortuna ou por se empenharem em aumentar a que têm, o que os leva ao abandono do verniz do caráter elevado. Nessa assimetria, ninguém escapa nem se salva, todos se amesquinham ou se deformam enquanto sujeitos. Machado, numa cena do "Conto de escola", que situa no ano de 1840, procura captar o momento mesmo da passagem das relações mercantis dominantes no plano material para o plano espiritual, podendo ser compreendido neste a educação, a cultura e a literatura. Isso se revela na cena em que Raimundo (filho do professor Policarpo e representação demoníaca da atração mercantil, que dá "à boca um gesto amarelo, que queria sorrir") propõe a Pilar, seu companheiro de classe, o pagamento de uma pequena moeda de prata se ele lhe explicasse "um ponto de lição de sintaxe", o que poderia livrá-lo da palmatória, o castigo do pai-professor. A reação de Pilar, o futuro narrador, é dupla: por um lado, de forte atração pela moeda, e, por outro, de estranheza e repulsa por uma proposta tão inusitada, senão indecorosa. E o que lhe parecia mais estranho era justamente o fato extraordinário de transformação de um conhecimento em mercadoria, em objeto de "negócio" e de "troca":

> Minha resposta foi estender-lhe a mão disfarçadamente, depois de olhar para a mesa do mestre. Raimundo recuou a mão dele e deu à boca um gesto amarelo, que queria sorrir. Em seguida propôs-me *um negócio, uma troca de serviços*; ele me daria a moeda, eu lhe explicaria um ponto da lição de sintaxe. Não conseguira reter nada do livro, e estava com medo do pai. E concluía a proposta esfregando a pratinha nos joelhos...
> Tive uma sensação esquisita. Não é que eu possuísse da virtude uma idéia antes própria de homem; não é também que não fosse fácil em empregar uma ou outra mentira de criança. Sabíamos ambos enganar ao mestre.

A novidade estava nos termos da proposta, *na troca de lição e dinheiro, compra franca, positiva, toma lá, dá cá*; tal foi a causa da sensação. Fiquei a olhar para ele, à toa, sem poder dizer nada. (Assis, 1974, p.551, grifos meus)[4]

Dois para a frente e três para trás

A história da literatura em um país de estrutura colonial rígida e definições tênues de personalidade, ilustra muito bem como as forças regressivas renascem a cada novo ciclo e têm de ser novamente enfrentadas. Mário de Andrade, em particular, e os modernistas, em geral, voltam a oscilar entre o olhar afetuoso do país, tomados de simpatia pelo particular, e o crítico da voragem de um capital que não é contido pelos freios civilizatórios. Toda a obra de Mário, *Macunaíma*, *Contos novos* e as poesias, tanto têm um olhar afetivo e simpático para com as tradições populares do país, aquilo que ele via como a nossa "solaridade", como se imbui de uma crítica profunda das deformações da sua estrutura social e, conseqüentemente, dos indivíduos nela formados. Um conto como "O poço", de *Contos novos*, é uma das representações mais radicais das novas-velhas relações de classe, modernizadas com a expansão do café e a libertação da escravidão no oeste de São Paulo. O que fora abolido legalmente, com a outorga da liberdade aos escravos, permanecia ainda vivíssimo e atuante na cabeça de todos, proprietários e trabalhadores: a mutilação da vontade de um, o homem pobre, e a exacerbação da vontade e poder de mando de outro, o senhor; o que uma lei vinda aparentemente de mão beijada não conseguira apagar.

Os anos 1930 seriam fundamentais para a distinção entre as duas perspectivas, embora em muitos autores elas ainda se mostrassem mescladas. Tomemos só o exemplo de Jorge Amado, para ver como nele o pitoresco e o crítico se combinam como dois artifícios, criando uma literatura, de certa forma, constituída por dois exageros: ora ela se deixa conduzir pelo pitoresco popular e patriarcal, ora seu texto adqui-

---

[4] Sobre a importância do tema para Machado de Assis, ver também o ensaio constante neste livro "O aprendizado do escritor e o esclarecimento de Mariana".

re o tom forte do discurso crítico e panfletário. Mas não é só Jorge Amado; muitos outros não conseguiram evitar a atração das expectativas do público leitor do tempo, formado e estimulado por um gosto de corte regionalista e nacionalista, em detrimento do compromisso com a investigação dos movimentos mais profundos vividos pelo sujeito no processo histórico. Os abalos, em termos de danos sociais, que produziam os ciclos econômicos vividos na periferia, decorrentes dos ajustes e das modificações em andamento no cenário comercial internacional da década de 1930, tornou a literatura muito sensível às mudanças e aguçou seu olhar documental. A observação e a crítica dos movimentos mais dolorosos em termos sociais, como os da seca, do coronelismo, do banditismo, das migrações internas e externas, da exploração do trabalho, das doenças e da fome, mais visíveis e aparentes, muitas vezes desviaram a atenção do que se passava nas camadas mais profundas do sujeito em sua vivência histórica. Estar atento à rotina do cotidiano e da reificação que se aprofundava com a "modernização" do país seria abdicar da exceção e do politicamente solúvel, além de mais impactante para a comoção imediata do leitor. Poucos foram os que se detiveram no movimento corrosivo que se dava no dia-a-dia e do qual ninguém escapava. Mário de Andrade, Oswald de Andrade, Drummond, Dionélio Machado, Graciliano Ramos e, um pouco mais tarde, Clarice Lispector, foram talvez os autores que mais se deram conta disso. Guimarães Rosa foi um dos últimos que, recusando-se à mistificação, embutiu nas dobras de sua literatura de aparências míticas e fantásticas uma alegoria do nosso processo histórico: o triste trânsito de uma realidade patriarcal para o mundo burguês da mercadoria, dominado por uma nova forma de encanto, desta vez comportando o engano destrutivo e mortal do fetiche da mercadoria. Isso está muito veladamente representado em uma das novelas de *Corpo de baile*, "Lélio e Lina", que tem um fim duplo. Por um lado, Jini, a mulata escura de olhos verdes, como personificação do próprio fetiche da mercadoria, ganha autonomia, sai da realidade patriarcal do Pinhém e vai reinar senhora "dona e mandona" no seu novo reino da história, o "Estrezado", o lugar do cansaço, do trabalho e dos dias que esgotam a vida do homem. E, por outro, o milagre do encontro e reunião impossível do Sol com a Lua, de Lélio e Lina. O ponto de vista da mercadoria nessa novela não está apenas encarnado numa ou noutra personagem ou como o valor reinante no meio social, mas também como uma espécie de fatalidade e condenação, de doença de um tempo corrosivo, a que ainda se pode resistir, só que através de outras alianças e pactos, promovidos pela reza e pelo milagre. É isso que faz do sertão um lugar ambíguo para Guimarães: embora esteja sempre ameaçado pela desordem e pelo informe do arcaico, por um lado, e pela soberania da mercadoria do moderno, por outro, nele ainda é possível o impossível. Foi o último escritor, talvez, que, diante da modernização que se anunciava, acreditava que ainda pudesse haver uma tábua de salvação civilizatória, mesmo que milagrosa.[5]

O golpe militar de 1964 e os atos institucionais pós-68 desencadearam conseqüências profundas e trágicas na vida cultural do país: grande parte das já poucas instituições culturais do país se desmantelou, por meio de proibições, censura, cortes de verba, empastelamentos, perseguições e outros instrumentos ainda mais violentos; o povo foi alvo da tentativa recorrente de infantilização, com a decretação de sua irresponsabilidade política e constitucional; promoveu-se a indústria cultural, liberando aos meios de comunicação, sobretudo às redes de televisão (veículo, no Brasil, com finalidade essencialmente comercial, sustentado pela publicidade), o poder de formação e de manipulação da opinião; debilitou-se ao extremo o sistema de ensino público básico e médio com o desmonte, na prática, do antigo corpo de professores, formado a duras penas; e fragilizou-se todo o ensino universitário, com cassações e aposentadorias forçadas de professores, muitas de suas melhores formações. Os resultados – uma retomada do processo de estratificação e elitização social e cultural, que fora em parte revertido com as políticas sociais e culturais pós-revolução de 1930 – repercutiram também gravemente em nossa literatura.[6] As políticas culturais e educacionais do período anterior, de orientação nacional-desenvolvi-

---

[5] Sobre o assunto, ver o capítulo "Irmão Lélio, irmã Lina: incesto e milagre na 'ilha do Pinhém'", em Roncari, 2004.

[6] Sobre o assunto, ver o importante ensaio de Antônio Cândido "A Revolução de 30 e a cultura" (1987).

mentista, propunham-se, de alguma forma, a criar uma ponte entre o escritor e o povo, aproximando um do outro. Aquele escritor que um dia pretendera ser adotado pelo povo, pelo *leitor*, agora visava principalmente ao *consumidor*, com a forte intermediação da empresa comercial e publicitária. Até então, o escritor (poeta, romancista, cronista, dramaturgo, ensaísta) não procurara a literatura como fonte de renda, o que era mesmo quase impensável, a não ser para alguns poucos, como José Lins do Rego, Jorge Amado e Érico Veríssimo.[7] Ele era, em sua maior parte, funcionário público, diplomata, professor ou profissional liberal, médico, advogado, jornalista, que procurava na literatura mais a confirmação do próprio talento e, com isso, o reconhecimento e o prestígio, que fazer dela uma fonte de renda.[8] Entretanto, a partir dos anos 1930,

---

[7] O que Mário de Andrade escreve numa carta a Manuel Bandeira é ilustrativo do que procurava o autor com o livro, ainda no final da década de 1920. Para ele, o atrativo do ganho econômico era visto ainda com certa censura. Para expressá-la, ele usa o termo *gadanhar* em vez de *ganhar*, termo que vem de *gadanho*, garra de ave de rapina: "Mas meu caso agora é que o *Ensaio* [sobre a música brasileira] custa 6 contos a edição e careci de campear editor. Achei um na casa Chiarato que pelos elogios que tenho feito pra ela, justos, por estar editando as músicas de Mozart Camargo Guarnieri (mocico aparecendo, 21 anos, aluno de composição do Lamberto Baldi e bastante aconselhado por mim na orientação estética, sem ser aluno meu) a casa acho que ficou um bocado comovida e aceitou editar o *Ensaio* ... eu não ganhando nem um vintém por essa edição de 1.000 exemplares, tendo 15 exemplares pra mim, e me obrigando a entregar pra mesma casa meu *Compêndio de história da música*!!! Não venha me passando pito porque é inútil, tá resolvido, tá feito e eu aceitei assim porque não é mesmo com o livro que pretendo *gadanhar* quatrini" (Moraes, 2000, p.400, o último grifo é meu).

[8] Possivelmente, respondendo a insinuações como a da nossa epígrafe, extraída de um artigo de Antonio Callado, de 1951, Drummond, numa crônica recolhida no seu livro *Passeios na ilha*, de 1952, excelente tanto pelo valor literário quanto pela apreciação de fundo histórico, fala como a literatura brasileira era uma "literatura de funcionários públicos" e de "literato funcionário", porém sem ver nisso nada de negativo, ao contrário. Era justamente o que lhe permitia livrar-se da perspectiva mercadológica e empenhar-se mais a fundo no seu compromisso propriamente literário. Ele diz: "O emprego do Estado concede com que viver, de ordinário sem folga, e essa é condição ideal para bom número de espíritos: certa mediania que elimina os cuidados imediatos, porém não abre perspectiva de ócio absoluto. O indivíduo tem apenas a calma necessária para refletir na mediocridade de uma vida

uma nova perspectiva se esboçava para o escritor. Graciliano Ramos, que vivia do que publicava, aceitou, com realismo muito pragmático, que a nova literatura fosse tomada como mercadoria e usou a metáfora do comércio para falar da relação do escritor com o leitor e do ressentimento que isso gerava entre os que ele identificava como representantes da velha literatura: "O fabricante que não acha mercado para o seu produto zanga-se, é natural, queixa-se com razão da estupidez pública, mas não deve atacar abertamente a exposição do vizinho. O ataque feito por um concorrente não merece crédito, o consumidor desconfia dele" (Ramos, 1967, p.141).

Foi no oco do chamado "vazio cultural" da década de 1970 que a literatura tendeu a se configurar como meio de busca do sucesso e, com ele, do *best-seller*, e que se assistiu à sua transformação em atividade razoavelmente lucrativa. Isso não significa que a mesma motivação não tenha existido antes, apenas que não fora a orientação dominante, como acontecia agora. A história da literatura brasileira dos últimos trinta anos do século XX está muito mais marcada pelos sucessos editoriais que pelo aparecimento de obras significativas, em quase todos os campos. Exceção talvez seja o ensaio acadêmico,[9] cujos promotores, tendo na universidade pública o último refúgio da liberdade de pensamento e de crítica (embora estas viessem a sofrer duramente com a política educacional dos governos de Fernando Henrique Cardoso), puderam insuflar maior desenvolvimento na ensaística, mantendo um ponto de vista crítico e mais independente das exigências do mercado, ainda que nem

---

que não conhece a fome nem o fausto; sente o peso dos regulamentos, que lhe compete observar ou fazer observar; o papel barra-lhe a vista dos objetos naturais, como uma cortina parda. É então que intervém-lhe a imaginação criadora, para fazer desse papel precisamente o veículo de fuga, sorte de tapete mágico, em que o funcionário embarca, arrebatando consigo a doce ou amarga invenção, que irá maravilhar outros indivíduos, igualmente prisioneiros de outras rotinas, por este vasto mundo de obrigações não escolhidas" ("A rotina e a quimera", em Andrade, 1967, p.671).

9 Um esboço avaliativo da produção artística e cultural do período posterior a 1968 foi feito por Walnice Nogueira Galvão, no artigo "Musas sob assédio", no caderno Mais!, *Folha de S.Paulo*, 17 mar. 2002, p.4-11.

sempre tenha sabido se proteger das atrações das modas e dos poderes do momento, militares ou civis. As poucas obras literárias relevantes que surgiram nessas últimas décadas foram, na maioria, de autores formados pelo contexto anterior e que continuavam produzindo, como Carlos Drummond de Andrade, Pedro Nava e João Cabral de Melo Neto. O que se presencia, de modo geral, é a estréia de autores com um ou dois grandes sucessos de vendas, consumidos quando novidades, e uma sucessão de livros medíocres, particularmente nos gêneros do ensaio-reportagem, da biografia, do romance e até da historiografia, algumas vezes competindo em vendagem com os livros de auto-ajuda, curiosidades e culinária. Pode-se dizer que nesse tempo *o ponto de vista da mercadoria emigrou das personagens e do processo histórico para a cabeça dos autores*, e uma das pontes mais importantes desse trânsito foi um grupo de escritores, entre eles, o mais importante talvez, Rubem Fonseca (sem entrar de modo algum no mérito literário de sua obra). Esse grupo procurou substituir a tradição literária européia, mais crítica, que fora no Brasil a fonte principal de referência (quando não de simples imitação), pela vertente mais comercial americana, como a dos romances policiais, em especial com o rebaixamento da expressão literária para melhor aceitação pelo leitor comum. O processo não se desenrolou sem notável perda de memória, compromissos sociais e éticos, qualidade literária, argúcia crítica e investigativa, e experimentação estética. Primeiro, procurou-se "esquecer" grande parte das conquistas da tradição literária, inclusive das nacionais, e aproveitar-se apenas das que mais convinham à criação do mercado de leitores; optou-se pelo vínculo com os gêneros ou subgêneros literários que já haviam garantido sucessos comerciais na praça americana e européia, como o histórico-satírico, o policial e o autobiográfico que explorava o grotesco, o *thriller*, a modernidade dos costumes jovens, a droga, a violência e o sexo. Sem dúvida, isso também correspondia à demanda da nova realidade social e institucional, embrutecida e embrutecedora, gerada pela forma de desenvolvimento dos governos militares na década de 1970 e continuada na seqüência. Entretanto, romper com a vertente crítica do passado literário garantia o descompromisso e a liberdade para explorar no novo mercado aqueles gêneros que já haviam sido testados em mercados maiores. A busca da expansão do público leitor justificava o rebaixamento da qualidade e o abandono da visão crítica e reflexiva, o que facilitava ao leitor o acesso à nova literatura. Criava-se um novo compromisso entre autor e leitor, promovido e intermediado pelas editoras e veículos culturais/comerciais afinados com a indústria do entretenimento, tendo mais ou menos implícito que, para o leitor médio, bastava o escritor médio e a literatura média. Para isso, muitos autores se dispuseram ao sacrifício e à automutilação do espírito, adequando-se à situação, como se toda a matéria literária devesse ser ofertada de imediato para quem buscava simplesmente a distração, sem deixar nada para segundas leituras e descobertas. A rasura impôs-se e transformou-se em padrão do chamado livro descartável, aquele que não cria acervo, tradição e continuidade, entre outras coisas, porque não pretende, nem pode, dar seguimento a nada. E mudou o ritmo e o sentido da leitura; ela ganhou velocidade e imediatez, ou seja, de reflexiva, exigindo do leitor referências e o máximo de atenção e sinceridade para o próprio reconhecimento, ela se transformava em motivo de divertimento e esquecimento de si, enfim, num termo que tem sido muito pouco usado nos últimos tempos: *alienante*. E aqui o termo se emprega no sentido mais humanístico possível: naquele de alguém que deixa de se preocupar com o significado do humano e de se perguntar pelo sentido da própria vida no mundo social, sentimento de "homem do seu tempo e do seu país", como dizia Machado, para procurar apenas passar o tempo sossegada ou ludicamente. Assim, abriram-se vários campos, como o místico, o histórico, o populista nacional, o neo-exótico e até o documental da dura realidade das periferias e da violência policial. Faltou, porém, ao autor voltar-se para si mesmo e olhar-se na sua metamorfose: ter-se transformado num sujeito em busca de distração e esquecimento, atraído e cativo da luz cegante das imagens coloridas e brilhantes das telas, da televisão ou do computador, com as quais aprendeu fundamentalmente a esquecer e produzir esquecimento.

Não se pretende dizer que não tenha havido resistência por parte de alguns autores; houve, mas a tendência destes foi a marginalização à literatura consumida, principalmente quando não aceitaram a confusão entre uma coisa e outra, entre o apelo comercial e a visão crítica do mundo e do sujeito. Durante esse tempo, obras de efetivo valor literário foram vendidas como *best-sellers*, assim como obras encomendadas como *best-sellers* foram promovidas como de alto valor literário; nem a crítica literária escapou desse processo, quantas vezes não se deixou usar, em especial na forma de resenhas, como artigo de publicidade e vice-versa, quantos comentários sem nenhuma consistência não foram e são veiculados pelos grandes órgãos da imprensa travestidos de apreciações literárias abalizadas. Complementando uma canção popular – que geralmente só diz metade da verdade – sobre um camelô que vendia "algodão por veludo", podemos dizer que algum veludo foi vendido por algodão nesse tempo.[10] O poder que a mídia adquiriu sobre a opinião foi tão grande, que ela se permitiu estabelecer essa confusão, de tal modo que se acreditou que tudo poderia se transformar em tudo. Esse é um capítulo que a história literária deveria um dia contar, se ela continuar existindo.

Por *alienação*, quer se entender aqui principalmente a perda da memória, a destruição ou mitificação do passado, a rendição cínica ao dado, a satisfação conformista com o presente e a eliminação da crença na possibilidade de um futuro diferente. Se isso é uma tendência mundial, nas nações periféricas há um agravante, que é a não-existência de um colchão protetor de resistência civilizatória à corrente avassaladora do mercado, como o que possuem as nações avançadas européias, a norte-americana e algumas orientais. É esse colchão que garante a memória às novas gerações, de modo que se formem como homens também com outros parâmetros, além do pobre presente, onde apoiarem suas aspirações de futuro. Faltam-nos ou foram muito enfraquecidos, com o recuo do Estado das funções públicas e redistributivas, os poucos siste-

---

10 Um exemplo da exacerbação do que foi dito anteriormente, e que valeria a pena um dia estudar, foi o que se deu com a campanha de *marketing* que acompanhou o lançamento do livro do compositor Chico Buarque de Holanda, *Estorvo*, em 1991. Nela, tudo foi confundido com tudo, um livro de reconhecido valor crítico e expressivo foi "vendido" como um produto de consumo com capas variadas e ao gosto do freguês; a crítica literária foi usada como material publicitário, e vice-versa, eliminando as diferenças entre uma coisa e outra, e deformando as expectativas dos leitores desavisados e avisados, reduzidos todos a "mercado consumidor".

mas públicos civilizatórios que um dia tivemos, como: um sistema escolar e universitário público consistentes; políticas e organismos de preservação arquitetônica das cidades e dos monumentos históricos; uma rede de arquivos, bibliotecas e museus; uma política efetiva de criação de teatros, salas de concerto, cineclubes e praças públicas para encontros e espetáculos culturais, com as respectivas companhias de representação e orquestras. Aqui são em número muito reduzido esses equipamentos educacionais e culturais que as sociedades burguesas européias conseguiram desenvolver e manter para um tipo de compensação ao poder corrosivo e nivelador da mercadoria, preservando o humano como um ser com memória e passado, capaz de lembrar e comparar os tempos, para não se perder no presente eterno das necessidades imediatas e materiais, como os novos bichos consumidores. Somente esse contato, possibilitado por tais instituições públicas, com o patrimônio cultural, literário e artístico, do passado e do presente, é que se poderia permitir a uma coletividade, reagindo a ele e procurando continuá-lo ou modificá-lo com novas realizações, formar *ativamente* alguma identidade, como a de um grupo maior do que a paróquia e o time de futebol, mas menor também do que a do cosmopolitismo abstrato e inespecífico, como o das etiquetas da moda e das grandes corporações, as bandeiras da mercadoria, que, no Brasil, ameaçaram transformar-se também na da literatura. Felizmente, também é preciso dizer, quando as vias neoliberais se esgotam e começam a ser questionadas, e com elas o conformismo cínico pós-moderno, a literatura pode talvez sair do seu circo de espetáculos e malabarismos, e entender que é melhor resistir, ainda que seja nas catacumbas (ver Bosi, 2002). É esse o desafio colocado hoje no plano da cultura para a sobrevivência da identidade nas nações periféricas, que, mais do que nunca, exige memória, esclarecimento e consciência crítica. Enquanto isso, no remanso, talvez o melhor seja também se deixar estar como os zebus de Guimarães Rosa, que "ainda no escuro, no descambar da noite, estavam lá deitados, calados juntos, todos espiando para um lado só, esperando o romper da aurora. Esperavam sem esperanças".

Referências bibliográficas

ANDRADE, C. D. de. *Obra completa*. Rio de Janeiro: José Aguilar, 1967.
ASSIS, M. de. Instinto de nacionalidade. *Obra completa*. Rio de Janeiro: José Aguilar, 1973. v.III.
_____. *Obra completa*. Rio de Janeiro: José Aguilar, 1974. v.II.
AZEVEDO, Á. de. Hispania. *Obras completas*. PIRES, Homero (org.). São Paulo: Companhia Editora Nacional, 1942. t.2.
BOSI, A. *Literatura e resistência*. São Paulo: Companhia das Letras, 2002.
CÂNDIDO, A. *A educação pela noite e outros ensaios*. São Paulo: Ática, 1987.
MARQUES, W. J. *Poesia e persistência*. São Paulo, 2002. Tese (Doutorado em Literatura Brasileira) – Faculdade de Filosofia, Letras e Ciências Humanas, Universidade de São Paulo.
MORAES, M. A. de (org.). *Correspondência Mário de Andrade & Manuel Bandeira*. São Paulo: EDUSP, 2000.
RAMOS, G. Norte e Sul. *Linhas tortas*. 2.ed. São Paulo: Martins, 1967.
RONCARI, L. *O Brasil de Rosa*: o amor e o poder. São Paulo: Editora UNESP, 2004.

SOBRE O LIVRO

Formato: 16 x 23 cm
Mancha: 28 x 50 paicas
Tipologia: Iowan Old Style 10,5/15
Papel: Pólen 80 g/m² (miolo)
Cartão Supremo 250 g/m² (capa)
1ª edição: 2007

EQUIPE DE REALIZAÇÃO

Edição de Texto
Tié Galuzi (Copidesque)
Sandra Garcia Cortés (Preparação de Original)
Andréia Schuveitzer (Revisão)

Editoração Eletrônica
Estela Mleetchol (Diagramação)

Imagem da capa
Poty Lazzarotto, "A hora e a vez de Augusto Matraga", matriz de xilogravura, s.d. Reproduzida com autorização de João Lazzarotto.

Impressão e Acabamento
Assahi Gráfica e Editora.